노인장기요양보호법

시행령.시행규칙.조문별 판례.서식

복지법연구회

법률&출판

머리말

현대시대는 각 가정마다 장년으로부터 노령으로 가는 시대라 하겠다. 이는 노년의 외로이 살아가는 모습을 볼 때 나 행복함을 볼 때 우리의 미래를 생각해보게 된다.

노인장기요양문제
노령화의 증가 등에 따라 개인의 어려움이나 거동이 불편한 사람에 대하여 신체활동이나 일상의 활동이 사회적이며 국가적 문제로 강조되고 있습니다.

국가에서는 개인의 내용이나 정도에 차이가 있으나 모두 복지국가를 표방하고 있으며, 대부분의 국가에서는 경제발전과 보건의료의 발달로 인한 평균 수명의 연장, 급속한 고령화 문제에 직면하고 있으며, 이러한 사회변화에 따른 새로운 시대에 맞추어 만족할만한 복지사회를 이루기 위한 것으로 장기요양보장제도를 시행하고 있습니다.

특히, 고령화의 진전과 함께 핵가족화, 여성의 경제활동참여가 증가하면서 종래 가족의 부담으로 인식되던 노인장기요양문제가 이제 더 이상 개인이나 가정의 부담으로 머물지 않고 이에 대하여 사회적·국가적인 관심이며, 책임과 의무가 강조되고 있습니다. 이와 같은 사회 환경의 변화에 알아가고 또한 배워가며 조금이나마 만족할수 있는 장기요양보장제도를 알아가고자 합니다.

이책은 법령과 시행령 시행규칙이 수록되어있으며, 특히 중간 중간에 법령에 따른 판례와 행정규칙을 수록하였고, 각종 신청서식을 수록하여 노인장기요양보험에 관한 여러 가지 내용을 이책을 통하여 도움(참고)이 될 수 있습니다.

<제목 차례>

노인장기요양보험법

제1장 총 칙 ········ 1
제1조 목 적 ········ 1
제2조 정의 ········ 1
제3조 장기요양급여 제공의 기본원칙 ········ 2
제4조 국가 및 지방자치단체의 책무 등 ········ 2
제5조 장기요양급여에 관한 국가정책방향 ········ 3
제6조 장기요양기본계획 ········ 3
제6조의2 실태조사 ········ 4

제2장 장기요양보험 ········ 4
제7조 장기요양보험 ········ 4
제8조 장기요양보험료의 징수 ········ 7
제9조 장기요양보험료의 산정 ········ 8
제10조 장애인 등에 대한 장기요양보험료의 감면 ········ 10
제11조 장기요양보험가입 자격 등에 관한 준용 ········ 10

제3장 장기요양인정 ········ 23
제12조 장기요양인정의 신청자격 ········ 23
제13조 장기요양인정의 신청 ········ 24
제14조 장기요양인정 신청의 조사 ········ 24
제15조 등급판정 등 ········ 25
제16조 장기요양등급판정기간 ········ 26
제17조 장기요양인정서 ········ 26
제18조 장기요양인정서를 작성할 경우 고려사항 ········ 27
제19조 장기요양인정의 유효기간 ········ 27
제20조 장기요양인정의 갱신 ········ 28

제21조 장기요양등급 등의 변경 ···· 28
제22조 장기요양인정 신청 등에 대한 대리 ···· 28

제4장 장기요양급여의 종류 ···· 29

제23조 장기요양급여의 종류 ···· 29
제24조 가족요양비 ···· 31
제25조 특례요양비 ···· 31
제26조 요양병원간병비 ···· 32

제5장 장기요양급여의 제공 ···· 32

제27조 장기요양급여의 제공 ···· 32
제27조의2 특별현금급여수급계좌 ···· 33
제28조 장기요양급여의 월 한도액 ···· 33
제28조의2 급여외행위의 제공 금지 ···· 33
제29조 장기요양급여의 제한 ···· 34
제30조 장기요양급여의 제한 등에 관한 준용 ···· 34

제6장 장기요양기관 ···· 36

제31조 장기요양기관의 지정 ···· 36
제32조의2 결격사유 ···· 38
제32조의3 제장기요양기관 지정의 유효기간 ···· 39
제32조의4 장기요양기관 지정의 갱신 ···· 39
제33조 장기요양기관의 시설·인력에 관한 변경 ···· 39
제34조 장기요양기관 정보의 안내 등 ···· 40
제35조 장기요양기관의 의무 등 ···· 40
제35조의2 장기요양기관 재무·회계기준 ···· 41
제35조의3 인권교육 ···· 42
제35조의4 장기요양요원의 보호 ···· 42
제35조의5 보험 가입 ···· 43
제36조 장기요양기관의 폐업 등의 신고 등 ···· 43
제36조의2 시정명령 ···· 44
제37조 장기요양기관 지정의 취소 등 ···· 45

제37조의2 과징금의 부과 등 ········ 47
제37조의3 위반사실 등의 공표 ········ 48
제37조의4 행정제재처분 효과의 승계 ········ 49
제37조의5 장기요양급여 제공의 제한 ········ 49

제7장 재가 및 시설 급여비용 등 ········ 50
제38조 재가 및 시설 급여비용의 청구 및 지급 등 ········ 50
제39조 재가 및 시설 급여비용의 산정 ········ 51
제40조 본인부담금 ········ 52
제41조 가족 등의 장기요양에 대한 보상 ········ 53
제42조 방문간호지시서 발급비용의 산정 등 ········ 54
제43조 부당이득의 징수 ········ 54
제44조 구상권 ········ 55

제8장 장기요양위원회 ········ 55
제45조 장기요양위원회의 설치 및 기능 ········ 55
제46조 장기요양위원회의 구성 ········ 55
제47조 장기요양위원회의 운영 ········ 56
제8장의 2 장기요양요원지원센터 ········ 56
제47조의2 장기요양요원지원센터의 설치 등 ········ 56

제9장 관리운영기관 ········ 57
제48조 관리운영기관 등 ········ 57
제49조 공단의 장기요양사업 조직 등 ········ 58
제50조 장기요양사업의 회계 ········ 59
제51조 권한의 위임 등에 관한 준용 ········ 59
제52조 등급판정위원회의 설치 ········ 60
제53조 등급판정위원회의 운영 ········ 60
제54조 장기요양급여의 관리·평가 ········ 60

제10장 심사청구 및 재심사청구 ········ 61
제55조 심사청구 ········ 61

제56조 재심사청구 ···· 61
제56조의2 행정심판과의 관계 ···· 62
제57조 행정소송 ···· 62

제11장 보칙 ···· 62
제58조 국가의 부담 ···· 62
제59조 전자문서의 사용 ···· 63
제60조 자료의 제출 등 ···· 63
제61조 보고 및 검사 ···· 63
제62조 비밀누설금지 ···· 64
제62조의2 유사명칭의 사용금지 ···· 64
제63조 청문 ···· 64
제64조 시효 등에 관한 준용 ···· 65
제65조 다른 법률에 따른 소득 등의 의제금지 ···· 70
제66조 수급권의 보호 ···· 70
제66조의2 벌칙 적용에서 공무원 의제 ···· 71
제66조의3 소액 처리 ···· 71

제12장 벌 칙 ···· 71
제67조 벌 칙 ···· 71
제68조 양벌규정 ···· 72
제69조 과태료 ···· 72

노인장기요양보험법 시행령

제1조 목적 ···· 74
제2조 노인성 질병 ···· 74
제3조 장기요양기본계획 ···· 75
제3조의2 외국인의 범위 ···· 75
제4조 장기요양보험료율 ···· 76
제5조 장애인 등에 대한 장기요양보험료의 경감 ···· 76

제6조 의사소견서 제출 제외자 ………………………………………………………… 81
제7조 등급판정기준 등 ……………………………………………………………………… 93
제8조 장기요양인정 유효기간 ……………………………………………………………… 94
제9조 기타재가급여 ………………………………………………………………………… 94
제10조 장기요양기관의 종류 및 기준 …………………………………………………… 94
제11조 장기요양급여 종류별 장기요양요원의 범위 …………………………………… 95
제12조 가족요양비 지급기준 ……………………………………………………………… 96
제13조 장기요양급여의 제공 ……………………………………………………………… 98
제13조의2 특별현금급여수급계좌의 신청 방법 등 ……………………………………… 99
제14조 장기요양기관의 지정기준 ………………………………………………………… 100
제14조의2 장기요양기관 중 인권교육 대상 기관 ……………………………………… 100
제14조의3 장기요양요원의 보호 ………………………………………………………… 100
제15조 과징금 부과 기준 ………………………………………………………………… 100
제15조의2 과징금의 부과 및 납부 ……………………………………………………… 104
제15조의3 공표사항 ……………………………………………………………………… 104
제15조의4 공표 여부의 결정, 절차 및 방법 등 ………………………………………… 104
제15조의5 공표심의위원회의 구성·운영 등 …………………………………………… 105
제15조의6 공표심의위원회 위원의 제척·기피·회피 ………………………………… 106
제15조의7 공표심의위원회 위원의 해임 및 해촉 ……………………………………… 107
제16조 장기요양위원회의 심의사항 ……………………………………………………… 107
제17조 공무원 위원 ………………………………………………………………………… 108
제17조의2 장기요양위원회 위원의 해임 및 해촉 ……………………………………… 108
제18조 장기요양위원회의 운영 …………………………………………………………… 108
제18조의2 장기요양요원지원센터의 업무 등 …………………………………………… 108
제19조 국민건강보험공단 정관의 기재사항 ……………………………………………… 109
제20조 등급판정위원회의 회의 등 ……………………………………………………… 109
제21조 등급판정위원회의 소위원회 ……………………………………………………… 109
제21조의2 등급판정위원회 위원의 제척·기피·회피 ………………………………… 109
제21조의3 등급판정위원회 위원의 해촉 ………………………………………………… 110
제22조 심사청구 결정기간 ………………………………………………………………… 110
제23조 장기요양심사위원회의 구성 등 …………………………………………………… 110
제24조 심사위원회의 운영 등 ……………………………………………………………… 111
제24조의2 심사위원회 위원의 제척·기피·회피 ……………………………………… 111

제24조의3 심사위원회 위원의 해임 및 해촉 ··· 112
제25조 장기요양재심사위원회의 구성 등 ··· 112
제25조의2 재심사위원회 위원의 제척 · 기피 · 회피 ··· 113
제25조의3 재심사위원회 위원의 해임 및 해촉 ··· 113
제26조 재심사위원회의 회의 ··· 114
제27조 재심사청구의 결정기간 ··· 114
제28조 국가와 지방자치단체의 부담 ··· 114
제28조의2 민감정보 및 고유식별정보의 처리 ··· 123
제28조의3 규제의 재검토 ··· 125
제29조 과태료의 부과기준 ··· 125

노인장기요양보험법 시행규칙

제1조 목적 ··· 130
제1조의2 외국인의 장기요양보험가입 제외절차 등 ··· 130
제2조 장기요양인정 신청 및 의사소견서 제출 ··· 130
제3조 의사소견서 제출 제외자 ··· 131
제4조 의사소견서 발급비용 등 ··· 132
제5조 장기요양인정 신청의 조사 ··· 133
제6조 장기요양인정서 및 표준장기요양이용계획서 ··· 133
제7조 장기요양인정의 유효기간 산정방법 ··· 133
제8조 장기요양인정 갱신절차 ··· 133
제9조 장기요양등급 등의 변경절차 ··· 134
제10조 장기요양인정 신청 등에 대한 대리 ··· 134
제11조 단기보호 급여기간 ··· 135
제11조의2 교육기관 지정기준 및 절차 등 ··· 135
제12조 장기요양급여 제공기준의 일반원칙 ··· 136
제14조 장기요양급여의 범위 등 ··· 136
제15조 수급자에 대한 안내 ··· 137
제16조 장기요양급여 계약 등 ··· 137
제17조 장기요양급여 중복수급 금지 ··· 138
제18조 장기요양급여의 기록 등 ··· 138

제19조 기타재가급여 제공기준 등 ··· 138
제20조 가족요양비 지급절차 등 ··· 139
제21조 장기요양인정신청서를 제출한 날부터 장기요양급여를 받을 수 있는 경우의 신청 등 ··· 140
제21조의2 장기요양급여 제공 계획서 제출 절차 등 ··· 140
제21조의3 특별현금급여수급계좌 입금 신청서 ··· 141
제22조 장기요양급여의 월 한도액 ··· 141
제23조 장기요양기관 지정기준 등 ··· 141
제24조 장기요양기관 지정의 갱신 기준 등 ··· 142
제25조 장기요양기관 변경지정 및 변경신고 ··· 143
제26조 장기요양기관 정보의 안내 등 ··· 144
제27조 장기요양급여비용 명세서 및 자료의 기록ㆍ관리 ··· 144
제27조의2 인권교육 ··· 145
제27조의3 장기요양급여비용의 감액 기준 ··· 146
제28조 장기요양기관 폐업 등 신고 ··· 146
제28조의2 장기요양급여 제공 자료의 이관 등 ··· 147
제29조 행정처분의 기준 ··· 147
제29조의2 행정처분대장 등의 기록ㆍ관리 ··· 147
제29조의3 과징금의 부과ㆍ납부 등 ··· 148
제29조의4 행정제재처분 사실의 통보 ··· 148
제30조 장기요양급여비용의 청구 등 ··· 149
제31조 장기요양 급여비용의 심사ㆍ지급 ··· 150
제31조의2 장기요양급여비용의 가감지급기준 ··· 150
제32조 재가 및 시설 급여비용의 산정방법 및 항목 ··· 151
제33조 장기요양급여 대상여부의 확인 등 ··· 151
제34조 천재지변 등으로 인한 본인부담금 감경대상자 ··· 152
제35조 본인부담금의 감면절차 및 방법 ··· 152
제36조 방문간호지시서 발급비용 등 ··· 153
제36조의2 장기요양요원지원센터의 설치ㆍ운영 ··· 154
제37조 등급판정위원회 소위원회 구성 및 운영 ··· 154
제38조 장기요양기관 평가 방법 등 ··· 154
제39조 심사청구 방식 등 ··· 155
제40조 재심사청구의 방식 등 ··· 155

제41조 지방자치단체 간 분담비율 ……… 156
제42조 보고 및 검사 ……… 156
제43조의2 포상금의 지급 ……… 157
부칙 ……… 157
■ 참고사항 ……… 158
복지용구 품목별 제품목록 및 급여비용 등에 관한 고시 일부개정 ……… 158
부 칙 ……… 169

개정내용 / 별지 / 서식

1. 복지용구 품목별 제품목록 및 급여비용 등에 관한 고시」 일부개정 ……… 158
2. 재가장기요양기관의 시설·인력기준 ……… 170
3. 행정처분의 기준(제29조 관련) ……… 171
4. 포상금 지급기준(제43조의2 관련) ……… 177
5. 외국인근로자 장기요양보험 가입제외 신청서 ……… 178
6. [ ] 장기요양인정 신청서[ ] 장기요양인정 갱신신청서[ ] 장기요양등급 변경신청서[ ] 장기요양 급여종류、내용 변경신청서 ……… 180
7. 의사소견서 ……… 182
8. 의사소견서 발급의뢰서 ……… 186
9. 의사소견서 발급비용 청구서 ……… 187
10. 의사소견서 발급비용 청구내역 ……… 188
11. 장기요양인정조사표 ……… 189
12. 장기요양인정서 ……… 197
13. 표준장기요양이용계획서 ……… 198
14. 대리인 지정서 ……… 199
15. 방문간호 간호조무사 교육기관 지정 신청서 ……… 200
16. 방문간호 간호조무사 교육기관 지정서 ……… 201
17. **지정 및 변경사항** ……… 202
18. 장기요양기관 입소·이용신청서([ ] 신규신청 [ ]갱신 [ ]변경 [ ]해지) ……… 203
19. 장기요양기관 입소、이용의뢰서 ……… 204
20. 장기요양급여 계약통보서(방문요양, 방문목욕, 방문간호, 복지용구) ……… 205
21. 장기요양급여 계약통보서(시설급여, 주、야간보호, 단기보호) ……… 207
22. 장기요양급여 제공 계획서(방문요양, 방문목욕, 방문간호) ……… 209

23. 장기요양급여 제공 계획서(시설급여, 주ㆍ야간보호, 단기보호) ······ 211
24. 장기요양급여 제공기록지(방문요양) ······ 213
25. 장기요양급여 제공기록지(방문목욕) ······ 215
26. 장기요양급여 제공기록지(방문간호) ······ 217
27. 장기요양급여 제공기록지(주ㆍ야간보호) ······ 219
28. 장기요양급여 제공기록지(시설급여/단기보호) ······ 221
29. 장기요양급여 제공기록지(복지용구) ······ 223
30. 가족요양비 지급 신청서 ······ 225
31. 장기요양급여 제공시기 예외 적용 신청서 ······ 227
32. 특별현금급여수급계좌 입금신청서 ······ 229
33. 장기요양기관 지정(갱신)신청서 ······ 230
34. 일 반 현 황 ······ 232
35. 인력(변경) 현황 ······ 233
36. 시설(변경) 현황(시설급여의 경우) ······ 235
37. 시설(변경) 현황(재가급여의 경우) ······ 236
38. 장기요양기관 변경지정 신청서 ······ 237
39. 장기요양기관 지정서 ······ 239
40. 장기요양기관 변경신고서 ······ 240
41. 장기요양급여비용 명세서 ······ 242
42. 장기요양급여비 납부확인서 ······ 243
43. 장기요양기관 ([ ] 폐업 [ ] 휴업) 신고서 ······ 245
44. 장기요양기관 현황통보서 ······ 246
45. 장기요양기관 변경사항통보서 ······ 248
46. 행정처분대장 ······ 250
47. 행정처분통보서 ······ 252
48. 장기요양급여 제공 제한 처분 통보서 ······ 253
49. 과징금 납부통지서 ······ 254
50. 방문간호지시서(의사ㆍ한의사용) ······ 255
51. 방문간호지시서(치과의사용) ······ 256
52. 방문간호지시서 발급비용 청구서 ······ 257
53. 방문간호지시서 발급비용 청구명세서 ······ 258
54. 심 사 청 구 서 ······ 259
55. 심 사 결 정 서 ······ 261

56. 본인부담금수납대장 ·· 262
57. 포상금 지급신청서 ·· 263
58. 장기요양급여 제공자료 [　]공단이관/[　]자체보관 신청서 ········· 265
59. 장기요양급여 제공자료 이관 목록표 (　　년도) ···················· 267
60. 장기요양급여 제공자료 분실 및 훼손 목록표(　　년도) ·············· 268
61. 재심사청구서 ·· 269

[판례] ·· 271

▣. 대법원 2018.07.12. 선고 2018도5909 판결 특정경제범죄가중처벌등에관한법률위반(사기)·업무상횡령 [공2018하,1682]

▣. 서울고법 2016.01.15. 선고 2015누37756 판결 : 상고 장기요양급여비용환수처분취소 [각공2016상,257]

▣. 수원지법 2016.12.22. 선고 2015나44004, 44011 판결 : 확정 손해배상(자)·손해배상(자) [각공2017상,131]

▣. 울산지법 2014.05.27. 선고 2014고정311 판결 : 확정 노인복지법위반 [각공2014하,787]

▣. 헌법재판소 2017.06.29. 선고 2016헌마719 전원재판부 노인장기요양보험법제35조의2제1항본문등위헌확인 [헌공제249호,664]

▣. 헌법재판소 2014.05.29. 선고 2013헌마100 전원재판부 노인복지법시행규칙부칙제3조등위헌확인 [헌공제212호,1024])

▣. 헌법재판소 2013.07.25. 선고 2010헌바51 전원재판부 국민건강보험법제5조제1항등위헌소원 [헌공제202호,907]

▣. 헌법재판소 2012.12.27. 선고 2011헌마197 전원재판부 의료급여수가의기준및일반기준에관한보건복지부고시제15조제2항등위헌확인 [헌공제195호,199]

▣. 헌법재판소 2011.11.24. 선고 2009헌바356,2010헌바369,2011헌바1,59,60,61(병합) 전원재판부 구산업재해보상보험법부칙제8조등위헌확인 [헌공제182호,1782]

노인장기요양보험법

[시행 2019. 12. 12] [법률 제16369호, 2019. 4. 23, 일부개정]

보건복지부(요양보험제도과) 044-202-3497

제1장 총 칙

제1조 목 적

이 법은 고령이나 노인성 질병 등의 사유로 일상생활을 혼자서 수행하기 어려운 노인등에게 제공하는 신체활동 또는 가사활동 지원 등의 장기요양급여에 관한 사항을 규정하여 노후의 건강증진 및 생활안정을 도모하고 그 가족의 부담을 덜어줌으로써 국민의 삶의 질을 향상하도록 함을 목적으로 한다.

[판례] 【장기요양급여비용환수처분취소】서울행정법원 2019. 11. 8 선고 2019구합56319 판결

[판례] 【장기요양급여비용 환수처분 취소】서울고등법원 2019. 6. 12 선고 2017누84077 판결

[판례] 【노인장기요양보험법 제35조의2 제1항 본문 등 위헌확인】헌법재판소 2017. 6. 29 자 2016헌마719 결정 [헌공 제249호]

제2조 정의

이 법에서 사용하는 용어의 정의는 다음과 같다.

1. "노인등"이란 65세 이상의 노인 또는 65세 미만의 자로서 치매·뇌혈관성질환 등 대통령령으로 정하는 노인성 질병을 가진 자를 말한다.
2. "장기요양급여"란 제15조제2항에 따라 6개월 이상 동안 혼자서 일상생활을 수행하기 어렵다고 인정되는 자에게 신체활동·가사활동의 지원 또는 간병 등의 서비스나 이에 갈음하여 지급하는 현금 등을 말한다.

3. "장기요양사업"이란 장기요양보험료, 국가 및 지방자치단체의 부담금 등을 재원으로 하여 노인등에게 장기요양급여를 제공하는 사업을 말한다.
4. "장기요양기관"이란 제31조에 따른 지정을 받은 기관으로서 장기요양급여를 제공하는 기관을 말한다.
5. "장기요양요원"이란 장기요양기관에 소속되어 노인등의 신체활동 또는 가사활동 지원 등의 업무를 수행하는 자를 말한다.

제3조 장기요양급여 제공의 기본원칙

① 장기요양급여는 노인등이 자신의 의사와 능력에 따라 최대한 자립적으로 일상생활을 수행할 수 있도록 제공하여야 한다.

② 장기요양급여는 노인등의 심신상태·생활환경과 노인등 및 그 가족의 욕구·선택을 종합적으로 고려하여 필요한 범위 안에서 이를 적정하게 제공하여야 한다.

③ 장기요양급여는 노인등이 가족과 함께 생활하면서 가정에서 장기요양을 받는 재가급여를 우선적으로 제공하여야 한다.

④ 장기요양급여는 노인등의 심신상태나 건강 등이 악화되지 아니하도록 의료서비스와 연계하여 이를 제공하여야 한다.

[행정규칙] -장기요양급여 제공기준 및 급여비용 산정방법 등에 관한 고시 (보건복지부 고시 제2019-309호 일부개정 발령일 2019.12.27, 시행일 2020.01.01)

[판례] 【장기요양급여비용환수처분취소】서울행정법원 2019. 11. 8 선고 2019구합56319 판결

[판례] 【장기요양급여비용 환수처분 취소】서울고등법원 2019. 6. 12 선고 2017누84077 판결

제4조 국가 및 지방자치단체의 책무 등

① 국가 및 지방자치단체는 노인이 일상생활을 혼자서 수행할 수 있는 온전한 심신상태를 유지하는데 필요한 사업(이하 "노인성질환예방사업"이라 한다)을 실시하여야 한다.

② 국가는 노인성질환예방사업을 수행하는 지방자치단체 또는 「국민건강보험법」에 따른 국민건강보험공단(이하 "공단"이라 한다)에 대하여 이에 소요되는 비용을 지원할 수 있다.

③ 국가 및 지방자치단체는 노인인구 및 지역특성 등을 고려하여 장기요양급여가 원활하게 제공될 수 있도록 적정한 수의 장기요양기관을 확충하고 장기요양기관의 설립을 지원하여야 한다.

④ 국가 및 지방자치단체는 장기요양급여가 원활히 제공될 수 있도록 공단에 필요한 행정적 또는 재정적 지원을 할 수 있다.

⑤ 국가 및 지방자치단체는 장기요양요원의 처우를 개선하고 복지를 증진하며 지위를 향상시키기 위하여 적극적으로 노력하여야 한다.

⑥ 국가 및 지방자치단체는 지역의 특성에 맞는 장기요양사업의 표준을 개발·보급할 수 있다.

[판례] 【노인장기요양보험법 제35조의2 제1항 본문 등 위헌확인】헌법재판소 2017. 6. 29 자 2016헌마719 결정 [헌공 제249호]

제5조 장기요양급여에 관한 국가정책방향

국가는 제6조의 장기요양기본계획을 수립·시행함에 있어서 노인뿐만 아니라 장애인 등 일상생활을 혼자서 수행하기 어려운 모든 국민이 장기요양급여, 신체활동지원서비스 등을 제공받을 수 있도록 노력하고 나아가 이들의 생활안정과 자립을 지원할 수 있는 시책을 강구하여야 한다.

제6조 장기요양기본계획

① 보건복지부장관은 노인등에 대한 장기요양급여를 원활하게 제공하기 위하여 5년 단위로 다음 각 호의 사항이 포함된 장기요양기본계획을 수립·시행하여야 한다.

1. 연도별 장기요양급여 대상인원 및 재원조달 계획
2. 연도별 장기요양기관 및 장기요양전문인력 관리 방안
3. 장기요양요원의 처우에 관한 사항
4. 그 밖에 노인등의 장기요양에 관한 사항으로서 대통령령으로 정하는 사항

② 지방자치단체의 장은 제1항에 따른 장기요양기본계획에 따라 세부시

행계획을 수립·시행하여야 한다.

제6조의2 실태조사

가) 보건복지부장관은 장기요양사업의 실태를 파악하기 위하여 3년마다 다음 각 호의 사항에 관한 조사를 정기적으로 실시하고 그 결과를 공표하여야 한다.

1. 장기요양인정에 관한 사항
2. 제52조에 따른 장기요양등급판정위원회(이하 "등급판정위원회"라 한다)의 판정에 따라 장기요양급여를 받을 사람(이하 "수급자"라 한다)의 규모, 그 급여의 수준 및 만족도에 관한 사항
3. 장기요양기관에 관한 사항
4. 장기요양요원의 근로조건, 처우 및 규모에 관한 사항
5. 그 밖에 장기요양사업에 관한 사항으로서 보건복지부령으로 정하는 사항

나) 제1항에 따른 실태조사의 방법과 내용 등에 필요한 사항은 보건복지부령으로 정한다.

제2장 장기요양보험

제7조 장기요양보험

① 장기요양보험사업은 보건복지부장관이 관장한다.

② 장기요양보험사업의 보험자는 공단으로 한다.

③ 장기요양보험의 가입자(이하 "장기요양보험가입자"라 한다)는 「국민건강보험법」 제5조 및 제109조에 따른 가입자로 한다.

④ 공단은 제3항에도 불구하고 「외국인근로자의 고용 등에 관한 법률」에 따른 외국인근로자 등 대통령령으로 정하는 외국인이 신청하는 경우 보건복지부령으로 정하는 바에 따라 장기요양보험가입자에서 제외할 수 있다.

[판례] 헌법재판소 2017. 6. 29 자 2016헌마719 결정 【노인장기요양보험법 제35조의2 제1항 본문 등 위헌확인】 [헌공 제249호]

[국민건강보험법] 제5조(적용 대상 등) ① 국내에 거주하는 국민은 건강보험의 가입자(이하 "가입자"라 한다) 또는 피부양자가 된다. 다만, 다음 각 호의 어느 하나에 해당하는 사람은 제외한다.

1. 「의료급여법」에 따라 의료급여를 받는 사람(이하 "수급권자"라 한다)
2. 「독립유공자예우에 관한 법률」 및 「국가유공자 등 예우 및 지원에 관한 법률」에 따라 의료보호를 받는 사람(이하 "유공자등 의료보호대상자"라 한다). 다만, 다음 각 목의 어느 하나에 해당하는 사람은 가입자 또는 피부양자가 된다.
   가. 유공자등 의료보호대상자 중 건강보험의 적용을 보험자에게 신청한 사람
   나. 건강보험을 적용받고 있던 사람이 유공자등 의료보호대상자로 되었으나 건강보험의 적용배제신청을 보험자에게 하지 아니한 사람

② 제1항의 피부양자는 다음 각 호의 어느 하나에 해당하는 사람 중 직장가입자에게 주로 생계를 의존하는 사람으로서 소득 및 재산이 **보건복지부령**으로 정하는 기준 이하에 해당하는 사람을 말한다.

1. 직장가입자의 배우자
2. 직장가입자의 직계존속(배우자의 직계존속을 포함한다)
3. 직장가입자의 직계비속(배우자의 직계비속을 포함한다)과 그 배우자
4. 직장가입자의 형제ㆍ자매

③ 제2항에 따른 피부양자 자격의 인정 기준, 취득ㆍ상실시기 및 그 밖에 필요한 사항은 **보건복지부령**으로 정한다.

제109조(외국인 등에 대한 특례) ① 정부는 외국 정부가 사용자인 사업장의 근로자의 건강보험에 관하여는 외국 정부와 한 합의에 따라 이를 따로 정할 수 있다.

② 국내에 체류하는 재외국민 또는 외국인(이하 "국내체류 외국인등"이라 한다)이 적용대상사업장의 근로자, 공무원 또는 교직원이고 제6조제2항 각 호의 어느 하나에 해당하지 아니하면서 다음 각 호의 어느 하나에 해당하는 경우에는 제5조에도 불구하고 직장가입자가 된다.

1. 「주민등록법」 제6조제1항제3호에 따라 등록한 사람
2. 「재외동포의 출입국과 법적 지위에 관한 법률」 제6조에 따라 국내거소신고를 한 사람

3. 「출입국관리법」 제31조에 따라 외국인등록을 한 사람

③ 제2항에 따른 직장가입자에 해당하지 아니하는 국내체류 외국인등이 다음 각 호의 요건을 모두 갖춘 경우에는 제5조에도 불구하고 지역가입자가 된다.

1. 보건복지부령으로 정하는 기간 동안 국내에 거주하였거나 해당 기간 동안 국내에 지속적으로 거주할 것으로 예상할 수 있는 사유로서 보건복지부령으로 정하는 사유에 해당될 것
2. 다음 각 목의 어느 하나에 해당할 것
   가. 제2항제1호 또는 제2호에 해당하는 사람
   나. 「출입국관리법」 제31조에 따라 외국인등록을 한 사람으로서 보건복지부령으로 정하는 체류자격이 있는 사람

④ 제2항 각 호의 어느 하나에 해당하는 국내체류 외국인등이 다음 각 호의 요건을 모두 갖춘 경우에는 제5조에도 불구하고 공단에 신청하면 피부양자가 될 수 있다.

1. 직장가입자와의 관계가 제5조제2항 각 호의 어느 하나에 해당할 것
2. 제5조제3항에 따른 피부양자 자격의 인정 기준에 해당할 것

⑤ 제2항부터 제4항까지의 규정에도 불구하고 다음 각 호에 해당되는 경우에는 가입자 및 피부양자가 될 수 없다.

1. 국내체류가 법률에 위반되는 경우로서 대통령령으로 정하는 사유가 있는 경우
2. 국내체류 외국인등이 외국의 법령, 외국의 보험 또는 사용자와의 계약 등에 따라 제41조에 따른 요양급여에 상당하는 의료보장을 받을 수 있어 사용자 또는 가입자가 보건복지부령으로 정하는 바에 따라 가입 제외를 신청한 경우

⑥ 제2항부터 제5항까지의 규정에서 정한 사항 외에 국내체류 외국인등의 가입자 또는 피부양자 자격의 취득 및 상실에 관한 시기·절차 등에 필요한 사항은 제5조부터 제11조까지의 규정을 준용한다. 다만, 국내체류 외국인등의 특성을 고려하여 특별히 규정해야 할 사항은 대통령령으로 다르게 정할 수 있다.

⑦ 가입자인 국내체류 외국인등이 매월 2일 이후 지역가입자의 자격을

취득하고 그 자격을 취득한 날이 속하는 달에 보건복지부장관이 고시하는 사유로 해당 자격을 상실한 경우에는 제69조제2항 본문에도 불구하고 그 자격을 취득한 날이 속하는 달의 보험료를 부과하여 징수한다.

⑧ 국내체류 외국인등(제9항 단서의 적용을 받는 사람에 한정한다)에 해당하는 지역가입자의 보험료는 제78조제1항 본문에도 불구하고 그 직전 월 25일까지 납부하여야 한다. 다만, 다음 각 호에 해당되는 경우에는 공단이 정하는 바에 따라 납부하여야 한다.

1. 자격을 취득한 날이 속하는 달의 보험료를 징수하는 경우
2. 매월 26일 이후부터 말일까지의 기간에 자격을 취득한 경우

⑨ 제7항과 제8항에서 정한 사항 외에 가입자인 국내체류 외국인등의 보험료 부과·징수에 관한 사항은 제69조부터 제86조까지의 규정을 준용한다. 다만, 대통령령으로 정하는 국내체류 외국인등의 보험료 부과·징수에 관한 사항은 그 특성을 고려하여 보건복지부장관이 다르게 정하여 고시할 수 있다.

⑩ 공단은 지역가입자인 국내체류 외국인등(제9항 단서의 적용을 받는 사람에 한정한다)이 보험료를 체납한 경우에는 제53조제3항에도 불구하고 체납일부터 체납한 보험료를 완납할 때까지 보험급여를 하지 아니한다. 이 경우 제53조제3항 각 호 외의 부분 단서 및 같은 조 제5항·제6항은 적용하지 아니한다.

제8조 장기요양보험료의 징수

① 공단은 장기요양사업에 사용되는 비용에 충당하기 위하여 장기요양보험료를 징수한다.

② 제1항에 따른 장기요양보험료는 「국민건강보험법」 제69조에 따른 보험료(이하 이 조에서 "건강보험료"라 한다)와 통합하여 징수한다. 이 경우 공단은 장기요양보험료와 건강보험료를 구분하여 고지하여야 한다.

③ 공단은 제2항에 따라 통합 징수한 장기요양보험료와 건강보험료를 각각의 독립회계로 관리하여야 한다.

[판례] 대전고등법원 2018. 8. 29 선고 2016나13978 판결【약정금】

[판례] 헌법재판소 2017. 6. 29 자 2016헌마719 결정【노인장기요양보험법 제35조의2 제1항 본문 등 위헌확인】[헌공 제249호]

[국민건강보험법] 제69조(보험료) ① 공단은 건강보험사업에 드는 비용에 충당하기 위하여 제77조에 따른 보험료의 납부의무자로부터 보험료를 징수한다.

② 제1항에 따른 보험료는 가입자의 자격을 취득한 날이 속하는 달의 다음 달부터 가입자의 자격을 잃은 날의 전날이 속하는 달까지 징수한다. 다만, 가입자의 자격을 매월 1일에 취득한 경우 또는 제5조제1항제2호가목에 따른 건강보험 적용 신청으로 가입자의 자격을 취득하는 경우에는 그 달부터 징수한다.

③ 제1항 및 제2항에 따라 보험료를 징수할 때 가입자의 자격이 변동된 경우에는 변동된 날이 속하는 달의 보험료는 변동되기 전의 자격을 기준으로 징수한다. 다만, 가입자의 자격이 매월 1일에 변동된 경우에는 변동된 자격을 기준으로 징수한다.

④ 직장가입자의 월별 보험료액은 다음 각 호에 따라 산정한 금액으로 한다.

1. 보수월액보험료: 제70조에 따라 산정한 보수월액에 제73조제1항 또는 제2항에 따른 보험료율을 곱하여 얻은 금액
2. 소득월액보험료: 제71조에 따라 산정한 소득월액에 제73조제1항 또는 제2항에 따른 보험료율을 곱하여 얻은 금액

⑤ 지역가입자의 월별 보험료액은 세대 단위로 산정하되, 지역가입자가 속한 세대의 월별 보험료액은 제72조에 따라 산정한 보험료부과점수에 제73조제3항에 따른 보험료부과점수당 금액을 곱한 금액으로 한다.

⑥ 제4항 및 제5항에 따른 월별 보험료액은 가입자의 보험료 평균액의 일정비율에 해당하는 금액을 고려하여 대통령령으로 정하는 기준에 따라 상한 및 하한을 정한다.
[시행일 : 2020. 6. 4.]

제9조 장기요양보험료의 산정

① 장기요양보험료는 「국민건강보험법」 제69조제4항 및 제5항에 따라 산정한 보험료액에서 같은 법 제74조 또는 제75조에 따라 경감 또는 면제되는 비용을 공제한 금액에 장기요양보험료율을 곱하여 산정한 금액으로 한다.

② 제1항에 따른 장기요양보험료율은 제45조에 따른 장기요양위원회의 심의를 거쳐 대통령령으로 정한다.

[판례] 헌법재판소 2017. 6. 29 자 2016헌마719 결정【노인장기요양보험법 제35조의2 제1항 본문 등 위헌확인】[헌공 제249호]

[행정규칙] -(산업통상자원부) 사회보험의 보험료 적용기준(산업통상자원부 고시 제2018-159호 폐지제정 발령일 2018.08.08, 시행일 2018.08.08)

(국토교통부) 사회보험의 보험료 적용기준(국토교통부 고시 제2018-462호 폐지제정 발령일 2018.07.26, 시행일 2018.08.01)

[국민건강보험법] **제69조**(보험료)④ 직장가입자의 월별 보험료액은 다음 각 호에 따라 산정한 금액으로 한다.

1. 보수월액보험료: 제70조에 따라 산정한 보수월액에 제73조제1항 또는 제2항에 따른 보험료율을 곱하여 얻은 금액
2. 소득월액보험료: 제71조에 따라 산정한 소득월액에 제73조제1항 또는 제2항에 따른 보험료율을 곱하여 얻은 금액

⑤ 지역가입자의 월별 보험료액은 세대 단위로 산정하되, 지역가입자가 속한 세대의 월별 보험료액은 제72조에 따라 산정한 보험료부과점수에 제73조제3항에 따른 보험료부과점수당 금액을 곱한 금액으로 한다.

제74조(보험료의 면제) ① 공단은 직장가입자가 제54조제2호부터 제4호까지의 어느 하나에 해당하면 그 가입자의 보험료를 면제한다. 다만, 제54조제2호에 해당하는 직장가입자의 경우에는 국내에 거주하는 피부양자가 없을 때에만 보험료를 면제한다.

② 지역가입자가 제54조제2호부터 제4호까지의 어느 하나에 해당하면 그 가입자가 속한 세대의 보험료를 산정할 때 그 가입자의 제72조에 따른 보험료부과점수를 제외한다.

③ 제1항에 따른 보험료의 면제나 제2항에 따라 보험료의 산정에서 제외되는 보험료부과점수에 대하여는 제54조제2호부터 제4호까지의 어느 하나에 해당하는 급여정지 사유가 생긴 날이 속하는 달의 다음 달부터 사유가 없어진 날이 속하는 달까지 적용한다. 다만, 급여정지 사유가 매월 1일에 없어진 경우에는 그 달의 보험료를 면제하지 아니하거나 보험료의 산정에서 보험료부과점수를 제외하지 아니한다.

제75조(보험료의 경감 등) ① 다음 각 호의 어느 하나에 해당하는 가입자 중 **보건복지부령**으로 정하는 가입자에 대하여는 그 가입자 또는 그 가입자가 속한 세대의 보험료의 일부를 경감할 수 있다.

1. 섬、벽지(僻地)、농어촌 등 대통령령으로 정하는 지역에 거주하는 사람
2. 65세 이상인 사람
3. 「장애인복지법」에 따라 등록한 장애인
4. 「국가유공자 등 예우 및 지원에 관한 법률」 제4조제1항제4호, 제6호, 제12호, 제15호 및 제17호에 따른 국가유공자
5. 휴직자
6. 그 밖에 생활이 어렵거나 천재지변 등의 사유로 보험료를 경감할 필요가 있다고 보건복지부장관이 정하여 고시하는 사람

② 제77조에 따른 보험료 납부의무자가 다음 각 호의 어느 하나에 해당하는 경우에는 대통령령으로 정하는 바에 따라 보험료를 감액하는 등 재산상의 이익을 제공할 수 있다.

1. 제79조제2항에 따라 보험료의 납입 고지를 전자문서로 받는 경우
2. 보험료를 계좌 또는 신용카드 자동이체의 방법으로 내는 경우

③ 제1항에 따른 보험료 경감의 방법・절차 등에 필요한 사항은 보건복지부장관이 정하여 고시한다.

제10조 장애인 등에 대한 장기요양보험료의 감면

공단은 「장애인복지법」에 따른 장애인 또는 이와 유사한 자로서 대통령령으로 정하는 자가 장기요양보험가입자 또는 그 피부양자인 경우 제15조제2항에 따른 수급자로 결정되지 못한 때 대통령령으로 정하는 바에 따라 장기요양보험료의 전부 또는 일부를 감면할 수 있다.

제11조 장기요양보험가입 자격 등에 관한 준용

「국민건강보험법」 제5조, 제6조, 제8조부터 제11조까지, 제69조제1항부터 제3항까지, 제76조부터 제86조까지 및 제110조는 장기요양보험가입자·피부양자의 자격취득·상실, 장기요양보험료 등의 납부·징수 및 결손처분

등에 관하여 이를 준용한다. 이 경우 "보험료"는 "장기요양보험료"로, "건강보험"은 "장기요양보험"으로, "가입자"는 "장기요양보험가입자"로 본다.

[국민건강보험법] 제5조(적용 대상 등) ① 국내에 거주하는 국민은 건강보험의 가입자(이하 "가입자"라 한다) 또는 피부양자가 된다. 다만, 다음 각 호의 어느 하나에 해당하는 사람은 제외한다.

1. 「의료급여법」에 따라 의료급여를 받는 사람(이하 "수급권자"라 한다)
2. 「독립유공자예우에 관한 법률」 및 「국가유공자 등 예우 및 지원에 관한 법률」에 따라 의료보호를 받는 사람(이하 "유공자등 의료보호대상자"라 한다). 다만, 다음 각 목의 어느 하나에 해당하는 사람은 가입자 또는 피부양자가 된다.
   가. 유공자등 의료보호대상자 중 건강보험의 적용을 보험자에게 신청한 사람
   나. 건강보험을 적용받고 있던 사람이 유공자등 의료보호대상자로 되었으나 건강보험의 적용배제신청을 보험자에게 하지 아니한 사람

② 제1항의 피부양자는 다음 각 호의 어느 하나에 해당하는 사람 중 직장가입자에게 주로 생계를 의존하는 사람으로서 소득 및 재산이 보건복지부령으로 정하는 기준 이하에 해당하는 사람을 말한다.
1. 직장가입자의 배우자
2. 직장가입자의 직계존속(배우자의 직계존속을 포함한다)
3. 직장가입자의 직계비속(배우자의 직계비속을 포함한다)과 그 배우자
4. 직장가입자의 형제·자매

③ 제2항에 따른 피부양자 자격의 인정 기준, 취득·상실시기 및 그 밖에 필요한 사항은 보건복지부령으로 정한다.

제6조(가입자의 종류) ① 가입자는 직장가입자와 지역가입자로 구분한다.

② 모든 사업장의 근로자 및 사용자와 공무원 및 교직원은 직장가입자가 된다. 다만, 다음 각 호의 어느 하나에 해당하는 사람은 제외한다.

1. 고용 기간이 1개월 미만인 일용근로자
2. 「병역법」에 따른 현역병(지원에 의하지 아니하고 임용된 하사를 포함한다), 전환복무된 사람 및 군간부후보생

3. 선거에 당선되어 취임하는 공무원으로서 매월 보수 또는 보수에 준하는 급료를 받지 아니하는 사람
4. 그 밖에 사업장의 특성, 고용 형태 및 사업의 종류 등을 고려하여 대통령령으로 정하는 사업장의 근로자 및 사용자와 공무원 및 교직원

③ 지역가입자는 직장가입자와 그 피부양자를 제외한 가입자를 말한다.

제8조(자격의 취득 시기 등) ① 가입자는 국내에 거주하게 된 날에 직장가입자 또는 지역가입자의 자격을 얻는다. 다만, 다음 각 호의 어느 하나에 해당하는 사람은 그 해당되는 날에 각각 자격을 얻는다.

1. 수급권자이었던 사람은 그 대상자에서 제외된 날
2. 직장가입자의 피부양자이었던 사람은 그 자격을 잃은 날
3. 유공자등 의료보호대상자이었던 사람은 그 대상자에서 제외된 날
4. 제5조제1항제2호가목에 따라 보험자에게 건강보험의 적용을 신청한 유공자등 의료보호대상자는 그 신청한 날

② 제1항에 따라 자격을 얻은 경우 그 직장가입자의 사용자 및 지역가입자의 세대주는 그 명세를 **보건복지부령**으로 정하는 바에 따라 자격을 취득한 날부터 14일 이내에 보험자에게 신고하여야 한다.

제9조(자격의 변동 시기 등) ① 가입자는 다음 각 호의 어느 하나에 해당하게 된 날에 그 자격이 변동된다.

1. 지역가입자가 적용대상사업장의 사용자로 되거나, 근로자·공무원 또는 교직원(이하 "근로자등"이라 한다)으로 사용된 날
2. 직장가입자가 다른 적용대상사업장의 사용자로 되거나 근로자등으로 사용된 날
3. 직장가입자인 근로자등이 그 사용관계가 끝난 날의 다음 날
4. 적용대상사업장에 제7조제2호에 따른 사유가 발생한 날의 다음 날
5. 지역가입자가 다른 세대로 전입한 날

② 제1항에 따라 자격이 변동된 경우 직장가입자의 사용자와 지역가입자의 세대주는 다음 각 호의 구분에 따라 그 명세를 **보건복지부령**으로 정하는 바에 따라 자격이 변동된 날부터 14일 이내에 보험자에게 신고하여야 한다.

1. 제1항제1호 및 제2호에 따라 자격이 변동된 경우: 직장가입자의 사

용자
2. 제1항제3호부터 제5호까지의 규정에 따라 자격이 변동된 경우: 지역가입자의 세대주

③ 법무부장관 및 국방부장관은 직장가입자나 지역가입자가 제54조 제3호 또는 제4호에 해당하면 보건복지부령으로 정하는 바에 따라 그 사유에 해당된 날부터 1개월 이내에 보험자에게 알려야 한다

제9조의2(자격 취득·변동 사항의 고지) 공단은 제96조제1항에 따라 제공받은 자료를 통하여 가입자 자격의 취득 또는 변동 여부를 확인하는 경우에는 자격 취득 또는 변동 후 최초로 제79조에 따른 납부의무자에게 보험료 납입 고지를 할 때 보건복지부령으로 정하는 바에 따라 자격 취득 또는 변동에 관한 사항을 알려야 한다.

제10조(자격의 상실 시기 등) ① 가입자는 다음 각 호의 어느 하나에 해당하게 된 날에 그 자격을 잃는다.
1. 사망한 날의 다음 날
2. 국적을 잃은 날의 다음 날
3. 국내에 거주하지 아니하게 된 날의 다음 날
4. 직장가입자의 피부양자가 된 날
5. 수급권자가 된 날
6. 건강보험을 적용받고 있던 사람이 유공자등 의료보호대상자가 되어 건강보험의 적용배제신청을 한 날

② 제1항에 따라 자격을 잃은 경우 직장가입자의 사용자와 지역가입자의 세대주는 그 명세를 보건복지부령으로 정하는 바에 따라 자격을 잃은 날부터 14일 이내에 보험자에게 신고하여야 한다.

제11조(자격취득 등의 확인) ① 가입자 자격의 취득·변동 및 상실은 제8조부터 제10조까지의 규정에 따른 자격의 취득·변동 및 상실의 시기로 소급하여 효력을 발생한다. 이 경우 보험자는 그 사실을 확인할 수 있다.

② 가입자나 가입자이었던 사람 또는 피부양자나 피부양자이었던 사람은 제1항에 따른 확인을 청구할 수 있다.

제69조(보험료) ① 공단은 건강보험사업에 드는 비용에 충당하기 위하여 제77조에 따른 보험료의 납부의무자로부터 보험료를 징수한다.

② 제1항에 따른 보험료는 가입자의 자격을 취득한 날이 속하는 달의 다음 달부터 가입자의 자격을 잃은 날의 전날이 속하는 달까지 징수한다. 다만, 가입자의 자격을 매월 1일에 취득한 경우 또는 제5조제1항제2호가목에 따른 건강보험 적용 신청으로 가입자의 자격을 취득하는 경우에는 그 달부터 징수한다.

③ 제1항 및 제2항에 따라 보험료를 징수할 때 가입자의 자격이 변동된 경우에는 변동된 날이 속하는 달의 보험료는 변동되기 전의 자격을 기준으로 징수한다. 다만, 가입자의 자격이 매월 1일에 변동된 경우에는 변동된 자격을 기준으로 징수한다.

제76조(보험료의 부담) ① 직장가입자의 보수월액보험료는 직장가입자와 다음 각 호의 구분에 따른 자가 각각 보험료액의 100분의 50씩 부담한다. 다만, 직장가입자가 교직원으로서 사립학교에 근무하는 교원이면 보험료액은 그 직장가입자가 100분의 50을, 제3조제2호다목에 해당하는 사용자가 100분의 30을, 국가가 100분의 20을 각각 부담한다.

1. 직장가입자가 근로자인 경우에는 제3조제2호가목에 해당하는 사업주
2. 직장가입자가 공무원인 경우에는 그 공무원이 소속되어 있는 국가 또는 지방자치단체
3. 직장가입자가 교직원(사립학교에 근무하는 교원은 제외한다)인 경우에는 제3조제2호다목에 해당하는 사용자

② 직장가입자의 소득월액보험료는 직장가입자가 부담한다.

③ 지역가입자의 보험료는 그 가입자가 속한 세대의 지역가입자 전원이 연대하여 부담한다.

④ 직장가입자가 교직원인 경우 제3조제2호다목에 해당하는 사용자가 부담액 전부를 부담할 수 없으면 그 부족액을 학교에 속하는 회계에서 부담하게 할 수 있다.

제77조(보험료 납부의무) ① 직장가입자의 보험료는 다음 각 호의 구분에 따라 그 각 호에서 정한 자가 납부한다.

1. 보수월액보험료: 사용자. 이 경우 사업장의 사용자가 2명 이상인 때에는

그 사업장의 사용자는 해당 직장가입자의 보험료를 연대하여 납부한다.
2. 소득월액보험료: 직장가입자

② 지역가입자의 보험료는 그 가입자가 속한 세대의 지역가입자 전원이 연대하여 납부한다. 다만, 소득 및 재산이 없는 미성년자와 소득 및 재산 등을 고려하여 대통령령으로 정하는 기준에 해당하는 미성년자는 납부의무를 부담하지 아니한다.

③ 사용자는 보수월액보험료 중 직장가입자가 부담하여야 하는 그 달의 보험료액을 그 보수에서 공제하여 납부하여야 한다. 이 경우 직장가입자에게 공제액을 알려야 한다.

第77조의2(제2차 납부의무) ① 법인의 재산으로 그 법인이 납부하여야 하는 보험료, 연체금 및 체납처분비를 충당하여도 부족한 경우에는 해당 법인에게 보험료의 납부의무가 부과된 날 현재의 무한책임사원 또는 과점주주(「국세기본법」 제39조 각 호의 어느 하나에 해당하는 자를 말한다)가 그 부족한 금액에 대하여 제2차 납부의무를 진다. 다만, 과점주주의 경우에는 그 부족한 금액을 그 법인의 발행주식 총수(의결권이 없는 주식은 제외한다) 또는 출자총액으로 나눈 금액에 해당 과점주주가 실질적으로 권리를 행사하는 주식 수(의결권이 없는 주식은 제외한다) 또는 출자액을 곱하여 산출한 금액을 한도로 한다.

② 사업이 양도·양수된 경우에 양도일 이전에 양도인에게 납부의무가 부과된 보험료, 연체금 및 체납처분비를 양도인의 재산으로 충당하여도 부족한 경우에는 사업의 양수인이 그 부족한 금액에 대하여 양수한 재산의 가액을 한도로 제2차 납부의무를 진다. 이 경우 양수인의 범위 및 양수한 재산의 가액은 대통령령으로 정한다.

第78조(보험료의 납부기한) ①제77조제1항 및 제2항에 따라 보험료 납부의무가 있는 자는 가입자에 대한 그 달의 보험료를 그 다음 달 10일까지 납부하여야 한다. 다만, 직장가입자의 소득월액보험료 및 지역가입자의 보험료는 보건복지부령으로 정하는 바에 따라 분기별로 납부할 수 있다.

② 공단은 제1항에도 불구하고 납입 고지의 송달 지연 등 보건복지부령으로 정하는 사유가 있는 경우 납부의무자의 신청에 따라 제1항에 따른 납부기한부터 1개월의 범위에서 납부기한을 연장할 수 있다. 이 경우 납부기한 연장을 신청하는 방법, 절차 등에 필요한 사항은 보건복지부

령으로 정한다.

제78조의2(가산금) ① 사업장의 사용자가 대통령령으로 정하는 사유에 해당되어 직장가입자가 될 수 없는 자를 제8조제2항 또는 제9조제2항을 위반하여 거짓으로 보험자에게 직장가입자로 신고한 경우 공단은 제1호의 금액에서 제2호의 금액을 뺀 금액의 100분의 10에 상당하는 가산금을 그 사용자에게 부과하여 징수한다.

1. 사용자가 직장가입자로 신고한 사람이 직장가입자로 처리된 기간 동안 그 가입자가 제69조제5항에 따라 부담하여야 하는 보험료의 총액
2. 제1호의 기간 동안 공단이 해당 가입자에 대하여 제69조제4항에 따라 산정하여 부과한 보험료의 총액

②제1항에도 불구하고, 공단은 가산금이 소액이거나 그 밖에 가산금을 징수하는 것이 적절하지 아니하다고 인정되는 등 대통령령으로 정하는 경우에는 징수하지 아니할 수 있다.

제79조(보험료등의 납입 고지) ① 공단은 보험료등을 징수하려면 그 금액을 결정하여 납부의무자에게 다음 각 호의 사항을 적은 문서로 납입 고지를 하여야 한다.

1. 징수하려는 보험료등의 종류
2. 납부해야 하는 금액
3. 납부기한 및 장소

② 공단은 제1항에 따른 납입 고지를 할 때 납부의무자의 신청이 있으면 전자문서교환방식 등에 의하여 전자문서로 고지할 수 있다. 이 경우 전자문서 고지에 대한 신청 방법·절차 등에 필요한 사항은 **보건복지부령**으로 정한다.

③ 공단이 제2항에 따라 전자문서로 고지하는 경우에는 전자문서가 **보건복지부령**으로 정하는 정보통신망에 저장되거나 납부의무자가 지정한 전자우편주소에 입력된 때에 납입 고지가 그 납부의무자에게 도달된 것으로 본다.

④ 직장가입자의 사용자가 2명 이상인 경우 또는 지역가입자의 세대가 2명 이상으로 구성된 경우 그 중 1명에게 한 고지는 해당 사업장의 다른 사용자 또는 세대 구성원인 다른 지역가입자 모두에게 효력이 있는 것으로 본다.

⑤ 휴직자등의 보험료는 휴직 등의 사유가 끝날 때까지 보건복지부령으로 정하는 바에 따라 납입 고지를 유예할 수 있다.

⑥ 공단은 제77조의2에 따른 제2차 납부의무자에게 납입의 고지를 한 경우에는 해당 법인인 사용자 및 사업 양도인에게 그 사실을 통지하여야 한다.

제79조의2(신용카드등으로 하는 보험료등의 납부) ① 공단이 납입 고지한 보험료등을 납부하는 자는 보험료등의 납부를 대행할 수 있도록 대통령령으로 정하는 기관 등(이하 이 조에서 "보험료등납부대행기관"이라 한다)을 통하여 신용카드, 직불카드 등(이하 이 조에서 "신용카드등"이라 한다)으로 납부할 수 있다.

② 제1항에 따라 신용카드등으로 보험료등을 납부하는 경우에는 보험료등납부대행기관의 승인일을 납부일로 본다.

③ 보험료등납부대행기관은 보험료등의 납부자로부터 보험료등의 납부를 대행하는 대가로 수수료를 받을 수 있다.

④ 보험료등납부대행기관의 지정 및 운영, 수수료 등에 필요한 사항은 대통령령으로 정한다.

제80조(연체금) ① 공단은 보험료등의 납부의무자가 납부기한까지 보험료등을 내지 아니하면 그 납부기한이 지난 날부터 매 1일이 경과할 때마다 다음 각 호에 해당하는 연체금을 징수한다.

1. 제69조에 따른 보험료 또는 제53조제3항에 따른 보험급여 제한 기간 중 받은 보험급여에 대한 징수금을 체납한 경우: 해당 체납금액의 1천500분의 1에 해당하는 금액. 이 경우 연체금은 해당 체납금액의 1천분의 20을 넘지 못한다.
2. 제1호 외에 이 법에 따른 징수금을 체납한 경우: 해당 체납금액의 1천분의 1에 해당하는 금액. 이 경우 연체금은 해당 체납금액의 1천분의 30을 넘지 못한다.

② 공단은 보험료등의 납부의무자가 체납된 보험료등을 내지 아니하면 납부기한 후 30일이 지난 날부터 매 1일이 경과할 때마다 다음 각 호에 해당하는 연체금을 제1항에 따른 연체금에 더하여 징수한다.

1. 제69조에 따른 보험료 또는 제53조제3항에 따른 보험급여 제한 기간 중 받은 보험급여에 대한 징수금을 체납한 경우: 해당 체납금액의 6천분의 1에 해당하는 금액. 이 경우 연체금은 해당 체납금액의 1천분의 50을 넘지 못한다.
2. 제1호 외에 이 법에 따른 징수금을 체납한 경우: 해당 체납금액의 3천분의 1에 해당하는 금액. 이 경우 연체금은 해당 체납금액의 1천분의 90을 넘지 못한다.

③ 공단은 제1항 및 제2항에도 불구하고 천재지변이나 그 밖에 **보건복지부령**으로 정하는 부득이한 사유가 있으면 제1항 및 제2항에 따른 연체금을 징수하지 아니할 수 있다.[시행일 : 2020. 1. 16.] 제80조제1항, 제80조제2항

제81조(보험료등의 독촉 및 체납처분) ① 공단은 제57조, 제77조, 제77조의2, 제78조의2 및 제101조에 따라 보험료등을 내야 하는 자가 보험료등을 내지 아니하면 기한을 정하여 독촉할 수 있다. 이 경우 직장가입자의 사용자가 2명 이상인 경우 또는 지역가입자의 세대가 2명 이상으로 구성된 경우에는 그 중 1명에게 한 독촉은 해당 사업장의 다른 사용자 또는 세대 구성원인 다른 지역가입자 모두에게 효력이 있는 것으로 본다.

② 제1항에 따라 독촉할 때에는 10일 이상 15일 이내의 납부기한을 정하여 독촉장을 발부하여야 한다.

③ 공단은 제1항에 따른 독촉을 받은 자가 그 납부기한까지 보험료등을 내지 아니하면 보건복지부장관의 승인을 받아 국세 체납처분의 예에 따라 이를 징수할 수 있다.

④ 공단은 제3항에 따라 체납처분을 하기 전에 보험료등의 체납 내역, 압류 가능한 재산의 종류, 압류 예정 사실 및 「국세징수법」 제31조제14호에 따른 소액금융재산에 대한 압류금지 사실 등이 포함된 통보서를 발송하여야 한다. 다만, 법인 해산 등 긴급히 체납처분을 할 필요가 있는 경우로서 대통령령으로 정하는 경우에는 그러하지 아니하다.

⑤ 공단은 제3항에 따른 국세 체납처분의 예에 따라 압류한 재산의 공매에 대하여 전문지식이 필요하거나 그 밖에 특수한 사정으로 직접 공매하는 것이 적당하지 아니하다고 인정하는 경우에는 「한국자산관리공

사 설립 등에 관한 법률」에 따라 설립된 한국자산관리공사(이하 "한국자산관리공사"라 한다)에 공매를 대행하게 할 수 있다. 이 경우 공매는 공단이 한 것으로 본다.

⑥ 공단은 제5항에 따라 한국자산관리공사가 공매를 대행하면 보건복지부령으로 정하는 바에 따라 수수료를 지급할 수 있다.

제81조의2(체납 또는 결손처분 자료의 제공) ① 공단은 보험료 징수 또는 공익목적을 위하여 필요한 경우에 「신용정보의 이용 및 보호에 관한 법률」 제25조제2항제1호의 종합신용정보집중기관이 다음 각 호의 어느 하나에 해당하는 체납자 또는 결손처분자의 인적사항·체납액 또는 결손처분액에 관한 자료(이하 이 조에서 "체납등 자료"라 한다)를 요구할 때에는 그 자료를 제공할 수 있다. 다만, 체납된 보험료나 이 법에 따른 그 밖의 징수금과 관련하여 행정심판 또는 행정소송이 계류 중인 경우, 그 밖에 대통령령으로 정하는 사유가 있을 때에는 그러하지 아니하다.

1. 이 법에 따른 납부기한의 다음 날부터 1년이 지난 보험료, 이 법에 따른 그 밖의 징수금과 체납처분비의 총액이 500만원 이상인 자
2. 제84조에 따라 결손처분한 금액의 총액이 500만원 이상인 자

② 체납등 자료의 제공절차에 필요한 사항은 대통령령으로 정한다.

③ 제1항에 따라 체납등 자료를 제공받은 자는 이를 업무 외의 목적으로 누설하거나 이용하여서는 아니 된다.

제81조의3(보험료의 납부증명) ① 제77조에 따른 보험료의 납부의무자(이하 이 조에서 "납부의무자"라 한다)는 국가, 지방자치단체 또는 「공공기관의 운영에 관한 법률」 제4조에 따른 공공기관(이하 이 조에서 "공공기관"이라 한다)으로부터 공사·제조·구매·용역 등 대통령령으로 정하는 계약의 대가를 지급받는 경우에는 보험료와 그에 따른 연체금 및 체납처분비의 납부사실을 증명하여야 한다. 다만, 납부의무자가 계약대금의 전부 또는 일부를 체납한 보험료로 납부하려는 경우 등 대통령령으로 정하는 경우에는 그러하지 아니하다.

② 납부의무자가 제1항에 따라 납부사실을 증명하여야 할 경우 제1항의 계약을 담당하는 주무관서 또는 공공기관은 납부의무자의 동의를 받아 공단에 조회하여 보험료와 그에 따른 연체금 및 체납처분비의 납부

여부를 확인하는 것으로 제1항에 따른 납부증명을 갈음할 수 있다.

第81조의4(서류의 송달) 제79조 및 제81조에 관한 서류의 송달에 관하여는 「국세기본법」 제8조(같은 조 제2항 단서는 제외한다)부터 제12조까지의 규정을 준용한다. 다만, 우편송달에 의하는 경우 그 방법은 대통령령으로 정하는 바에 따른다.

第82조(체납보험료의 분할납부) ① 공단은 보험료를 3회 이상 체납한 자가 신청하는 경우 **보건복지부령**으로 정하는 바에 따라 분할납부를 승인할 수 있다.

② 공단은 보험료를 3회 이상 체납한 자에 대하여 제81조제3항에 따른 체납처분을 하기 전에 제1항에 따른 분할납부를 신청할 수 있음을 알리고, **보건복지부령**으로 정하는 바에 따라 분할납부 신청의 절차·방법 등에 관한 사항을 안내하여야 한다.

③ 공단은 제1항에 따라 분할납부 승인을 받은 자가 정당한 사유 없이 5회(제1항에 따라 승인받은 분할납부 횟수가 5회 미만인 경우에는 해당 분할납부 횟수를 말한다) 이상 그 승인된 보험료를 납부하지 아니하면 그 분할납부의 승인을 취소한다.

④ 분할납부의 승인과 취소에 관한 절차·방법·기준 등에 필요한 사항은 **보건복지부령**으로 정한다.

第83조(고액·상습체납자의 인적사항 공개) ① 공단은 이 법에 따른 납부기한의 다음 날부터 1년이 경과한 보험료, 연체금과 체납처분비(제84조에 따라 결손처분한 보험료, 연체금과 체납처분비로서 징수권 소멸시효가 완성되지 아니한 것을 포함한다)의 총액이 1천만원 이상인 체납자가 납부능력이 있음에도 불구하고 체납한 경우 그 인적사항·체납액 등(이하 이 조에서 "인적사항등"이라 한다)을 공개할 수 있다. 다만, 체납된 보험료, 연체금과 체납처분비와 관련하여 제87조에 따른 이의신청, 제88조에 따른 심판청구가 제기되거나 행정소송이 계류 중인 경우 또는 그 밖에 체납된 금액의 일부 납부 등 대통령령으로 정하는 사유가 있는 경우에는 그러하지 아니하다.

② 제1항에 따른 체납자의 인적사항등에 대한 공개 여부를 심의하기 위하여 공단에 보험료정보공개심의위원회를 둔다.

③ 공단은 보험료정보공개심의위원회의 심의를 거친 인적사항등의 공개대상자에게 공개대상자임을 서면으로 통지하여 소명의 기회를 부여하여야 하며, 통지일부터 6개월이 경과한 후 체납액의 납부이행 등을 감안하여 공개대상자를 선정한다.

④ 제1항에 따른 체납자 인적사항등의 공개는 관보에 게재하거나 공단 인터넷 홈페이지에 게시하는 방법에 따른다.

⑤ 제1항부터 제4항까지의 규정에 따른 체납자 인적사항등의 공개와 관련한 납부능력의 기준, 공개절차 및 위원회의 구성·운영 등에 필요한 사항은 대통령령으로 정한다.

제84조(결손처분) ① 공단은 다음 각 호의 어느 하나에 해당하는 사유가 있으면 재정운영위원회의 의결을 받아 보험료등을 결손처분할 수 있다.

1. 체납처분이 끝나고 체납액에 충당될 배분금액이 그 체납액에 미치지 못하는 경우
2. 해당 권리에 대한 소멸시효가 완성된 경우
3. 그 밖에 징수할 가능성이 없다고 인정되는 경우로서 대통령령으로 정하는 경우

② 공단은 제1항제3호에 따라 결손처분을 한 후 압류할 수 있는 다른 재산이 있는 것을 발견한 때에는 지체 없이 그 처분을 취소하고 체납처분을 하여야 한다.

제85조(보험료등의 징수 순위) 보험료등은 국세와 지방세를 제외한 다른 채권에 우선하여 징수한다. 다만, 보험료등의 납부기한 전에 전세권·질권·저당권 또는 「동산·채권 등의 담보에 관한 법률」에 따른 담보권의 설정을 등기 또는 등록한 사실이 증명되는 재산을 매각할 때에 그 매각대금 중에서 보험료등을 징수하는 경우 그 전세권·질권·저당권 또는 「동산·채권 등의 담보에 관한 법률」에 따른 담보권으로 담보된 채권에 대하여는 그러하지 아니하다.

제86조(보험료등의 충당과 환급) ① 공단은 납부의무자가 보험료등·연체금 또는 체납처분비로 낸 금액 중 과오납부(過誤納付)한 금액이 있으면 대통령령으로 정하는 바에 따라 그 과오납금을 보험료등·연체금 또는 체납처분비에 우선 충당하여야 한다.

② 공단은 제1항에 따라 충당하고 남은 금액이 있는 경우 대통령령으로 정하는 바에 따라 납부의무자에게 환급하여야 한다.

③ 제1항 및 제2항의 경우 과오납금에 대통령령으로 정하는 이자를 가산하여야 한다.
[시행일 : 2020. 6. 4.] 제86조

제110조(실업자에 대한 특례) ① 사용관계가 끝난 사람 중 직장가입자로서의 자격을 유지한 기간이 **보건복지부령**으로 정하는 기간 동안 통산 1년 이상인 사람은 지역가입자가 된 이후 최초로 제79조에 따라 지역가입자 보험료를 고지받은 날부터 그 납부기한에서 2개월이 지나기 이전까지 공단에 직장가입자로서의 자격을 유지할 것을 신청할 수 있다.

② 제1항에 따라 공단에 신청한 가입자(이하 "임의계속가입자"라 한다)는 제9조에도 불구하고 대통령령으로 정하는 기간 동안 직장가입자의 자격을 유지한다. 다만, 제1항에 따른 신청 후 최초로 내야 할 직장가입자 보험료를 그 납부기한부터 2개월이 지난 날까지 내지 아니한 경우에는 그 자격을 유지할 수 없다.

③ 임의계속가입자의 보수월액은 보수월액보험료가 산정된 최근 12개월간의 보수월액을 평균한 금액으로 한다.

④ 임의계속가입자의 보험료는 보건복지부장관이 정하여 고시하는 바에 따라 그 일부를 경감할 수 있다. <개정 2013.5.22>

⑤ 임의계속가입자의 보수월액보험료는 제76조제1항 및 제77조제1항제1호에도 불구하고 그 임의계속가입자가 전액을 부담하고 납부한다.

⑥ 임의계속가입자가 보험료를 납부기한까지 내지 아니하는 경우 그 급여제한에 관하여는 제53조제3항·제5항 및 제6항을 준용한다. 이 경우 "제69조제5항에 따른 세대단위의 보험료"는 "제110조제5항에 따른 보험료"로 본다.

⑦ 임의계속가입자의 신청 방법·절차 등에 필요한 사항은 **보건복지부령**으로 정한다.

제3장 장기요양인정

제12조 장기요양인정의 신청자격

장기요양인정을 신청할 수 있는 자는 노인등으로서 다음 각 호의 어느 하나에 해당하는 자격을 갖추어야 한다.

1. 장기요양보험가입자 또는 그 피부양자
2. 「의료급여법」 제3조제1항에 따른 수급권자(이하 "의료급여수급권자"라 한다)

[행정규칙] -노인성 질병에 해당하는 진전의 범위(보건복지부 고시 제2016-165호 일부개정 발령일 2016.08.30, 시행일 2016.08.30)

[의료급여법] 제3조(수급권자) ① 이 법에 따른 수급권자는 다음 각 호와 같다.

1. 「국민기초생활 보장법」에 따른 의료급여 수급자
2. 「재해구호법」에 따른 이재민으로서 보건복지부장관이 의료급여가 필요하다고 인정한 사람
3. 「의사상자 등 예우 및 지원에 관한 법률」에 따라 의료급여를 받는 사람
4. 「입양특례법」에 따라 국내에 입양된 18세 미만의 아동
5. 「독립유공자예우에 관한 법률」, 「국가유공자 등 예우 및 지원에 관한 법률」 및 「보훈보상대상자 지원에 관한 법률」의 적용을 받고 있는 사람과 그 가족으로서 국가보훈처장이 의료급여가 필요하다고 추천한 사람 중에서 보건복지부장관이 의료급여가 필요하다고 인정한 사람
6. 「무형문화재 보전 및 진흥에 관한 법률」에 따라 지정된 국가무형문화재의 보유자(명예보유자를 포함한다)와 그 가족으로서 문화재청장이 의료급여가 필요하다고 추천한 사람 중에서 보건복지부장관이 의료급여가 필요하다고 인정한 사람
7. 「북한이탈주민의 보호 및 정착지원에 관한 법률」의 적용을 받고 있는 사람과 그 가족으로서 보건복지부장관이 의료급여가 필요하다고 인정한 사람
8. 「5·18민주화운동 관련자 보상 등에 관한 법률」 제8조에 따라 보상금 등을 받은 사람과 그 가족으로서 보건복지부장관이 의료급여가 필요하다고 인정한 사람
9. 「노숙인 등의 복지 및 자립지원에 관한 법률」에 따른 노숙인 등으로서 보건복지부장관이 의료급여가 필요하다고 인정한 사람
10. 그 밖에 생활유지 능력이 없거나 생활이 어려운 사람으로서 대통령령으로 정하는 사람

제13조 장기요양인정의 신청

① 장기요양인정을 신청하는 자(이하 "신청인"이라 한다)는 공단에 보건복지부령으로 정하는 바에 따라 장기요양인정신청서(이하 "신청서"라 한다)에 의사 또는 한의사가 발급하는 소견서(이하 "의사소견서"라 한다)를 첨부하여 제출하여야 한다. 다만, 의사소견서는 공단이 제15조제1항에 따라 등급판정위원회에 자료를 제출하기 전까지 제출할 수 있다.

② 제1항에도 불구하고 거동이 현저하게 불편하거나 도서·벽지 지역에 거주하여 의료기관을 방문하기 어려운 자 등 대통령령으로 정하는 자는 의사소견서를 제출하지 아니할 수 있다.

③ 의사소견서의 발급비용·비용부담방법·발급자의 범위, 그 밖에 필요한 사항은 보건복지부령으로 정한다.

[행정규칙]−장기요양급여 제공기준 및 급여비용 산정방법 등에 관한 고시(보건복지부 고시 제2019−309호 일부개정 발령일 2019.12.27, 시행일 2020.01.01)

−가족요양비 지급 및 의사소견서 제출 제외대상 섬 · 벽지지역 고시(보건복지부 고시 제2019−213호 일부개정 발령일 2019.10.01, 시행일 2019.10.01)

−에너지이용권 사업운영에 관한 규정(산업통상자원부 고시 제2019−108호 일부개정 발령일 2019.07.03, 시행일 2019.07.03)

> [법령 해석] 보건복지부 - 장기요양인정 신청 시 첨부해야 하는 의사소견서를 원본으로 제출해야 하는지 여부(「노인장기요양보험법」 제13조 및 「노인장기요양보험법 시행규칙」 제2조 등)[19-03842019. 11. 25., 보건복지부] 「노인장기요양보험법」 제13조제1항 본문에 따라 장기요양인정을 신청하는 자는 국민건강보험공단1)1) 「국민건강보험법」에 따른 국민건강보험공단을 말하며, 이하 같음. 에 의사 또는 한의사가 발급하는 소견서(이하 "의사소견서"라 함)를 첨부하여 장기요양인정신청서를 제출해야 하는바, 해당 의사소견서는 원본이어야 하는지 아니면 사본도 가능한지? 민원인은 위 질의요지에 대해 보건복지...

제14조 장기요양인정 신청의 조사

① 공단은 제13조제1항에 따라 신청서를 접수한 때 보건복지부령으로 정

하는 바에 따라 소속 직원으로 하여금 다음 각 호의 사항을 조사하게 하여야 한다. 다만, 지리적 사정 등으로 직접 조사하기 어려운 경우 또는 조사에 필요하다고 인정하는 경우 특별자치시·특별자치도·시·군·구(자치구를 말한다. 이하 같다)에 대하여 조사를 의뢰하거나 공동으로 조사할 것을 요청할 수 있다.

1. 신청인의 심신상태
2. 신청인에게 필요한 장기요양급여의 종류 및 내용
3. 그 밖에 장기요양에 관하여 필요한 사항으로서 보건복지부령으로 정하는 사항

② 공단은 제1항 각 호의 사항을 조사하는 경우 2명 이상의 소속 직원이 조사할 수 있도록 노력하여야 한다.

③ 제1항에 따라 조사를 하는 자는 조사일시, 장소 및 조사를 담당하는 자의 인적사항 등을 미리 신청인에게 통보하여야 한다.

④ 공단 또는 제1항 단서에 따른 조사를 의뢰받은 특별자치시·특별자치도·시·군·구는 조사를 완료한 때 조사결과서를 작성하여야 한다. 조사를 의뢰받은 특별자치시·특별자치도·시·군·구는 지체 없이 공단에 조사결과서를 송부하여야 한다.

제15조 등급판정 등

① 공단은 제14조에 따른 조사가 완료된 때 조사결과서, 신청서, 의사소견서, 그 밖에 심의에 필요한 자료를 등급판정위원회에 제출하여야 한다.

② 등급판정위원회는 신청인이 제12조의 신청자격요건을 충족하고 6개월 이상 동안 혼자서 일상생활을 수행하기 어렵다고 인정하는 경우 심신상태 및 장기요양이 필요한 정도 등 대통령령으로 정하는 등급판정기준에 따라 수급자로 판정한다.

③ 등급판정위원회는 제2항에 따라 심의·판정을 하는 때 신청인과 그 가족, 의사소견서를 발급한 의사 등 관계인의 의견을 들을 수 있다.

④ 공단은 장기요양급여를 받고 있거나 받을 수 있는 자가 다음 각 호의 어느 하나에 해당하는 것으로 의심되는 경우에는 제14조제1항 각 호의 사항을 조사하여 그 결과를 등급판정위원회에 제출하여야 한다.

1. 거짓이나 그 밖의 부정한 방법으로 장기요양인정을 받은 경우

2. 고의로 사고를 발생하도록 하거나 본인의 위법행위에 기인하여 장기요양인정을 받은 경우

⑤ 등급판정위원회는 제4항에 따라 제출된 조사 결과를 토대로 제2항에 따라 다시 등급판정을 할 수 있다.

[판례] 서울행정법원 2017. 11. 2 선고 2017구합52863 판결【장기요양급여비용 환수처분 취소】

[행정규칙] -장기요양 본인부담금 감경에 관한 고시(보건복지부 고시 제2019-292호 일부개정 발령일 2019.12.24, 시행일 2020.01.01)

-복지용구 급여범위 및 급여기준 등에 관한 고시(보건복지부 고시 제2019-174호 일부개정 발령일 2019.07.31, 시행일 2019.07.31)

-장기요양보험료 경감고시(보건복지부 고시 제2019-130호 일부개정 발령일 2019.06.26, 시행일 2019.07.01)

-의료급여수급권자 지방자치단체 부담금의 지급절차 및 방법 등에 관한 규정(보건복지부 고시 제2017-225호 일부개정 발령일 2017.12.14, 시행일 2018.01.01.)

제16조 장기요양등급판정기간

① 등급판정위원회는 신청인이 신청서를 제출한 날부터 30일 이내에 제15조에 따른 장기요양등급판정을 완료하여야 한다. 다만, 신청인에 대한 정밀조사가 필요한 경우 등 기간 이내에 등급판정을 완료할 수 없는 부득이한 사유가 있는 경우 30일 이내의 범위에서 이를 연장할 수 있다.

② 공단은 등급판정위원회가 제1항 단서에 따라 장기요양인정심의 및 등급판정기간을 연장하고자 하는 경우 신청인 및 대리인에게 그 내용·사유 및 기간을 통보하여야 한다.

제17조 장기요양인정서

① 공단은 등급판정위원회가 장기요양인정 및 등급판정의 심의를 완료한 경우 지체 없이 다음 각 호의 사항이 포함된 장기요양인정서를 작성하여 수급자에게 송부하여야 한다.

1. 장기요양등급

2. 장기요양급여의 종류 및 내용
3. 그 밖에 장기요양급여에 관한 사항으로서 보건복지부령으로 정하는 사항

② 공단은 등급판정위원회가 장기요양인정 및 등급판정의 심의를 완료한 경우 수급자로 판정받지 못한 신청인에게 그 내용 및 사유를 통보하여야 한다. 이 경우 특별자치시장·특별자치도지사·시장·군수·구청장(자치구의 구청장을 말한다. 이하 같다)은 공단에 대하여 이를 통보하도록 요청할 수 있고, 요청을 받은 공단은 이에 응하여야 한다.

③ 공단은 제1항에 따라 장기요양인정서를 송부하는 때 장기요양급여를 원활히 이용할 수 있도록 제28조에 따른 월 한도액 범위 안에서 표준장기요양이용계획서를 작성하여 이를 함께 송부하여야 한다.

④ 제1항 및 제3항에 따른 장기요양인정서 및 표준장기요양이용계획서의 작성방법에 관하여 필요한 사항은 보건복지부령으로 정한다.

[판례] 서울행정법원 2017. 11. 2 선고 2017구합52863 판결【장기요양급여비용 환수처분 취소】

[행정규칙] -복지용구 급여범위 및 급여기준 등에 관한 고시(보건복지부 고시 제2019-174호 일부개정 발령일 2019.07.31, 시행일 2019.07.31.)

제18조 장기요양인정서를 작성할 경우 고려사항

공단은 장기요양인정서를 작성할 경우 제17조제1항제2호에 따른 장기요양급여의 종류 및 내용을 정하는 때 다음 각 호의 사항을 고려하여 정하여야 한다.

1. 수급자의 장기요양등급 및 생활환경
2. 수급자와 그 가족의 욕구 및 선택
3. 시설급여를 제공하는 경우 장기요양기관이 운영하는 시설 현황

제19조 장기요양인정의 유효기간

① 제15조에 따른 장기요양인정의 유효기간은 최소 1년이상으로서 대통령령으로 정한다.

② 제1항의 유효기간의 산정방법과 그 밖에 필요한 사항은 보건복지부령

으로 정한다.

第20조 장기요양인정의 갱신

① 수급자는 제19조에 따른 장기요양인정의 유효기간이 만료된 후 장기요양급여를 계속하여 받고자 하는 경우 공단에 장기요양인정의 갱신을 신청하여야 한다.

② 제1항에 따른 장기요양인정의 갱신 신청은 유효기간이 만료되기 전 30일까지 이를 완료하여야 한다.

③ 제12조부터 제19조까지의 규정은 장기요양인정의 갱신절차에 관하여 준용한다.

第21조 장기요양등급 등의 변경

① 장기요양급여를 받고 있는 수급자는 장기요양등급, 장기요양급여의 종류 또는 내용을 변경하여 장기요양급여를 받고자 하는 경우 공단에 변경신청을 하여야 한다.

② 제12조부터 제19조까지의 규정은 장기요양등급의 변경절차에 관하여 준용한다.

第22조 장기요양인정 신청 등에 대한 대리

① 장기요양급여를 받고자 하는 자 또는 수급자가 신체적·정신적인 사유로 이 법에 따른 장기요양인정의 신청, 장기요양인정의 갱신신청 또는 장기요양등급의 변경신청 등을 직접 수행할 수 없을 때 본인의 가족이나 친족, 그 밖의 이해관계인은 이를 대리할 수 있다.

② 다음 각 호의 어느 하나에 해당하는 사람은 관할 지역 안에 거주하는 사람 중 장기요양급여를 받고자 하는 사람 또는 수급자가 제1항에 따른 장기요양인정신청 등을 직접 수행할 수 없을 때 본인 또는 가족의 동의를 받아 그 신청을 대리할 수 있다.

1. 「사회보장급여의 이용·제공 및 수급권자 발굴에 관한 법률」 제43조에 따른 사회복지전담공무원
2. 「치매관리법」 제17조에 따른 치매안심센터의 장(장기요양급여를 받고자 하는 사람 또는 수급자가 같은 법 제2조제2호에 따른 치매환자인 경우로 한정한다)

③ 제1항 및 제2항에도 불구하고 장기요양급여를 받고자 하는 자 또는 수급자가 제1항에 따른 장기요양인정신청 등을 할 수 없는 경우 특별자치시장·특별자치도지사·시장·군수·구청장이 지정하는 자는 이를 대리할 수 있다.

④ 제1항부터 제3항까지의 규정에 따른 장기요양인정신청 등의 방법 및 절차 등에 관하여 필요한 사항은 보건복지부령으로 정한다.

제4장 장기요양급여의 종류

제23조 장기요양급여의 종류

① 이 법에 따른 장기요양급여의 종류는 다음 각 호와 같다.

1. 재가급여

가. 방문요양 : 장기요양요원이 수급자의 가정 등을 방문하여 신체활동 및 가사활동 등을 지원하는 장기요양급여

나. 방문목욕 : 장기요양요원이 목욕설비를 갖춘 장비를 이용하여 수급자의 가정 등을 방문하여 목욕을 제공하는 장기요양급여

다. 방문간호 : 장기요양요원인 간호사 등이 의사, 한의사 또는 치과의사의 지시서(이하 "방문간호지시서"라 한다)에 따라 수급자의 가정 등을 방문하여 간호, 진료의 보조, 요양에 관한 상담 또는 구강위생 등을 제공하는 장기요양급여

라. 주·야간보호 : 수급자를 하루 중 일정한 시간 동안 장기요양기관에 보호하여 신체활동 지원 및 심신기능의 유지·향상을 위한 교육·훈련 등을 제공하는 장기요양급여

마. 단기보호 : 수급자를 보건복지부령으로 정하는 범위 안에서 일정 기간 동안 장기요양기관에 보호하여 신체활동 지원 및 심신기능의 유지·향상을 위한 교육·훈련 등을 제공하는 장기요양급여

바. 기타재가급여 : 수급자의 일상생활·신체활동 지원 및 인지기능의 유지·향상에 필요한 용구를 제공하거나 가정을 방문하여 재활에 관한 지원 등을 제공하는 장기요양급여로서 대통령령으로 정하는 것

2. 시설급여 : 장기요양기관에 장기간 입소한 수급자에게 신체활동 지원

및 심신기능의 유지·향상을 위한 교육·훈련 등을 제공하는 장기요양급여

3. 특별현금급여

가. 가족요양비 : 제24조에 따라 지급하는 가족장기요양급여

나. 특례요양비 : 제25조에 따라 지급하는 특례장기요양급여

다. 요양병원간병비 : 제26조에 따라 지급하는 요양병원장기요양급여

② 제1항제1호 및 제2호에 따라 장기요양급여를 제공할 수 있는 장기요양기관의 종류 및 기준과 장기요양급여 종류별 장기요양요원의 범위·업무·보수교육 등에 관하여 필요한 사항은 대통령령으로 정한다.

③ 장기요양급여의 제공 기준·절차·방법·범위, 그 밖에 필요한 사항은 보건복지부령으로 정한다.

[판례] 서울행정법원 2019. 11. 8 선고 2019구합56319 판결 【장기요양급여비용환수처분취소】

[판례] 서울고등법원 2019. 6. 12 선고 2017누84077 판결 【장기요양급여비용 환수처분 취소】

[판례] 헌법재판소 2017. 6. 29 자 2016헌마719 결정 【노인장기요양보험법 제35조의2 제1항 본문 등 위헌확인】 [헌공 제249호]

[판례] 서울고등법원 2016. 6. 15 선고 2015누64345 판결 【장기요양급여비용환수처분취소】

[판례] 서울행정법원 2016. 3. 31 선고 2015구합64589 판결 【장기요양급여비용환수결정 취소】

[판례] 서울고등법원 2016. 1. 15 선고 2015누37756 판결 【장기요양급여비용환수처분취소】 [각공2016상, 257]

[판례] 서울행정법원 2015. 1. 16 선고 2014구합12598 판결 【장기요양기관지정취소처분취소】

[판례] 서울행정법원 2015. 1. 15 선고 2014구합58679, 2014구합65004(병합) 판결 【지정취소 및 4개월 재지정 금지 처분 취소청구의 소 장기요양급여비용환수결정 취소청구의 소(병합)】

[판례] 서울행정법원 2014. 12. 18 선고 2014구합16101 판결 【영업정지처분취소등】

[행정규칙] -장기요양급여 제공기준 및 급여비용 산정방법 등에 관한 고시(보건복지부 고시 제2019-309호 일부개정 발령일 2019.12.27, 시행일

2020.01.01)
-국가보훈대상자 노후복지서비스 규정(국가보훈처 훈령 제1195호 일부개정 발령일 2017.12.26, 시행일 2017.12.26)

제24조 가족요양비

① 공단은 다음 각 호의 어느 하나에 해당하는 수급자가 가족 등으로부터 제23조제1항제1호가목에 따른 방문요양에 상당한 장기요양급여를 받은 때 대통령령으로 정하는 기준에 따라 해당 수급자에게 가족요양비를 지급할 수 있다.

1. 도서·벽지 등 장기요양기관이 현저히 부족한 지역으로서 보건복지부장관이 정하여 고시하는 지역에 거주하는 자
2. 천재지변이나 그 밖에 이와 유사한 사유로 인하여 장기요양기관이 제공하는 장기요양급여를 이용하기가 어렵다고 보건복지부장관이 인정하는 자
3. 신체·정신 또는 성격 등 대통령령으로 정하는 사유로 인하여 가족 등으로부터 장기요양을 받아야 하는 자

② 제1항에 따른 가족요양비의 지급절차와 그 밖에 필요한 사항은 보건복지부령으로 정한다.

[행정규칙] -2020년도 방문교육서비스 비용 및 지원가구 소득기준(여성가족부 고시 제2019-52호 폐지제정 발령일 2019.12.31, 시행일 2020.01.01)
-장기요양급여 제공기준 및 급여비용 산정방법 등에 관한 고시(보건복지부 고시 제2019-309호 일부개정 발령일 2019.12.27, 시행일 2020.01.01)
-가족요양비 지급 및 의사소견서 제출 제외대상 섬·벽지지역 고시(보건복지부 고시 제2019-213호 일부개정 발령일 2019.10.01, 시행일 2019.10.01)
-에너지이용권 사업운영에 관한 규정(산업통상자원부 고시 제2019-108호 일부개정 발령일 2019.07.03, 시행일 2019.07.03)

제25조 특례요양비

① 공단은 수급자가 장기요양기관이 아닌 노인요양시설 등의 기관 또는 시설에서 재가급여 또는 시설급여에 상당한 장기요양급여를 받은 경우 대통령령으로 정하는 기준에 따라 해당 장기요양급여비용의 일부를 해

당 수급자에게 특례요양비로 지급할 수 있다.
② 제1항에 따라 장기요양급여가 인정되는 기관 또는 시설의 범위, 특례요양비의 지급절차, 그 밖에 필요한 사항은 **보건복지부령**으로 정한다.

제26조 요양병원간병비

① 공단은 수급자가 「의료법」 제3조제2항제3호라목에 따른 요양병원에 입원한 때 대통령령으로 정하는 기준에 따라 장기요양에 사용되는 비용의 일부를 요양병원간병비로 지급할 수 있다.

② 제1항에 따른 요양병원간병비의 지급절차와 그 밖에 필요한 사항은 보건복지부령으로 정한다.

[의료법] 제3조제2항제3호라목 요양병원(「정신건강증진 및 정신질환자 복지서비스 지원에 관한 법률」 제3조제5호에 따른 정신의료기관 중 정신병원, 「장애인복지법」 제58조제1항제4호에 따른 의료재활시설로서 제3조의2의 요건을 갖춘 의료기관을 포함한다. 이하 같다)

제5장 장기요양급여의 제공

제27조 장기요양급여의 제공

① 수급자는 제17조제1항에 따른 장기요양인정서와 같은 조 제3항에 따른 표준장기요양이용계획서가 도달한 날부터 장기요양급여를 받을 수 있다.

② 제1항에도 불구하고 수급자는 돌볼 가족이 없는 경우 등 대통령령으로 정하는 사유가 있는 경우 신청서를 제출한 날부터 장기요양인정서가 도달되는 날까지의 기간 중에도 장기요양급여를 받을 수 있다.

③ 수급자는 장기요양급여를 받으려면 장기요양기관에 장기요양인정서와 표준장기요양이용계획서를 제시하여야 한다. 다만, 수급자가 장기요양인정서 및 표준장기요양이용계획서를 제시하지 못하는 경우 장기요양기관은 공단에 전화나 인터넷 등을 통하여 그 자격 등을 확인할 수 있다.

④ 장기요양기관은 제3항에 따라 수급자가 제시한 장기요양인정서와 표

준장기요양이용계획서를 바탕으로 장기요양급여 제공 계획서를 작성하고 수급자의 동의를 받아 그 내용을 공단에 통보하여야 한다.

⑤ 제2항에 따른 장기요양급여 인정 범위와 절차, 제4항에 따른 장기요양급여 제공 계획서 작성 절차에 관한 구체적인 사항 등은 대통령령으로 정한다.

[행정규칙] -장기요양급여 제공기준 및 급여비용 산정방법 등에 관한 고시 (보건복지부 고시 제2019-309호 일부개정 발령일 2019.12.27, 시행일 2020.01.01.)

제27조의2 특별현금급여수급계좌

① 공단은 특별현금급여를 받는 수급자의 신청이 있는 경우에는 특별현금급여를 수급자 명의의 지정된 계좌(이하 "특별현금급여수급계좌"라 한다)로 입금하여야 한다. 다만, 정보통신장애나 그 밖에 대통령령으로 정하는 불가피한 사유로 특별현금급여수급계좌로 이체할 수 없을 때에는 현금 지급 등 대통령령으로 정하는 바에 따라 특별현금급여를 지급할 수 있다.

② 특별현금급여수급계좌가 개설된 금융기관은 특별현금급여만이 특별현금급여수급계좌에 입금되도록 관리하여야 한다.

③ 제1항에 따른 신청방법·절차와 제2항에 따른 특별현금급여수급계좌의 관리에 필요한 사항은 대통령령으로 정한다.

제28조 장기요양급여의 월 한도액

① 장기요양급여는 월 한도액 범위 안에서 제공한다. 이 경우 월 한도액은 장기요양등급 및 장기요양급여의 종류 등을 고려하여 산정한다.

② 제1항에 따른 월 한도액의 산정기준 및 방법, 그 밖에 필요한 사항은 보건복지부령으로 정한다.

[행정규칙] -장기요양급여 제공기준 및 급여비용 산정방법 등에 관한 고시 (보건복지부 고시 제2019-309호 일부개정 발령일 2019.12.27, 시행일 2020.01.01.)

제28조의2 급여외행위의 제공 금지

① 수급자 또는 장기요양기관은 장기요양급여를 제공받거나 제공할 경우 다음 각 호의 행위(이하 "급여외행위"라 한다)를 요구하거나 제공하여서는 아니 된다.

1. 수급자의 가족만을 위한 행위
2. 수급자 또는 그 가족의 생업을 지원하는 행위
3. 그 밖에 수급자의 일상생활에 지장이 없는 행위

② 그 밖에 급여외행위의 범위 등에 관한 구체적인 사항은 보건복지부령으로 정한다.

[행정규칙] -장기요양급여 제공기준 및 급여비용 산정방법 등에 관한 고시 (보건복지부 고시 제2019-309호 일부개정 발령일 2019.12.27, 시행일 2020.01.01.)

제29조 장기요양급여의 제한

공단은 장기요양급여를 받고 있는 자가 정당한 사유 없이 제15조제4항에 따른 조사나 제60조 또는 제61조에 따른 요구에 응하지 아니하거나 답변을 거절한 경우 장기요양급여의 전부 또는 일부를 제공하지 아니하게 할 수 있다.

[판례] 광주지방법원 2015. 1. 29 선고 2014구합1697 판결 【행정처분명령취소】

[판례] 서울행정법원 2015. 1. 16 선고 2014구합12598 판결 【장기요양기관지정취소처분취소】

제30조 장기요양급여의 제한 등에 관한 준용

「국민건강보험법」 제53조제1항제4호, 같은 조 제2항부터 제6항까지 및 제54조는 이 법에 따른 보험료 체납자 등에 대한 장기요양급여의 제한 및 장기요양급여의 정지에 관하여 준용한다. 이 경우 "가입자"는 "장기요양보험가입자"로, "보험급여"는 "장기요양급여"로 본다.

[국민건강보험법] **제53조**(급여의 제한) ① 공단은 보험급여를 받을 수 있는 사람이 다음 각 호의 어느 하나에 해당하면 보험급여를 하지 아니한다

4. 업무 또는 공무로 생긴 질병·부상·재해로 다른 법령에 따른 보험급여나 보상(報償) 또는 보상(補償)을 받게 되는 경우

② 공단은 보험급여를 받을 수 있는 사람이 다른 법령에 따라 국가나 지방자치단체로부터 보험급여에 상당하는 급여를 받거나 보험급여에 상당하는 비용을 지급받게 되는 경우에는 그 한도에서 보험급여를 하지 아니한다.

③ 공단은 가입자가 대통령령으로 정하는 기간 이상 다음 각 호의 보험료를 체납한 경우 그 체납한 보험료를 완납할 때까지 그 가입자 및 피부양자에 대하여 보험급여를 실시하지 아니할 수 있다. 다만, 월별 보험료의 총체납횟수(이미 납부된 체납보험료는 총체납횟수에서 제외하며, 보험료의 체납기간은 고려하지 아니한다)가 대통령령으로 정하는 횟수 미만이거나 가입자 및 피부양자의 소득·재산 등이 대통령령으로 정하는 기준 미만인 경우에는 그러하지 아니하다.

1. 제69조제4항제2호에 따른 소득월액보험료
2. 제69조제5항에 따른 세대단위의 보험료

④ 공단은 제77조제1항제1호에 따라 납부의무를 부담하는 사용자가 제69조제4항제1호에 따른 보수월액보험료를 체납한 경우에는 그 체납에 대하여 직장가입자 본인에게 귀책사유가 있는 경우에 한하여 제3항의 규정을 적용한다. 이 경우 해당 직장가입자의 피부양자에게도 제3항의 규정을 적용한다.

⑤ 제3항 및 제4항에도 불구하고 제82조에 따라 공단으로부터 분할납부 승인을 받고 그 승인된 보험료를 1회 이상 낸 경우에는 보험급여를 할 수 있다. 다만, 제82조에 따른 분할납부 승인을 받은 사람이 정당한 사유 없이 5회(같은 조 제1항에 따라 승인받은 분할납부 횟수가 5회 미만인 경우에는 해당 분할납부 횟수를 말한다. 이하 이 조에서 같다) 이상 그 승인된 보험료를 내지 아니한 경우에는 그러하지 아니하다.

⑥ 제3항 및 제4항에 따라 보험급여를 하지 아니하는 기간(이하 이 항에서 "급여제한기간"이라 한다)에 받은 보험급여는 다음 각 호의 어느 하나에 해당하는 경우에만 보험급여로 인정한다.

1. 공단이 급여제한기간에 보험급여를 받은 사실이 있음을 가입자에게 통지한 날부터 2개월이 지난 날이 속한 달의 납부기한 이내에 체납된 보험료를 완납한 경우
2. 공단이 급여제한기간에 보험급여를 받은 사실이 있음을 가입자에게 통지한 날부터 2개월이 지난 날이 속한 달의 납부기한 이내에 제82

조에 따라 분할납부 승인을 받은 체납보험료를 1회 이상 낸 경우. 다만, 제82조에 따른 분할납부 승인을 받은 사람이 정당한 사유 없이 5회 이상 그 승인된 보험료를 내지 아니한 경우에는 그러하지 아니하다.

제54조(급여의 정지) 보험급여를 받을 수 있는 사람이 다음 각 호의 어느 하나에 해당하면 그 기간에는 보험급여를 하지 아니한다. 다만, 제3호 및 제4호의 경우에는 제60조에 따른 요양급여를 실시한다.
1. 국외에 여행 중인 경우
2. 국외에서 업무에 종사하고 있는 경우
3. 제6조제2항제2호에 해당하게 된 경우
4. 교도소, 그 밖에 이에 준하는 시설에 수용되어 있는 경우

제6장 장기요양기관

제31조 장기요양기관의 지정

① 제23조제1항제1호에 따른 재가급여 또는 같은 항 제2호에 따른 시설급여를 제공하는 장기요양기관을 운영하려는 자는 소재지를 관할 구역으로 하는 특별자치시장·특별자치도지사·시장·군수·구청장으로부터 지정을 받아야 한다.

② 제1항에 따라 장기요양기관으로 지정받으려는 자는 보건복지부령으로 정하는 장기요양에 필요한 시설 및 인력을 갖추어야 한다.

③ 특별자치시장·특별자치도지사·시장·군수·구청장이 제1항에 따른 지정을 하려는 경우에는 다음 각 호의 사항을 검토하여 장기요양기관을 지정하여야 한다. 이 경우 특별자치시장·특별자치도지사·시장·군수·구청장은 공단에 관련 자료의 제출을 요청하거나 그 의견을 들을 수 있다.

1. 장기요양기관을 운영하려는 자의 장기요양급여 제공 이력
2. 장기요양기관을 운영하려는 자 및 장기요양요원이 이 법에 따라 받은 행정처분의 내용
3. 장기요양기관의 운영 계획
4. 그 밖에 특별자치시장·특별자치도지사·시장·군수·구청장이 장기요양

기관으로 지정하는 데 필요하다고 인정하여 정하는 사항

④ 특별자치시장·특별자치도지사·시장·군수·구청장은 제1항에 따라 장기요양기관을 지정한 때 지체 없이 지정 명세를 공단에 통보하여야 한다.

⑤ 제23조제1항제1호에 따른 재가급여를 제공하는 장기요양기관 중 의료기관이 아닌 자가 설치·운영하는 장기요양기관이 방문간호를 제공하는 경우에는 방문간호의 관리책임자로서 간호사를 둔다.

⑥ 장기요양기관의 지정절차와 그 밖에 필요한 사항은 보건복지부령으로 정한다.

[판례] 헌법재판소 2019. 11. 28 자 2017헌마791 결정 【기각,각하】 [헌공 제278호]

[판례] 헌법재판소 2017. 6. 29 자 2016헌마719 결정 【노인장기요양보험법 제35조의2 제1항 본문 등 위헌확인】 [헌공 제249호]

[판례] 서울행정법원 2016. 4. 7 선고 2015구합70799 판결 【장기요양급여비용 환수처분 취소】

[판례] 서울행정법원 2016. 3. 31 선고 2015구합64589 판결 【장기요양급여비용환수결정 취소】

[판례] 서울행정법원 2015. 11. 19 선고 2015구합57857 판결 【장기요양급여환수결정처분취소】

[판례] 광주지방법원 2015. 6. 18 선고 2014구단253 판결 【장기요양급여비용 환수 결정취소청구】

[판례] 춘천지방법원 2015. 1. 30 선고 2014구합890 판결 【영업정지처분취소】

[판례] 서울행정법원 2015. 1. 15 선고 2014구합4931 판결 【장기요양급여환수처분취소】

[판례] 서울행정법원 2014. 12. 18 선고 2014구합16101 판결 【영업정지처분취소등】

[판례] 서울행정법원 2014. 11. 27 선고 2014구합12918 판결 【장기요양기관평가결과처분취소】

[행정규칙] -장기요양급여 제공기준 및 급여비용 산정방법 등에 관한 고시 (보건복지부 고시 제2019-309호 일부개정 발령일 2019.12.27, 시행일 2020.01.01)

-요양보호사 실무경력자의 재가장기요양기관 관리책임자 양성 교육과정(보

건복지부 고시 제2013-184호 제정 발령일 2013.11.29, 시행일 2013.12.01)

[법령 해석] 민원인 - 일자리 안정자금의 회계처리 방법(「장기요양기관 재무・회계 규칙」 제3조제1항 등 관련)[19-04412019. 12. 27., 민원인] 「장기요양기관 재무・회계 규칙」 제3조제1항에 따라 예산총계주의가 적용되는 장기요양기관1)1) 「노인장기요양보험법」 제31조에 따라 특별자치시장·특별자치도지사시장·군수 및 자치구의 구청장으로부터 지정을 받은 기관으로서 장기요양급여를 제공하는 기관을 말하며, 이하 같음. 의 장에게 지급되는 일자리 안정자금은 장기요양기관의 세입에 반영해야 하는지? 민원인은 위 질의요지에 대해...

第32조의2 결격사유

다음 각 호의 어느 하나에 해당하는 자는 제31조에 따른 장기요양기관으로 지정받을 수 없다.

1. 미성년자, 피성년후견인 또는 피한정후견인
2. 「정신건강증진 및 정신질환자 복지서비스 지원에 관한 법률」 제3조제1호의 정신질환자. 다만, 전문의가 장기요양기관 설립·운영 업무에 종사하는 것이 적합하다고 인정하는 사람은 그러하지 아니하다.
3. 「마약류 관리에 관한 법률」 제2조제1호의 마약류에 중독된 사람
4. 파산선고를 받고 복권되지 아니한 사람
5. 금고 이상의 실형을 선고받고 그 집행이 종료(집행이 종료된 것으로 보는 경우를 포함한다)되거나 집행이 면제된 날부터 5년이 경과되지 아니한 사람
6. 금고 이상의 형의 집행유예를 선고받고 그 유예기간 중에 있는 사람
7. 대표자가 제1호부터 제6호까지의 규정 중 어느 하나에 해당하는 법인

[정신건강증진 및 정신질환자 복지서비스 지원에 관한 법률]
제3조(정의) 이 법에서 사용하는 용어의 뜻은 다음과 같다.
1. "정신질환자"란 망상, 환각, 사고(思考)나 기분의 장애 등으로 인하여 독립적으로 일상생활을 영위하는 데 중대한 제약이 있는 사람을 말한다.

[마약류 관리에 관한 법률] 제2조(정의) 이 법에서 사용하는 용어의 뜻은 다음과 같다.
1. "마약류"란 마약·향정신성의약품 및 대마를 말한다.

제32조의3 제장기요양기관 지정의 유효기간

제31조에 따른 장기요양기관 지정의 유효기간은 지정을 받은 날부터 6년으로 한다.

제32조의4 장기요양기관 지정의 갱신

① 장기요양기관의 장은 제32조의3에 따른 지정의 유효기간이 끝난 후에도 계속하여 그 지정을 유지하려는 경우에는 소재지를 관할구역으로 하는 특별자치시장·특별자치도지사·시장·군수·구청장에게 지정 유효기간이 끝나기 90일 전까지 지정 갱신을 신청하여야 한다.

② 제1항에 따른 신청을 받은 특별자치시장·특별자치도지사·시장·군수·구청장은 갱신 심사에 필요하다고 판단되는 경우에는 장기요양기관에 추가자료의 제출을 요구하거나 소속 공무원으로 하여금 현장심사를 하게 할 수 있다.

③ 제1항에 따른 지정 갱신이 지정 유효기간 내에 완료되지 못한 경우에는 심사 결정이 이루어질 때까지 지정이 유효한 것으로 본다.

④ 특별자치시장·특별자치도지사·시장·군수·구청장은 갱신 심사를 완료한 경우 그 결과를 지체 없이 해당 장기요양기관의 장에게 통보하여야 한다.

⑤ 특별자치시장·특별자치도지사·시장·군수·구청장이 지정의 갱신을 거부하는 경우 그 내용의 통보 및 수급자의 권익을 보호하기 위한 조치에 관하여는 제37조제2항 및 제5항을 준용한다.

⑥ 그 밖에 지정 갱신의 기준, 절차 및 방법 등에 필요한 사항은 보건복지부령으로 정한다.

제33조 장기요양기관의 시설·인력에 관한 변경

① 장기요양기관의 장은 시설 및 인력 등 보건복지부령으로 정하는 중요한 사항을 변경하려는 경우에는 보건복지부령으로 정하는 바에 따라 특별자치시장·특별자치도지사·시장·군수·구청장의 변경지정을 받아야 한다.

② 제1항에 따른 사항 외의 사항을 변경하려는 경우에는 보건복지부령으로 정하는 바에 따라 특별자치시장·특별자치도지사·시장·군수·구청장에게 변경신고를 하여야 한다.

③ 제1항 및 제2항에 따라 변경지정을 하거나 변경신고를 받은 특별자치시장·특별자치도지사·시장·군수·구청장은 지체 없이 해당 변경 사항을 공단에 통보하여야 한다.

[판례] 서울행정법원 2015. 1. 15 선고 2014구합58679, 2014구합65004(병합) 판결 【지정취소 및 4개월 재지정 금지 처분 취소청구의 소 장기요양급여비용환수결정 취소청구의 소(병합)】

제34조 장기요양기관 정보의 안내 등

① 장기요양기관은 수급자가 장기요양급여를 쉽게 선택하도록 하고 장기요양기관이 제공하는 급여의 질을 보장하기 위하여 장기요양기관별 급여의 내용, 시설·인력 등 현황자료 등을 공단이 운영하는 인터넷 홈페이지에 게시하여야 한다.

② 제1항에 따른 게시 내용, 방법, 절차, 그 밖에 필요한 사항은 보건복지부령으로 정한다.

[판례] 춘천지방법원 2015. 1. 30 선고 2014구합890 판결 【영업정지처분취소】

제35조 장기요양기관의 의무 등

① 장기요양기관은 수급자로부터 장기요양급여신청을 받은 때 장기요양급여의 제공을 거부하여서는 아니 된다. 다만, 입소정원에 여유가 없는 경우 등 정당한 사유가 있는 경우는 그러하지 아니하다.

② 장기요양기관은 제23조제3항에 따른 장기요양급여의 제공 기준·절차 및 방법 등에 따라 장기요양급여를 제공하여야 한다.

③ 장기요양기관의 장은 장기요양급여를 제공한 수급자에게 장기요양급여비용에 대한 명세서를 교부하여야 한다.

④ 장기요양기관의 장은 장기요양급여 제공에 관한 자료를 기록·관리하여야 하며, 장기요양기관의 장 및 그 종사자는 장기요양급여 제공에 관한 자료를 거짓으로 작성하여서는 아니 된다.

⑤ 장기요양기관은 제40조제1항 단서에 따라 면제받거나 같은 조 제3항에 따라 감경받는 금액 외에 영리를 목적으로 수급자가 부담하는 재가 및 시설 급여비용(이하 "본인부담금"이라 한다)을 면제하거나 감경하는 행위를 하여서는 아니 된다.

⑥ 누구든지 영리를 목적으로 금전, 물품, 노무, 향응, 그 밖의 이익을 제공하거나 제공할 것을 약속하는 방법으로 수급자를 장기요양기관에 소개, 알선 또는 유인하는 행위 및 이를 조장하는 행위를 하여서는 아니 된다.

⑦ 제3항에 따른 장기요양급여비용의 명세서, 제4항에 따라 기록·관리하여야 할 장기요양급여 제공 자료의 내용 및 보존기한, 그 밖에 필요한 사항은 보건복지부령으로 정한다.

[판례]헌법재판소 2017. 6. 29 자 2016헌마719 결정 【노인장기요양보험법 제35조의2 제1항 본문 등 위헌확인】 [헌공 제249호]

제35조의2 장기요양기관 재무·회계기준

① 장기요양기관의 장은 보건복지부령으로 정하는 재무·회계에 관한 기준(이하 "장기요양기관 재무·회계기준"이라 한다)에 따라 장기요양기관을 투명하게 운영하여야 한다. 다만, 장기요양기관 중 「사회복지사업법」 제34조에 따라 설치한 사회복지시설은 같은 조 제3항에 따른 재무·회계에 관한 기준에 따른다.

② 보건복지부장관은 장기요양기관 재무·회계기준을 정할 때에는 장기요양기관의 특성 및 그 시행시기 등을 고려하여야 한다.

[판례] 헌법재판소 2017. 6. 29 자 2016헌마719 결정 【노인장기요양보험법 제35조의2 제1항 본문 등 위헌확인】 [헌공 제249호]

[법령 해석] 민원인 - 일자리 안정자금의 회계처리 방법(「장기요양기관 재무・회계 규칙」 제3조제1항 등 관련)[19-04412019. 12. 27., 민원인] 「장기요양기관 재무・회계 규칙」 제3조제1항에 따라 예산총계주의가 적용되는 장기요양기관1)1)「노인장기요양보험법」 제31조에 따라 특별자치시장·특별자치도지사시장·군수 및 자치구의 구청장으로부터 지정을 받은 기관으로서 장기요양급여를 제공하는 기관을 말하며, 이하 같음. 의 장에게 지급되는 일자리 안정자금은 장기요양기관의 세입에 반영해야 하는지? 민원인은 위 질의요지에 대해...

제35조의3 인권교육

① 장기요양기관 중 대통령령으로 정하는 기관을 운영하는 자와 그 종사자는 인권에 관한 교육(이하 이 조에서 "인권교육"이라 한다)을 받아야 한다.

② 장기요양기관 중 대통령령으로 정하는 기관을 운영하는 자는 해당 기관을 이용하고 있는 장기요양급여 수급자에게 인권교육을 실시할 수 있다.

③ 보건복지부장관은 제1항 및 제2항에 따른 인권교육을 효율적으로 실시하기 위하여 인권교육기관을 지정할 수 있다. 이 경우 예산의 범위에서 인권교육에 소요되는 비용을 지원할 수 있으며, 지정을 받은 인권교육기관은 보건복지부장관의 승인을 받아 인권교육에 필요한 비용을 교육대상자로부터 징수할 수 있다.

④ 보건복지부장관은 제3항에 따라 지정을 받은 인권교육기관이 다음 각 호의 어느 하나에 해당하면 그 지정을 취소하거나 6개월 이내의 기간을 정하여 업무의 정지를 명할 수 있다. 다만, 제1호에 해당하면 그 지정을 취소하여야 한다.

1. 거짓이나 그 밖의 부정한 방법으로 지정을 받은 경우
2. 제5항에 따라 보건복지부령으로 정하는 지정요건을 갖추지 못하게 된 경우
3. 인권교육의 수행능력이 현저히 부족하다고 인정되는 경우

⑤ 제1항 및 제2항에 따른 인권교육의 대상·내용·방법, 제3항에 따른 인권교육기관의 지정 및 제4항에 따른 인권교육기관의 지정취소·업무정지 처분의 기준 등에 필요한 사항은 보건복지부령으로 정한다.

제35조의4 장기요양요원의 보호

① 장기요양기관의 장은 장기요양요원이 다음 각 호의 어느 하나에 해당하는 경우로 인한 고충의 해소를 요청하는 경우 업무의 전환 등 대통령령으로 정하는 바에 따라 적절한 조치를 하여야 한다.

1. 수급자 및 그 가족이 장기요양요원에게 폭언·폭행·상해 또는 성희롱·

성폭력 행위를 하는 경우

2. 수급자 및 그 가족이 장기요양요원에게 제28조의2제1항 각 호에 따른 급여외행위의 제공을 요구하는 경우

② 장기요양기관의 장은 장기요양요원에게 다음 각 호의 행위를 하여서는 아니 된다.

1. 장기요양요원에게 제28조의2제1항 각 호에 따른 급여외행위의 제공을 요구하는 행위
2. 수급자가 부담하여야 할 본인부담금의 전부 또는 일부를 부담하도록 요구하는 행위

제35조의5 보험 가입

① 장기요양기관은 종사자가 장기요양급여를 제공하는 과정에서 발생할 수 있는 수급자의 상해 등 법률상 손해를 배상하는 보험(이하 "전문인 배상책임보험"이라 한다)에 가입할 수 있다.

② 공단은 장기요양기관이 전문인 배상책임보험에 가입하지 않은 경우 그 기간 동안 제38조에 따라 해당 장기요양기관에 지급하는 장기요양급여비용의 일부를 감액할 수 있다.

③ 제2항에 따른 장기요양급여비용의 감액 기준 등에 관하여 필요한 사항은 보건복지부령으로 정한다.

제36조 장기요양기관의 폐업 등의 신고 등

① 장기요양기관의 장은 폐업하거나 휴업하고자 하는 경우 폐업이나 휴업 예정일 전 30일까지 특별자치시장·특별자치도지사·시장·군수·구청장에게 신고하여야 한다. 신고를 받은 특별자치시장·특별자치도지사·시장·군수·구청장은 지체 없이 신고 명세를 공단에 통보하여야 한다.

② 특별자치시장·특별자치도지사·시장·군수·구청장은 장기요양기관의 장이 유효기간이 끝나기 30일 전까지 제32조의4에 따른 지정 갱신 신청을 하지 아니하는 경우 그 사실을 공단에 통보하여야 한다.

③ 장기요양기관의 장은 장기요양기관을 폐업하거나 휴업하려는 경우 또는 장기요양기관의 지정 갱신을 하지 아니하려는 경우 보건복지부령으로 정하는 바에 따라 수급자의 권익을 보호하기 위하여 다음 각 호의

조치를 취하여야 한다.

1. 해당 장기요양기관을 이용하는 수급자가 다른 장기요양기관을 선택하여 이용할 수 있도록 계획을 수립하고 이행하는 조치
2. 해당 장기요양기관에서 수급자가 제40조제1항 및 제2항에 따라 부담한 비용 중 정산하여야 할 비용이 있는 경우 이를 정산하는 조치
3. 그 밖에 수급자의 권익 보호를 위하여 필요하다고 인정되는 조치로서 보건복지부령으로 정하는 조치

④ 특별자치시장·특별자치도지사·시장·군수·구청장은 제1항에 따라 폐업·휴업 신고를 접수한 경우 또는 장기요양기관의 장이 유효기간이 끝나기 30일 전까지 제32조의4에 따른 지정 갱신 신청을 하지 아니한 경우 장기요양기관의 장이 제3항 각 호에 따른 수급자의 권익을 보호하기 위한 조치를 취하였는지의 여부를 확인하고, 인근지역에 대체 장기요양기관이 없는 경우 등 장기요양급여에 중대한 차질이 우려되는 때에는 장기요양기관의 폐업·휴업 철회 또는 지정 갱신 신청을 권고하거나 그 밖의 다른 조치를 강구하여야 한다.

⑤ 특별자치시장·특별자치도지사·시장·군수·구청장은 「노인복지법」 제43조에 따라 노인의료복지시설 등(장기요양기관이 운영하는 시설인 경우에 한한다)에 대하여 사업정지 또는 폐지 명령을 하는 경우 지체 없이 공단에 그 내용을 통보하여야 한다.

⑥ 장기요양기관의 장은 제1항에 따라 폐업·휴업 신고를 할 때 또는 장기요양기관의 지정 갱신을 하지 아니하여 유효기간이 만료될 때 보건복지부령으로 정하는 바에 따라 장기요양급여 제공 자료를 공단으로 이관하여야 한다. 다만, 휴업 신고를 하는 장기요양기관의 장이 휴업 예정일 전까지 공단의 허가를 받은 경우에는 장기요양급여 제공 자료를 직접 보관할 수 있다.

제36조의2 시정명령

특별자치시장·특별자치도지사·시장·군수·구청장은 장기요양기관 재무·회계기준을 위반한 장기요양기관에 대하여 6개월 이내의 범위에서 일정한 기간을 정하여 시정을 명할 수 있다.

第37조 장기요양기관 지정의 취소 등

① 특별자치시장·특별자치도지사·시장·군수·구청장은 장기요양기관이 다음 각 호의 어느 하나에 해당하는 경우 그 지정을 취소하거나 6개월의 범위에서 업무정지를 명할 수 있다. 다만, 제1호, 제2호의2, 제3호의5, 제7호, 또는 제8호에 해당하는 경우에는 지정을 취소하여야 한다.

1. 거짓이나 그 밖의 부정한 방법으로 지정을 받은 경우
2. 제28조의2를 위반하여 급여외행위를 제공한 경우. 다만, 장기요양기관의 장이 그 위반행위를 방지하기 위하여 해당 업무에 관하여 상당한 주의와 감독을 게을리하지 아니한 경우는 제외한다.
3. 제31조제2항에 따른 지정기준에 적합하지 아니한 경우
4. 제32조의2 각 호의 어느 하나에 해당하게 된 경우. 다만, 제32조의2제7호에 해당하게 된 법인의 경우 3개월 이내에 그 대표자를 변경하는 때에는 그러하지 아니하다.
5. 제35조제1항을 위반하여 장기요양급여를 거부한 경우
6. 제35조제5항을 위반하여 본인부담금을 면제하거나 감경하는 행위를 한 경우
7. 제35조제6항을 위반하여 수급자를 소개, 알선 또는 유인하는 행위 및 이를 조장하는 행위를 한 경우
8. 제35조의4제2항 각 호의 어느 하나를 위반한 경우
9. 제36조제1항에 따른 폐업 또는 휴업 신고를 하지 아니하고 1년 이상 장기요양급여를 제공하지 아니한 경우
10. 제36조의2에 따른 시정명령을 이행하지 아니하거나 회계부정 행위가 있는 경우
11. 정당한 사유 없이 제54조에 따른 평가를 거부·방해 또는 기피하는 경우
12. 거짓이나 그 밖의 부정한 방법으로 재가 및 시설 급여비용을 청구한 경우
13. 제61조제2항에 따른 자료제출 명령에 따르지 아니하거나 거짓으로 자료제출을 한 경우나 질문 또는 검사를 거부·방해 또는 기피하거나 거짓으로 답변한 경우
14. 장기요양기관의 종사자 등이 다음 각 목의 어느 하나에 해당하는

행위를 한 경우. 다만, 장기요양기관의 장이 그 행위를 방지하기 위하여 해당 업무에 관하여 상당한 주의와 감독을 게을리하지 아니한 경우는 제외한다.

가. 수급자의 신체에 폭행을 가하거나 상해를 입히는 행위

나. 수급자에게 성적 수치심을 주는 성폭행, 성희롱 등의 행위

다. 자신의 보호·감독을 받는 수급자를 유기하거나 의식주를 포함한 기본적 보호 및 치료를 소홀히 하는 방임행위

라. 수급자를 위하여 증여 또는 급여된 금품을 그 목적 외의 용도에 사용하는 행위

마. 폭언, 협박, 위협 등으로 수급자의 정신건강에 해를 끼치는 정서적 학대행위

15. 업무정지기간 중에 장기요양급여를 제공한 경우

16. 「부가가치세법」 제8조에 따른 사업자등록 또는 「소득세법」 제168조에 따른 사업자등록이나 고유번호가 말소된 경우

② 특별자치시장·특별자치도지사·시장·군수·구청장은 제1항에 따라 지정을 취소하거나 업무정지명령을 한 경우에는 지체 없이 그 내용을 공단에 통보하고, 보건복지부령으로 정하는 바에 따라 보건복지부장관에게 통보한다. 이 경우 시장·군수·구청장은 관할 특별시장·광역시장 또는 도지사를 거쳐 보건복지부장관에게 통보하여야 한다.

③ 특별자치시장·특별자치도지사·시장·군수·구청장은 제1항에 따라 장기요양기관이 지정취소 또는 업무정지되는 경우에는 해당 장기요양기관을 이용하는 수급자의 권익을 보호하기 위하여 적극적으로 노력하여야 한다.

④ 특별자치시장·특별자치도지사·시장·군수·구청장은 제5항에 따라 수급자의 권익을 보호하기 위하여 보건복지부령으로 정하는 바에 따라 다음 각 호의 조치를 하여야 한다.

1. 제1항에 따른 행정처분의 내용을 우편 또는 정보통신망 이용 등의 방법으로 수급자 또는 그 보호자에게 통보하는 조치

2. 해당 장기요양기관을 이용하는 수급자가 다른 장기요양기관을 선택하여 이용할 수 있도록 하는 조치

⑤ 제1항에 따라 지정취소 또는 업무정지되는 장기요양기관의 장은 해당 기관에서 수급자가 제40조제1항 및 제2항에 따라 부담한 비용 중 정산

하여야 할 비용이 있는 경우 이를 정산하여야 한다.

⑥ 다음 각 호의 어느 하나에 해당하는 자는 제31조에 따른 장기요양기관으로 지정받을 수 없다.

1. 제1항에 따라 지정취소를 받은 후 3년이 지나지 아니한 자(법인인 경우 그 대표자를 포함한다)
2. 제1항에 따라 업무정지명령을 받고 업무정지기간이 지나지 아니한 자(법인인 경우 그 대표자를 포함한다)

⑦ 제1항에 따른 행정처분의 기준은 보건복지부령으로 정한다.

[판례] 서울고등법원 2017. 12. 8 선고 2016누74257 판결 【업무정지처분취소】

[판례] 헌법재판소 2017. 6. 29 자 2016헌마719 결정 【노인장기요양보험법 제35조의2 제1항 본문 등 위헌확인】 [헌공 제249호]

[판례] 광주고등법원 2016. 4. 7 선고 2014누6561 판결 【장기요양기관지정취소 처분 취소】

[판례] 서울행정법원 2015. 11. 19 선고 2015구합57857 판결 【장기요양급여환수결정처분취소】

[판례] 서울행정법원 2014. 12. 18 선고 2014구합16101 판결 【영업정지처분취소등】

[판례] 서울행정법원 2015. 1. 16 선고 2014구합12598 판결 【장기요양기관지정취소처분취소】

[판례] 서울행정법원 2015. 1. 15 선고 2014구합58679, 2014구합65004(병합) 판결 【지정취소 및 4개월 재지정 금지 처분 취소청구의 소 장기요양급여비용환수결정 취소청구의 소(병합)】

[판례] 광주지방법원 2014. 10. 2 선고 2013구합2266 판결 【장기요양기관 지정취소 처분 취소】

제37조의2 과징금의 부과 등

① 특별자치시장·특별자치도지사·시장·군수·구청장은 제37조제1항 각 호의 어느 하나(같은 항 제4호는 제외한다)에 해당하는 행위를 이유로 업무정지명령을 하여야 하는 경우로서 그 업무정지가 해당 장기요양기관을 이용하는 수급자에게 심한 불편을 줄 우려가 있는 등 보건복지부장관이 정하는 특별한 사유가 있다고 인정되는 경우에는 업무정지명령을 갈음하여 2억원 이하의 과징금을 부과할 수 있다. 다만, 제37조제1항

제6호를 위반한 행위로서 보건복지부령으로 정하는 경우에는 그러하지 아니하다.

② 특별자치시장·특별자치도지사·시장·군수·구청장은 제37조제1항제4호에 해당하는 행위를 이유로 업무정지명령을 하여야 하는 경우로서 그 업무정지가 해당 장기요양기관을 이용하는 수급자에게 심한 불편을 줄 우려가 있는 등 보건복지부장관이 정하는 특별한 사유가 있다고 인정되는 경우에는 업무정지명령을 갈음하여 거짓이나 그 밖의 부정한 방법으로 청구한 금액의 5배 이하의 금액을 과징금으로 부과할 수 있다.

③ 제1항 및 제2항에 따른 과징금을 부과하는 위반행위의 종류 및 위반의 정도 등에 따른 과징금의 금액과 과징금의 부과절차 등에 필요한 사항은 대통령령으로 정한다.

④ 특별자치시장·특별자치도지사·시장·군수·구청장은 제1항 및 제2항에 따라 과징금을 내야 할 자가 납부기한까지 내지 아니한 경우에는 지방세 체납처분의 예에 따라 징수한다.

⑤ 특별자치시장·특별자치도지사·시장·군수·구청장은 제1항 및 제2항에 따른 과징금의 부과와 징수에 관한 사항을 보건복지부령으로 정하는 바에 따라 기록·관리하여야 한다.

[판례] 수원지방법원 2015. 6. 30 선고 2014구합58168 판결 【업무정지처분취소】

•장기요양기관에 대한 업무정지명령에 갈음한 과징금 적용기준(보건복지부고시 제2014-24호, 2014. 2. 14., 제정)

제37조의3 위반사실 등의 공표

① 특별자치시장·특별자치도지사·시장·군수·구청장은 장기요양기관이 거짓으로 재가·시설 급여비용을 청구하였다는 이유로 제37조 또는 제37조의2에 따른 처분이 확정된 경우로서 다음 각 호의 어느 하나에 해당하는 경우에는 위반사실, 처분내용, 장기요양기관의 명칭·주소, 장기요양기관의 장의 성명, 그 밖에 다른 장기요양기관과의 구별에 필요한 사항으로서 대통령령으로 정하는 사항을 공표할 수 있다.

1. 거짓으로 청구한 금액이 1천만원 이상인 경우
2. 거짓으로 청구한 금액이 장기요양급여비용 총액의 100분의 10 이상인 경우

② 특별자치시장·특별자치도지사·시장·군수·구청장은 제1항에 따른 공표 여부 등을 심의하기 위하여 공표심의위원회를 설치·운영할 수 있다.

③ 제1항에 따른 공표 여부의 결정 방법, 공표 방법·절차 및 제2항에 따른 공표심의위원회의 구성·운영 등에 필요한 사항은 대통령령으로 정한다.

제37조의4 행정제재처분 효과의 승계

① 제37조제1항 각 호의 어느 하나에 해당하는 행위를 이유로 한 행정제재처분(이하 "행정제재처분"이라 한다)의 효과는 그 처분을 한 날부터 3년간 다음 각 호의 어느 하나에 해당하는 자에게 승계된다.

1. 장기요양기관을 양도한 경우 양수인
2. 법인이 합병된 경우 합병으로 신설되거나 합병 후 존속하는 법인
3. 장기요양기관 폐업 후 같은 장소에서 장기요양기관을 운영하는 자 중 종전에 행정제재처분을 받은 자(법인인 경우 그 대표자를 포함한다)나 그 배우자 또는 직계혈족

② 행정제재처분의 절차가 진행 중일 때에는 다음 각 호의 어느 하나에 해당하는 자에 대하여 그 절차를 계속 이어서 할 수 있다.

1. 장기요양기관을 양도한 경우 양수인
2. 법인이 합병된 경우 합병으로 신설되거나 합병 후 존속하는 법인
3. 장기요양기관 폐업 후 3년 이내에 같은 장소에서 장기요양기관을 운영하는 자 중 종전에 위반행위를 한 자(법인인 경우 그 대표자를 포함한다)나 그 배우자 또는 직계혈족

③ 제1항 및 제2항에도 불구하고 제1항 각 호의 어느 하나 또는 제2항 각 호의 어느 하나에 해당하는 자(이하 "양수인등"이라 한다)가 양수, 합병 또는 운영 시에 행정제재처분 또는 위반사실을 알지 못하였음을 증명하는 경우에는 그러하지 아니하다.

④ 행정제재처분을 받았거나 그 절차가 진행 중인 자는 보건복지부령으로 정하는 바에 따라 지체 없이 그 사실을 양수인등에게 알려야 한다.

제37조의5 장기요양급여 제공의 제한

① 특별자치시장 · 특별자치도지사 · 시장 · 군수 · 구청장은 장기요양기관의 종사자가 거짓이나 그 밖의 부정한 방법으로 재가급여비용 또는 시설급여비용을 청구하는 행위에 가담한 경우 해당 종사자가 장기요양급여를 제공하는 것을 1년의 범위에서 제한하는 처분을 할 수 있다.
② 특별자치시장 · 특별자치도지사 · 시장 · 군수 · 구청장은 제1항에 따른 처분을 한 경우 지체 없이 그 내용을 공단에 통보하여야 한다.
③ 제1항 및 제2항에 따른 장기요양급여 제공 제한 처분의 기준 · 방법, 통보의 방법 · 절차, 그 밖에 필요한 사항은 보건복지부령으로 정한다.

제7장 재가 및 시설 급여비용 등

제38조 재가 및 시설 급여비용의 청구 및 지급 등

① 장기요양기관은 수급자에게 제23조에 따른 재가급여 또는 시설급여를 제공한 경우 공단에 장기요양급여비용을 청구하여야 한다.
② 공단은 제1항에 따라 장기요양기관으로부터 재가 또는 시설 급여비용의 청구를 받은 경우 이를 심사하여 그 내용을 장기요양기관에 통보하여야 하며, 장기요양에 사용된 비용 중 공단부담금(재가 및 시설 급여비용 중 본인부담금을 공제한 금액을 말한다)을 해당 장기요양기관에 지급하여야 한다.
③ 공단은 제54조제2항에 따른 장기요양기관의 장기요양급여평가 결과에 따라 장기요양급여비용을 가산 또는 감액조정하여 지급할 수 있다.
④ 공단은 제2항에도 불구하고 장기요양급여비용을 심사한 결과 수급자가 이미 낸 본인부담금이 제2항에 따라 통보한 본인부담금보다 더 많으면 두 금액 간의 차액을 장기요양기관에 지급할 금액에서 공제하여 수급자에게 지급하여야 한다.
⑤ 공단은 제4항에 따라 수급자에게 지급하여야 하는 금액을 그 수급자가 납부하여야 하는 장기요양보험료 및 그 밖에 이 법에 따른 징수금(이하 "장기요양보험료등"이라 한다)과 상계(相計)할 수 있다.
⑥ 장기요양기관은 지급받은 장기요양급여비용 중 보건복지부장관이 정하여 고시하는 비율에 따라 그 일부를 장기요양요원에 대한 인건비로

지출하여야 한다.

⑦ 제1항부터 제3항까지의 규정에 따른 재가 및 시설 급여비용의 심사기준, 장기요양급여비용의 가감지급의 기준, 청구절차 및 지급방법 등에 관한 사항은 보건복지부령으로 정한다.

•장기요양급여 제공기준 및 급여비용 산정방법 등에 관한 고시(보건복지부 고시 제2019-309호, 2019. 12. 27., 일부개정)

[판례] 노인복지법위반 [울산지방법원 2014. 5. 27., 선고, 2014고정311, 판결 : 확정] 피고인이 신고를 하지 아니하고 노인의료복지시설에 해당하는 노인요양공동생활가정을 운영하였다고 하여 노인복지법 제56조 제2항 위반으로 기소된 사안에서, 피고인의 행위에 대하여 같은 법 제...

제39조 재가 및 시설 급여비용의 산정

① 재가 및 시설 급여비용은 급여종류 및 장기요양등급 등에 따라 제45조에 따른 장기요양위원회의 심의를 거쳐 보건복지부장관이 정하여 고시한다.

② 보건복지부장관은 제1항에 따라 재가 및 시설 급여비용을 정할 때 대통령령으로 정하는 바에 따라 국가 및 지방자치단체로부터 장기요양기관의 설립비용을 지원받았는지 여부 등을 고려할 수 있다.

③ 제1항에 따른 재가 및 시설 급여비용의 구체적인 산정방법 및 항목 등에 관하여 필요한 사항은 보건복지부령으로 정한다.

•장기요양급여 제공기준 및 급여비용 산정방법 등에 관한 고시(보건복지부 고시 제2019-309호, 2019. 12. 27., 일부개정)

[판례] 특정경제범죄가중처벌등에관한법률위반(사기)·업무상횡령 [대법원 2018. 7. 12., 선고, 2018도5909, 판결] [1] 법원이 공소장 변경절차를 거치지 않고 공소사실과 다르게 사실을 인정하기 위한 요건 / 단독범으로 기소된 것을 공소장 변경 없이 공동정범으로 인정할 수 있는 경우
[2] 사회복지법인 甲 재단의 명의로 설립된 장기요양기관 乙 요양원의 원장인 피고인이 甲 재단과 乙 요양원을 운영하면서, 요양보호사나 물리치료사를 허위로 등록하거나 소속 요양보호사의 근무시간을 허위로 등록하고 乙 요양...
[판례] 장기요양급여비용환수처분취소 [서울고등법원 2016. 1. 15., 선고, 2015누37756, 판결 : 상고] 방문요양 등을 제공하는 요양센터를 운영하는 甲이 요양보호사들과 함께 장애인 공동생활가정을 방문하여 그곳에 입소하여 생활하고 있는 乙 등에게 방문요양 서비스를 제공하고 국민

> 건강보험공단에서 장기요양급여비용을 지급받았는데, 국민건강보험공단이 甲이 구 장기요양급여비용 등에 관한 고시에서 정한 '타 법령에 의한 사회복지시설에 입소 중인 수급자에게 제공한 장기요양급여비용은 산정하지 아니...

제40조 본인부담금

① 재가 및 시설 급여비용은 다음 각 호와 같이 수급자가 부담한다. 다만, 수급자 중 「의료급여법」 제3조제1항제1호에 따른 수급자는 그러하지 아니하다.

1. 재가급여 : 해당 장기요양급여비용의 100분의 15
2. 시설급여 : 해당 장기요양급여비용의 100분의 20

② 다음 각 호의 장기요양급여에 대한 비용은 수급자 본인이 전부 부담한다.

1. 이 법의 규정에 따른 급여의 범위 및 대상에 포함되지 아니하는 장기요양급여
2. 수급자가 제17조제1항제2호에 따른 장기요양인정서에 기재된 장기요양급여의 종류 및 내용과 다르게 선택하여 장기요양급여를 받은 경우 그 차액
3. 제28조에 따른 장기요양급여의 월 한도액을 초과하는 장기요양급여

③ 다음 각 호의 어느 하나에 해당하는 자에 대해서는 본인부담금의 100분의 60의 범위에서 보건복지부장관이 정하는 바에 따라 차등하여 감경할 수 있다.

1. 「의료급여법」 제3조제1항제2호부터 제9호까지의 규정에 따른 수급권자
2. 소득·재산 등이 보건복지부장관이 정하여 고시하는 일정 금액 이하인 자. 다만, 도서·벽지·농어촌 등의 지역에 거주하는 자에 대하여 따로 금액을 정할 수 있다.
3. 천재지변 등 보건복지부령으로 정하는 사유로 인하여 생계가 곤란한 자

④ 제1항부터 제3항까지의 규정에 따른 본인부담금의 산정방법, 감경절차 및 감경방법 등에 관하여 필요한 사항은 보건복지부령으로 정한다.

[의료급여법] 제3조(수급권자) ① 이 법에 따른 수급권자는 다음 각 호와 같다.

1. 「국민기초생활 보장법」에 따른 의료급여 수급자
2. 「재해구호법」에 따른 이재민으로서 보건복지부장관이 의료급여가 필요하다고 인정한 사람
3. 「의사상자 등 예우 및 지원에 관한 법률」에 따라 의료급여를 받는 사람
4. 「입양특례법」에 따라 국내에 입양된 18세 미만의 아동
5. 「독립유공자예우에 관한 법률」, 「국가유공자 등 예우 및 지원에 관한 법률」 및 「보훈보상대상자 지원에 관한 법률」의 적용을 받고 있는 사람과 그 가족으로서 국가보훈처장이 의료급여가 필요하다고 추천한 사람 중에서 보건복지부장관이 의료급여가 필요하다고 인정한 사람
6. 「무형문화재 보전 및 진흥에 관한 법률」에 따라 지정된 국가무형문화재의 보유자(명예보유자를 포함한다)와 그 가족으로서 문화재청장이 의료급여가 필요하다고 추천한 사람 중에서 보건복지부장관이 의료급여가 필요하다고 인정한 사람
7. 「북한이탈주민의 보호 및 정착지원에 관한 법률」의 적용을 받고 있는 사람과 그 가족으로서 보건복지부장관이 의료급여가 필요하다고 인정한 사람
8. 「5·18민주화운동 관련자 보상 등에 관한 법률」 제8조에 따라 보상금 등을 받은 사람과 그 가족으로서 보건복지부장관이 의료급여가 필요하다고 인정한 사람
9. 「노숙인 등의 복지 및 자립지원에 관한 법률」에 따른 노숙인 등으로서 보건복지부장관이 의료급여가 필요하다고 인정한 사람

•장기요양 본인부담금 감경에 관한 고시(보건복지부고시 제2019-292호, 2019. 12. 24., 일부개정)

[판례] 노인복지법위반 [울산지방법원 2014. 5. 27., 선고, 2014고정311, 판결 : 확정] 피고인이 신고를 하지 아니하고 노인의료복지시설에 해당하는 노인요양공동생활가정을 운영하였다고 하여 노인복지법 제56조 제2항 위반으로 기소된 사안에서, 피고인의 행위에 대하여 같은 법 제...

제41조 가족 등의 장기요양에 대한 보상

① 공단은 장기요양급여를 받은 금액의 총액이 보건복지부장관이 정하여 고시하는 금액 이하에 해당하는 수급자가 가족 등으로부터 제23조제1항제1호 가목에 따른 방문요양에 상당한 장기요양을 받은 경우 보건복지부령으로 정하는 바에 따라 본인부담금의 일부를 감면하거나 이에

갈음하는 조치를 할 수 있다.

② 제1항에 따른 본인부담금의 감면방법 등 필요한 사항은 보건복지부령으로 정한다.

제42조 방문간호지시서 발급비용의 산정 등

제23조제1항제1호다목에 따라 방문간호지시서를 발급하는데 사용되는 비용, 비용부담방법 및 비용 청구·지급절차 등에 관하여 필요한 사항은 보건복지부령으로 정한다.

제43조 부당이득의 징수

① 공단은 장기요양급여를 받은 자 또는 장기요양급여비용을 받은 자가 다음 각 호의 어느 하나에 해당하는 경우 그 장기요양급여 또는 장기요양급여비용에 상당하는 금액을 징수한다.

1. 제15조제5항에 따른 등급판정 결과 같은 조 제4항 각 호의 어느 하나에 해당하는 것으로 확인된 경우
2. 제28조의 월 한도액 범위를 초과하여 장기요양급여를 받은 경우
3. 제29조 또는 제30조에 따라 장기요양급여의 제한 등을 받을 자가 장기요양급여를 받은 경우
4. 제37조제1항제4호에 따른 거짓이나 그 밖의 부정한 방법으로 재가 및 시설 급여비용을 청구하여 이를 지급받은 경우
5. 그 밖에 이 법상의 원인 없이 공단으로부터 장기요양급여를 받거나 장기요양급여비용을 지급받은 경우

② 공단은 제1항의 경우 거짓 보고 또는 증명에 의하거나 거짓 진단에 따라 장기요양급여가 제공된 때 거짓의 행위에 관여한 자에 대하여 장기요양급여를 받은 자와 연대하여 제1항에 따른 징수금을 납부하게 할 수 있다.

③ 공단은 제1항의 경우 거짓이나 그 밖의 부정한 방법으로 장기요양급여를 받은 자와 같은 세대에 속한 자(장기요양급여를 받은 자를 부양하고 있거나 다른 법령에 따라 장기요양급여를 받은 자를 부양할 의무가 있는 자를 말한다)에 대하여 거짓이나 그 밖의 부정한 방법으로 장기요

양급여를 받은 자와 연대하여 제1항에 따른 징수금을 납부하게 할 수 있다.

④ 공단은 제1항의 경우 장기요양기관이 수급자로부터 거짓이나 그 밖의 부정한 방법으로 장기요양급여비용을 받은 때 해당 장기요양기관으로부터 이를 징수하여 수급자에게 지체 없이 지급하여야 한다. 이 경우 공단은 수급자에게 지급하여야 하는 금액을 그 수급자가 납부하여야 하는 장기요양보험료등과 상계할 수 있다.

제44조 구상권

① 공단은 제3자의 행위로 인한 장기요양급여의 제공사유가 발생하여 수급자에게 장기요양급여를 행한 때 그 급여에 사용된 비용의 한도 안에서 그 제3자에 대한 손해배상의 권리를 얻는다.

② 공단은 제1항의 경우 장기요양급여를 받은 자가 제3자로부터 이미 손해배상을 받은 때 그 손해배상액의 한도 안에서 장기요양급여를 행하지 아니한다.

제8장 장기요양위원회

제45조 장기요양위원회의 설치 및 기능

다음 각 호의 사항을 심의하기 위하여 보건복지부장관 소속으로 장기요양위원회를 둔다.

1. 제9조제2항에 따른 장기요양보험료율
2. 제24조부터 제26조까지의 규정에 따른 가족요양비, 특례요양비 및 요양병원간병비의 지급기준
3. 제39조에 따른 재가 및 시설 급여비용
4. 그 밖에 대통령령으로 정하는 주요 사항

제46조 장기요양위원회의 구성

① 장기요양위원회는 위원장 1인, 부위원장 1인을 포함한 16인 이상 22인 이하의 위원으로 구성한다.

② 위원장이 아닌 위원은 다음 각 호의 자 중에서 보건복지부장관이 임명 또는 위촉한 자로 하고, 각 호에 해당하는 자를 각각 동수로 구성하여야 한다.

1. 근로자단체, 사용자단체, 시민단체(「비영리민간단체 지원법」 제2조에 따른 비영리민간단체를 말한다), 노인단체, 농어업인단체 또는 자영자단체를 대표하는 자
2. 장기요양기관 또는 의료계를 대표하는 자
3. 대통령령으로 정하는 관계 중앙행정기관의 고위공무원단 소속 공무원, 장기요양에 관한 학계 또는 연구계를 대표하는 자, 공단 이사장이 추천하는 자

③ 위원장은 보건복지부차관이 되고, 부위원장은 위원 중에서 위원장이 지명한다.

④ 장기요양위원회 위원의 임기는 3년으로 한다. 다만, 공무원인 위원의 임기는 재임기간으로 한다.

제47조 장기요양위원회의 운영

① 장기요양위원회 회의는 구성원 과반수의 출석으로 개의하고 출석위원 과반수의 찬성으로 의결한다.

② 장기요양위원회의 효율적 운영을 위하여 분야별로 실무위원회를 둘 수 있다.

③ 이 법에서 정한 것 외에 장기요양위원회의 구성·운영, 그 밖에 필요한 사항은 대통령령으로 정한다.

제8장의 2 장기요양요원지원센터

제47조의2 장기요양요원지원센터의 설치 등

① 국가와 지방자치단체는 장기요양요원의 권리를 보호하기 위하여 장기요양요원지원센터를 설치·운영할 수 있다.

② 장기요양요원지원센터는 다음 각 호의 업무를 수행한다.

1. 장기요양요원의 권리 침해에 관한 상담 및 지원

2. 장기요양요원의 역량강화를 위한 교육지원
3. 장기요양요원에 대한 건강검진 등 건강관리를 위한 사업
4. 그 밖에 장기요양요원의 업무 등에 필요하여 대통령령으로 정하는 사항

③ 장기요양요원지원센터의 설치·운영 등에 필요한 사항은 보건복지부령으로 정하는 바에 따라 해당 지방자치단체의 조례로 정한다.

제9장 관리운영기관

제48조 관리운영기관 등

① 장기요양사업의 관리운영기관은 공단으로 한다.

② 공단은 다음 각 호의 업무를 관장한다.

1. 장기요양보험가입자 및 그 피부양자와 의료급여수급권자의 자격관리
2. 장기요양보험료의 부과·징수
3. 신청인에 대한 조사
4. 등급판정위원회의 운영 및 장기요양등급 판정
5. 장기요양인정서의 작성 및 표준장기요양이용계획서의 제공
6. 장기요양급여의 관리 및 평가
7. 수급자 및 그 가족에 대한 정보제공·안내·상담 등 장기요양급여 관련 이용지원에 관한 사항
8. 재가 및 시설 급여비용의 심사 및 지급과 특별현금급여의 지급
9. 장기요양급여 제공내용 확인
10. 장기요양사업에 관한 조사·연구 및 홍보
11. 노인성질환예방사업
12. 이 법에 따른 부당이득금의 부과·징수 등
13. 장기요양급여의 제공기준을 개발하고 장기요양급여비용의 적정성을 검토하기 위한 장기요양기관의 설치 및 운영
14. 그 밖에 장기요양사업과 관련하여 보건복지부장관이 위탁한 업무

③ 공단은 제2항제13호의 장기요양기관을 설치할 때 노인인구 및 지역특성 등을 고려한 지역 간 불균형 해소를 고려하여야 하고, 설치 목적에

필요한 최소한의 범위에서 이를 설치·운영하여야 한다.

④「국민건강보험법」 제17조에 따른 공단의 정관은 장기요양사업과 관련하여 다음 각 호의 사항을 포함·기재한다.

1. 장기요양보험료
2. 장기요양급여
3. 장기요양사업에 관한 예산 및 결산
4. 그 밖에 대통령령령으로 정하는 사항

[국민건강보험법] 제17조(정관) ① 공단의 정관에는 다음 각 호의 사항을 적어야 한다.

1. 목적
2. 명칭
3. 사무소의 소재지
4. 임직원에 관한 사항
5. 이사회의 운영
6. 재정운영위원회에 관한 사항
7. 보험료 및 보험급여에 관한 사항
8. 예산 및 결산에 관한 사항
9. 자산 및 회계에 관한 사항
10. 업무와 그 집행
11. 정관의 변경에 관한 사항
12. 공고에 관한 사항

② 공단은 정관을 변경하려면 보건복지부장관의 인가를 받아야 한다.

제49조 공단의 장기요양사업 조직 등

공단은 「국민건강보험법」 제29조에 따라 공단의 조직 등에 관한 규정을 정할 때 장기요양사업을 수행하기 위하여 두는 조직 등을 건강보험사업을 수행하는 조직 등과 구분하여 따로 두어야 한다. 다만, 제48조제2항제1호 및 제2호의 자격관리와 보험료 부과·징수업무는 그러하지 아니하다.

[국민건강보험법] 제29조(규정 등) 공단의 조직・인사・보수 및 회계에 관한 규정은 이사회의 의결을 거쳐 보건복지부장관의 승인을 받아 정한다.

第50조 장기요양사업의 회계

① 공단은 장기요양사업에 대하여 독립회계를 설치·운영하여야 한다.

② 공단은 장기요양사업 중 장기요양보험료를 재원으로 하는 사업과 국가·지방자치단체의 부담금을 재원으로 하는 사업의 재정을 구분하여 운영하여야 한다. 다만, 관리운영에 필요한 재정은 구분하여 운영하지 아니할 수 있다.

第51조 권한의 위임 등에 관한 준용

「국민건강보험법」 제32조 및 제38조는 이 법에 따른 이사장의 권한의 위임 및 준비금에 관하여 준용한다. 이 경우 "보험급여"는 "장기요양급여"로 본다.

[국민건강보험법] 제32조(이사장 권한의 위임) 이 법에 규정된 이사장의 권한 중 급여의 제한, 보험료의 납입고지 등 대통령령으로 정하는 사항은 정관으로 정하는 바에 따라 분사무소의 장에게 위임할 수 있다.

제38조(준비금) ① 공단은 회계연도마다 결산상의 잉여금 중에서 그 연도의 보험급여에 든 비용의 100분의 5 이상에 상당하는 금액을 그 연도에 든 비용의 100분의 50에 이를 때까지 준비금으로 적립하여야 한다.

② 제1항에 따른 준비금은 부족한 보험급여 비용에 충당하거나 지출할 현금이 부족할 때 외에는 사용할 수 없으며, 현금 지출에 준비금을 사용한 경우에는 해당 회계연도 중에 이를 보전(補塡)하여야 한다.

③ 제1항에 따른 준비금의 관리 및 운영 방법 등에 필요한 사항은 보건복지부장관이 정한다.

第52조 등급판정위원회의 설치

① 장기요양인정 및 장기요양등급 판정 등을 심의하기 위하여 공단에 장기요양등급판정위원회를 둔다.

② 등급판정위원회는 특별자치시·특별자치도·시·군·구 단위로 설치한다. 다만, 인구 수 등을 고려하여 하나의 특별자치시·특별자치도·시·군·구에 2 이상의 등급판정위원회를 설치하거나 2 이상의 특별자치시·특별자치도·시·군·구를 통합하여 하나의 등급판정위원회를 설치할 수 있다.

③ 등급판정위원회는 위원장 1인을 포함하여 15인의 위원으로 구성한다.

④ 등급판정위원회 위원은 다음 각 호의 자 중에서 공단 이사장이 위촉한다. 이 경우 특별자치시장·특별자치도지사·시장·군수·구청장이 추천한 위원은 7인, 의사 또는 한의사가 1인 이상 각각 포함되어야 한다.

1. 「의료법」에 따른 의료인
2. 「사회복지사업법」에 따른 사회복지사
3. 특별자치시·특별자치도·시·군·구 소속 공무원
4. 그 밖에 법학 또는 장기요양에 관한 학식과 경험이 풍부한 자

⑤ 등급판정위원회 위원의 임기는 3년으로 하되, 한 차례만 연임할 수 있다. 다만, 공무원인 위원의 임기는 재임기간으로 한다.

第53조 등급판정위원회의 운영

① 등급판정위원회 위원장은 위원 중에서 특별자치시장·특별자치도지사·시장·군수·구청장이 위촉한다. 이 경우 제52조제2항 단서에 따라 2 이상의 특별자치시·특별자치도·시·군·구를 통합하여 하나의 등급판정위원회를 설치하는 때 해당 특별자치시장·특별자치도지사·시장·군수·구청장이 공동으로 위촉한다.

② 등급판정위원회 회의는 구성원 과반수의 출석으로 개의하고 출석위원 과반수의 찬성으로 의결한다.

③ 이 법에 정한 것 외에 등급판정위원회의 구성·운영, 그 밖에 필요한 사항은 대통령령으로 정한다.

第54조 장기요양급여의 관리·평가

① 공단은 장기요양기관이 제공하는 장기요양급여 내용을 지속적으로 관리·평가하여 장기요양급여의 수준이 향상되도록 노력하여야 한다.

② 공단은 장기요양기관이 제23조제3항에 따른 장기요양급여의 제공 기준·절차·방법 등에 따라 적정하게 장기요양급여를 제공하였는지 평가를 실시하고 그 결과를 공단의 홈페이지 등에 공표하는 등 필요한 조치를 할 수 있다.

③ 제2항에 따른 장기요양급여 제공내용의 평가 방법 및 평가 결과의 공표 방법, 그 밖에 필요한 사항은 보건복지부령으로 정한다.

제10장 심사청구 및 재심사청구

제55조 심사청구

① 장기요양인정·장기요양등급·장기요양급여·부당이득·장기요양급여비용 또는 장기요양보험료 등에 관한 공단의 처분에 이의가 있는 자는 공단에 심사청구를 할 수 있다.

② 제1항에 따른 심사청구는 그 처분이 있음을 안 날부터 90일 이내에 문서(「전자정부법」 제2조제7호에 따른 전자문서를 포함한다)로 하여야 하며, 처분이 있은 날부터 180일을 경과하면 이를 제기하지 못한다. 다만, 정당한 사유로 그 기간에 심사청구를 할 수 없었음을 증명하면 그 기간이 지난 후에도 심사청구를 할 수 있다.

③ 제1항에 따른 심사청구 사항을 심사하기 위하여 공단에 장기요양심사위원회(이하 "심사위원회"라 한다)를 둔다.

④ 심사위원회의 구성·운영 및 위원의 임기, 그 밖에 필요한 사항은 대통령령으로 정한다.

제56조 재심사청구

① 제55조에 따른 심사청구에 대한 결정에 불복하는 사람은 그 결정통지를 받은 날부터 90일 이내에 장기요양재심사위원회(이하 "재심사위원회"라 한다)에 재심사를 청구할 수 있다.

② 재심사위원회는 보건복지부장관 소속으로 두고, 위원장 1인을 포함한

20인 이내의 위원으로 구성한다.

③ 재심사위원회의 위원은 관계 공무원, 법학, 그 밖에 장기요양사업 분야의 학식과 경험이 풍부한 자 중에서 보건복지부장관이 임명 또는 위촉한다. 이 경우 공무원이 아닌 위원이 전체 위원의 과반수가 되도록 하여야 한다.

④ 재심사위원회의 구성·운영 및 위원의 임기, 그 밖에 필요한 사항은 대통령령으로 정한다.

제56조의2 행정심판과의 관계

① 재심사위원회의 재심사에 관한 절차에 관하여는 「행정심판법」을 준용한다.

② 제56조에 따른 재심사청구 사항에 대한 재심사위원회의 재심사를 거친 경우에는 「행정심판법」에 따른 행정심판을 청구할 수 없다.

제57조 행정소송

공단의 처분에 이의가 있는 자와 제55조에 따른 심사청구 또는 제56조에 따른 재심사청구에 대한 결정에 불복하는 자는 「행정소송법」으로 정하는 바에 따라 행정소송을 제기할 수 있다.

제11장 보칙

제58조 국가의 부담

① 국가는 매년 예산의 범위 안에서 해당 연도 장기요양보험료 예상수입액의 100분의 20에 상당하는 금액을 공단에 지원한다.

② 국가와 지방자치단체는 대통령령으로 정하는 바에 따라 의료급여수급권자의 장기요양급여비용, 의사소견서 발급비용, 방문간호지시서 발급비용 중 공단이 부담하여야 할 비용(제40조제1항 단서 및 제3항제1호에 따라 면제 및 감경됨으로 인하여 공단이 부담하게 되는 비용을 포함한다) 및 관리운영비의 전액을 부담한다.

③ 제2항에 따라 지방자치단체가 부담하는 금액은 보건복지부령으로 정

하는 바에 따라 특별시·광역시·특별자치시·도·특별자치도와 시·군·구가 분담한다.

④ 제2항 및 제3항에 따른 지방자치단체의 부담액 부과, 징수 및 재원관리, 그 밖에 필요한 사항은 대통령령으로 정한다.

제59조 전자문서의 사용

① 장기요양사업에 관련된 각종 서류의 기록, 관리 및 보관은 보건복지부령으로 정하는 바에 따라 전자문서로 한다.

② 공단 및 장기요양기관은 장기요양기관의 지정신청, 재가·시설 급여비용의 청구 및 지급, 장기요양기관의 재무·회계정보 처리 등에 대하여 전산매체 또는 전자문서교환방식을 이용하여야 한다.

③ 제1항 및 제2항에도 불구하고 정보통신망 및 정보통신서비스 시설이 열악한 지역 등 보건복지부장관이 정하는 지역의 경우 전자문서·전산매체 또는 전자문서교환방식을 이용하지 아니할 수 있다.

제60조 자료의 제출 등

① 공단은 장기요양급여 제공내용 확인, 장기요양급여의 관리·평가 및 장기요양보험료 산정 등 장기요양사업 수행에 필요하다고 인정할 때 다음 각 호의 어느 하나에 해당하는 자에게 자료의 제출을 요구할 수 있다.

1. 장기요양보험가입자 또는 그 피부양자 및 의료급여수급권자
2. 수급자 및 장기요양기관

② 제1항에 따라 자료의 제출을 요구받은 자는 성실히 이에 응하여야 한다.

제61조 보고 및 검사

① 보건복지부장관 또는 특별자치시장·특별자치도지사·시장·군수·구청장은 다음 각 호의 어느 하나에 해당하는 자에게 보수·소득이나 그 밖에 보건복지부령으로 정하는 사항의 보고 또는 자료의 제출을 명하거나 소속 공무원으로 하여금 관계인에게 질문을 하게 하거나 관계 서류를 검사하게 할 수 있다.

1. 장기요양보험가입자
2. 피부양자
3. 의료급여수급권자

② 보건복지부장관 또는 특별자치시장·특별자치도지사·시장·군수·구청장은 다음 각 호의 어느 하나에 해당하는 자에게 장기요양급여의 제공 명세, 재무·회계에 관한 사항 등 장기요양급여에 관련된 자료의 제출을 명하거나 소속 공무원으로 하여금 관계인에게 질문을 하게 하거나 관계 서류를 검사하게 할 수 있다.

1. 장기요양기관
2. 장기요양급여를 받은 자

③ 제1항 및 제2항의 경우에 소속 공무원은 그 권한을 표시하는 증표 및 조사기간, 조사범위, 조사담당자, 관계 법령 등 보건복지부령으로 정하는 사항이 기재된 서류를 지니고 이를 관계인에게 내보여야 한다.

④ 제1항 및 제2항에 따른 질문 또는 검사의 절차·방법 등에 관하여는 이 법에서 정하는 사항을 제외하고는 「행정조사기본법」에서 정하는 바에 따른다.

제62조 비밀누설금지

다음 각 호에 해당하는 자는 업무수행 중 알게 된 비밀을 누설하여서는 아니 된다.

1. 특별자치시·특별자치도·시·군·구, 공단, 등급판정위원회 및 장기요양기관에 종사하고 있거나 종사한 자
2. 제24조부터 제26조까지의 규정에 따른 가족요양비·특례요양비 및 요양병원간병비와 관련된 급여를 제공한 자

제62조의2 유사명칭의 사용금지

이 법에 따른 장기요양보험 사업을 수행하는 자가 아닌 자는 보험계약 또는 보험계약의 명칭에 노인장기요양보험 또는 이와 유사한 용어를 사용하지 못한다.

제63조 청문

특별자치시장·특별자치도지사·시장·군수·구청장은 다음 각 호의 어느 하나에 해당하는 처분 또는 공표를 하려는 경우에는 청문을 하여야 한다.

1. 제37조제1항에 따른 장기요양기관 지정취소 또는 업무정지명령
2. 제37조의3에 따른 위반사실 등의 공표
3. 제37조의5제1항에 따른 장기요양급여 제공의 제한 처분

제64조 시효 등에 관한 준용

「국민건강보험법」 제91조, 제92조, 제96조, 제103조, 제104조, 제107조, 제111조 및 제112조는 시효, 기간의 계산, 자료의 제공, 공단 등에 대한 감독, 권한의 위임 및 위탁, 업무의 위탁, 단수처리 등에 관하여 준용한다. 이 경우 "보험료"를 "장기요양보험료"로, "보험급여"를 "장기요양급여"로, "요양기관"을 "장기요양기관"으로, "건강보험사업"을 "장기요양사업"으로 본다.

[국민건강보험법] **제91조**(시효) ① 다음 각 호의 권리는 3년 동안 행사하지 아니하면 소멸시효가 완성된다.

1. 보험료, 연체금 및 가산금을 징수할 권리
2. 보험료, 연체금 및 가산금으로 과오납부한 금액을 환급받을 권리
3. 보험급여를 받을 권리
4. 보험급여 비용을 받을 권리
5. 제47조제3항 후단에 따라 과다납부된 본인일부부담금을 돌려받을 권리
6. 제61조에 따른 근로복지공단의 권리

② 제1항에 따른 시효는 다음 각 호의 어느 하나의 사유로 중단된다.

1. 보험료의 고지 또는 독촉
2. 보험급여 또는 보험급여 비용의 청구

③ 휴직자등의 보수월액보험료를 징수할 권리의 소멸시효는 제79조제5항에 따라 고지가 유예된 경우 휴직 등의 사유가 끝날 때까지 진행하지 아니한다.

④ 제1항에 따른 소멸시효기간, 제2항에 따른 시효 중단 및 제3항에 따

른 시효 정지에 관하여 이 법에서 정한 사항 외에는 「민법」에 따른다.

제92조(기간 계산) 이 법이나 이 법에 따른 명령에 규정된 기간의 계산에 관하여 이 법에서 정한 사항 외에는 「민법」의 기간에 관한 규정을 준용한다.

제96조(자료의 제공) ① 공단은 국가, 지방자치단체, 요양기관, 「보험업법」에 따른 보험회사 및 보험료율 산출 기관, 「공공기관의 운영에 관한 법률」에 따른 공공기관, 그 밖의 공공단체 등에 대하여 다음 각 호의 업무를 수행하기 위하여 주민등록·가족관계등록·국세·지방세·토지·건물·출입국관리 등의 자료로서 대통령령으로 정하는 자료를 제공하도록 요청할 수 있다.

1. 가입자 및 피부양자의 자격 관리, 보험료의 부과·징수, 보험급여의 관리 등 건강보험사업의 수행
2. 제14조제1항제11호에 따른 업무의 수행

② 심사평가원은 국가, 지방자치단체, 요양기관, 「보험업법」에 따른 보험회사 및 보험료율 산출 기관, 「공공기관의 운영에 관한 법률」에 따른 공공기관, 그 밖의 공공단체 등에 대하여 요양급여비용을 심사하고 요양급여의 적정성을 평가하기 위하여 주민등록·출입국관리·진료기록·의약품공급 등의 자료로서 대통령령으로 정하는 자료를 제공하도록 요청할 수 있다.

③ 보건복지부장관은 관계 행정기관의 장에게 제41조의2에 따른 약제에 대한 요양급여비용 상한금액의 감액 및 요양급여의 적용 정지를 위하여 필요한 자료를 제공하도록 요청할 수 있다.

④ 제1항부터 제3항까지의 규정에 따라 자료 제공을 요청받은 자는 성실히 이에 따라야 한다.

⑤ 공단 또는 심사평가원은 요양기관, 「보험업법」에 따른 보험회사 및 보험료율 산출 기관에 제1항 또는 제2항에 따른 자료의 제공을 요청하는 경우 자료 제공 요청 근거 및 사유, 자료 제공 대상자, 대상기간, 자료 제공 기한, 제출 자료 등이 기재된 자료제공요청서를 발송하여야 한다.

⑥ 제1항 및 제2항에 따른 국가, 지방자치단체, 요양기관, 「보험업법」에 따른 보험료율 산출 기관 그 밖의 공공기관 및 공공단체가 공단 또는 심사평가원에 제공하는 자료에 대하여는 사용료와 수수료 등을 면제한다.

제103조(공단 등에 대한 감독 등) ① 보건복지부장관은 공단과 심사평가원의 경영목표를 달성하기 위하여 다음 각 호의 사업이나 업무에 대하여 보고를 명하거나 그 사업이나 업무 또는 재산상황을 검사하는 등 감독을 할 수 있다.

1. 제14조제1항제1호부터 제13호까지의 규정에 따른 공단의 업무 및 제63조제1항제1호부터 제7호까지의 규정에 따른 심사평가원의 업무
2. 「공공기관의 운영에 관한 법률」 제50조에 따른 경영지침의 이행과 관련된 사업
3. 이 법 또는 다른 법령에서 공단과 심사평가원이 위탁받은 업무
4. 그 밖에 관계 법령에서 정하는 사항과 관련된 사업

② 보건복지부장관은 제1항에 따른 감독상 필요한 경우에는 정관이나 규정의 변경 또는 그 밖에 필요한 처분을 명할 수 있다.

제104조(포상금 등의 지급) ① 공단은 속임수나 그 밖의 부당한 방법으로 보험급여를 받은 사람이나 보험급여 비용을 지급받은 요양기관을 신고한 사람에 대하여 포상금을 지급할 수 있다.

② 공단은 건강보험 재정을 효율적으로 운영하는 데에 이바지한 요양기관에 대하여 장려금을 지급할 수 있다.

③ 제1항 및 제2항에 따른 포상금 및 장려금의 지급 기준과 범위, 절차 및 방법 등에 필요한 사항은 대통령령으로 정한다.

제106조(소액 처리) 공단은 징수하여야 할 금액이나 반환하여야 할 금액이 1건당 2천원 미만인 경우(제47조제4항, 제57조제5항 후단 및 제101조제4항 후단에 따라 각각 상계 처리할 수 있는 본인일부부담금 환급금 및 가입자나 피부양자에게 지급하여야 하는 금액은 제외한다)에는 징수 또는 반환하지 아니한다.

제107조(끝수 처리) 보험료등과 보험급여에 관한 비용을 계산할 때 「국고금관리법」 제47조에 따른 끝수는 계산하지 아니한다.

제109조(외국인 등에 대한 특례) ① 정부는 외국 정부가 사용자인 사업장의 근로자의 건강보험에 관하여는 외국 정부와 한 합의에 따라 이를 따로 정할 수 있다.

② 국내에 체류하는 재외국민 또는 외국인(이하 "국내체류 외국인등"이라 한다)이 적용대상사업장의 근로자, 공무원 또는 교직원이고 제6조제2항 각 호의 어느 하나에 해당하지 아니하면서 다음 각 호의 어느 하나에 해당하는 경우에는 제5조에도 불구하고 직장가입자가 된다.

1. 「주민등록법」 제6조제1항제3호에 따라 등록한 사람
2. 「재외동포의 출입국과 법적 지위에 관한 법률」 제6조에 따라 국내거소신고를 한 사람
3. 「출입국관리법」 제31조에 따라 외국인등록을 한 사람

③ 제2항에 따른 직장가입자에 해당하지 아니하는 국내체류 외국인등이 다음 각 호의 요건을 모두 갖춘 경우에는 제5조에도 불구하고 지역가입자가 된다.

1. **보건복지부령**으로 정하는 기간 동안 국내에 거주하였거나 해당 기간 동안 국내에 지속적으로 거주할 것으로 예상할 수 있는 사유로서 **보건복지부령**으로 정하는 사유에 해당될 것
2. 다음 각 목의 어느 하나에 해당할 것
   가. 제2항제1호 또는 제2호에 해당하는 사람
   나. 「출입국관리법」 제31조에 따라 외국인등록을 한 사람으로서 **보건복지부령**으로 정하는 체류자격이 있는 사람

④ 제2항 각 호의 어느 하나에 해당하는 국내체류 외국인등이 다음 각 호의 요건을 모두 갖춘 경우에는 제5조에도 불구하고 공단에 신청하면 피부양자가 될 수 있다.

1. 직장가입자와의 관계가 제5조제2항 각 호의 어느 하나에 해당할 것
2. 제5조제3항에 따른 피부양자 자격의 인정 기준에 해당할 것

⑤ 제2항부터 제4항까지의 규정에도 불구하고 다음 각 호에 해당되는 경우에는 가입자 및 피부양자가 될 수 없다.

1. 국내체류가 법률에 위반되는 경우로서 대통령령으로 정하는 사유가 있는 경우

2. 국내체류 외국인등이 외국의 법령, 외국의 보험 또는 사용자와의 계약 등에 따라 제41조에 따른 요양급여에 상당하는 의료보장을 받을 수 있어 사용자 또는 가입자가 보건복지부령으로 정하는 바에 따라 가입 제외를 신청한 경우

⑥ 제2항부터 제5항까지의 규정에서 정한 사항 외에 국내체류 외국인등의 가입자 또는 피부양자 자격의 취득 및 상실에 관한 시기·절차 등에 필요한 사항은 제5조부터 제11조까지의 규정을 준용한다. 다만, 국내체류 외국인등의 특성을 고려하여 특별히 규정해야 할 사항은 대통령령으로 다르게 정할 수 있다.

⑦ 가입자인 국내체류 외국인등이 매월 2일 이후 지역가입자의 자격을 취득하고 그 자격을 취득한 날이 속하는 달에 보건복지부장관이 고시하는 사유로 해당 자격을 상실한 경우에는 제69조제2항 본문에도 불구하고 그 자격을 취득한 날이 속하는 달의 보험료를 부과하여 징수한다.

⑧ 국내체류 외국인등(제9항 단서의 적용을 받는 사람에 한정한다)에 해당하는 지역가입자의 보험료는 제78조제1항 본문에도 불구하고 그 직전 월 25일까지 납부하여야 한다. 다만, 다음 각 호에 해당되는 경우에는 공단이 정하는 바에 따라 납부하여야 한다.

1. 자격을 취득한 날이 속하는 달의 보험료를 징수하는 경우
2. 매월 26일 이후부터 말일까지의 기간에 자격을 취득한 경우

⑨ 제7항과 제8항에서 정한 사항 외에 가입자인 국내체류 외국인등의 보험료 부과·징수에 관한 사항은 제69조부터 제86조까지의 규정을 준용한다. 다만, 대통령령으로 정하는 국내체류 외국인등의 보험료 부과·징수에 관한 사항은 그 특성을 고려하여 보건복지부장관이 다르게 정하여 고시할 수 있다.

⑩ 공단은 지역가입자인 국내체류 외국인등(제9항 단서의 적용을 받는 사람에 한정한다)이 보험료를 체납한 경우에는 제53조제3항에도 불구하고 체납일부터 체납한 보험료를 완납할 때까지 보험급여를 하지 아니한다. 이 경우 제53조제3항 각 호 외의 부분 단서 및 같은 조 제5항·제6항은 적용하지 아니한다.

제111조(권한의 위임 및 위탁) ① 이 법에 따른 보건복지부장관의 권한은 대통령령으로 정하는 바에 따라 그 일부를 특별시장·광역시장·

도지사 또는 특별자치도지사에게 위임할 수 있다.

② 제97조제2항에 따른 보건복지부장관의 권한은 대통령령으로 정하는 바에 따라 공단이나 심사평가원에 위탁할 수 있다.

제112조(업무의 위탁) ① 공단은 대통령령으로 정하는 바에 따라 다음 각 호의 업무를 체신관서, 금융기관 또는 그 밖의 자에게 위탁할 수 있다.

1. 보험료의 수납 또는 보험료납부의 확인에 관한 업무
2. 보험급여비용의 지급에 관한 업무
3. 징수위탁근거법의 위탁에 따라 징수하는 연금보험료, 고용보험료, 산업재해보상보험료, 부담금 및 분담금 등(이하 "징수위탁보험료등"이라 한다)의 수납 또는 그 납부의 확인에 관한 업무

② 공단은 그 업무의 일부를 국가기관, 지방자치단체 또는 다른 법령에 따른 사회보험 업무를 수행하는 법인이나 그 밖의 자에게 위탁할 수 있다. 다만, 보험료와 징수위탁보험료등의 징수 업무는 그러하지 아니하다.

③ 제2항에 따라 공단이 위탁할 수 있는 업무 및 위탁받을 수 있는 자의 범위는 보건복지부령으로 정한다.

제65조 다른 법률에 따른 소득 등의 의제금지

이 법에 따른 장기요양급여로 지급된 현금 등은 「국민기초생활 보장법」 제2조제8호 및 제9호의 소득 또는 재산으로 보지 아니한다.

제66조 수급권의 보호

① 장기요양급여를 받을 권리는 양도 또는 압류하거나 담보로 제공할 수 없다.

② 제27조의2제1항에 따른 특별현금급여수급계좌의 예금에 관한 채권은 압류할 수 없다.

第66조의2 벌칙 적용에서 공무원 의제

등급판정위원회, 장기요양위원회, 제37조의3제2항에 따른 공표심의위원회, 심사위원회 및 재심사위원회 위원 중 공무원이 아닌 사람은 「형법」 제127조 및 제129조부터 제132조까지의 규정을 적용할 때에는 공무원으로 본다.

第66조의3 소액 처리

공단은 징수 또는 반환하여야 할 금액이 1건당 1,000원 미만인 경우(제38조제5항 및 제43조제4항 후단에 따라 각각 상계할 수 있는 지급금 및 장기요양보험료등은 제외한다)에는 징수 또는 반환하지 아니한다. 다만, 「국민건강보험법」 제106조에 따른 소액 처리 대상에서 제외되는 건강보험료와 통합하여 징수 또는 반환되는 장기요양보험료의 경우에는 그러하지 아니하다.

> **[국민건강보험법] 제106조**(소액 처리) 공단은 징수하여야 할 금액이나 반환하여야 할 금액이 1건당 2천원 미만인 경우(제47조제4항, 제57조제5항 후단 및 제101조제4항 후단에 따라 각각 상계 처리할 수 있는 본인일부부담금 환급금 및 가입자나 피부양자에게 지급하여야 하는 금액은 제외한다)에는 징수 또는 반환하지 아니한다.

제12장 벌 칙

第67조 벌 칙

① 다음 각 호의 어느 하나에 해당하는 자는 2년 이하의 징역 또는 2천만원 이하의 벌금에 처한다.

1. 제31조를 위반하여 지정받지 아니하고 장기요양기관을 운영하거나 거짓이나 그 밖의 부정한 방법으로 지정받은 자
2. 제35조제5항을 위반하여 본인부담금을 면제 또는 감경하는 행위를 한 자
3. 제35조제6항을 위반하여 수급자를 소개, 알선 또는 유인하는 행위

를 하거나 이를 조장한 자

4. 제62조를 위반하여 업무수행 중 알게 된 비밀을 누설한 자

② 다음 각 호의 어느 하나에 해당하는 자는 1년 이하의 징역 또는 1천만원 이하의 벌금에 처한다.

1. 제35조제1항을 위반하여 정당한 사유 없이 장기요양급여의 제공을 거부한 자
2. 거짓이나 그 밖의 부정한 방법으로 장기요양급여를 받거나 다른 사람으로 하여금 장기요양급여를 받게 한 자
3. 정당한 사유 없이 제36조제3항 각 호에 따른 권익보호조치를 하지 아니한 사람
4. 제37조제7항을 위반하여 수급자가 부담한 비용을 정산하지 아니한 자

제68조 양벌규정

법인의 대표자, 법인이나 개인의 대리인·사용인 및 그 밖의 종사자가 그 법인 또는 개인의 업무에 관하여 제67조에 해당하는 위반행위를 한 때에는 그 행위자를 벌하는 외에 그 법인 또는 개인에 대하여도 해당 조의 벌금형을 과한다. 다만, 법인 또는 개인이 그 위반행위를 방지하기 위하여 해당 업무에 관하여 상당한 주의와 감독을 게을리하지 아니한 경우에는 그러하지 아니하다.

제69조 과태료

① 정당한 사유 없이 다음 각 호의 어느 하나에 해당하는 자에게는 500만원 이하의 과태료를 부과한다.

1. 제33조를 위반하여 변경지정을 받지 아니하거나 변경신고를 하지 아니한 자 또는 거짓이나 그 밖의 부정한 방법으로 변경지정을 받거나 변경신고를 한 자
2. 제34조를 위반하여 장기요양기관에 관한 정보를 게시하지 아니하거나 거짓으로 게시한 자
3. 제35조제3항을 위반하여 수급자에게 장기요양급여비용에 대한 명세서를 교부하지 아니하거나 거짓으로 교부한 자

4. 제35조제4항을 위반하여 장기요양급여 제공 자료를 기록·관리하지 아니하거나 거짓으로 작성한 사람
5. 제35조의4제2항 각 호의 어느 하나를 위반한 자
6. 제36조제1항 또는 제6항을 위반하여 폐업·휴업 신고 또는 자료이관을 하지 아니하거나 거짓이나 그 밖의 부정한 방법으로 신고한 자
7. 제37조의4제4항을 위반하여 행정제재처분을 받았거나 그 절차가 진행 중인 사실을 양수인등에게 지체 없이 알리지 아니한 자
8. 거짓이나 그 밖의 부정한 방법으로 수급자에게 장기요양급여비용을 부담하게 한 자
9. 제60조 또는 제61조에 따른 보고 또는 자료제출 요구·명령에 따르지 아니하거나 거짓으로 보고 또는 자료제출을 한 자나 질문 또는 검사를 거부·방해 또는 기피하거나 거짓으로 답변한 자
10. 거짓이나 그 밖의 부정한 방법으로 장기요양급여비용 청구에 가담한 사람
11. 제62조의2를 위반하여 노인장기요양보험 또는 이와 유사한 용어를 사용한 자

② 제1항에 따른 과태료는 대통령령으로 정하는 바에 따라 관할 특별자치시장·특별자치도지사·시장·군수·구청장이 부과·징수한다.

<노인장기요양보험제도와 기존 노인복지서비스체계 비교표>

구분	노인장기요양보험	기존 노인복지서비스 체계
관련법	노인장기요양보험법	노인복지법
서비스 대상	-보편적 제도 -장기요양이 필요한 65세이상 노인 및 치매등 노인성질병을 가진 65세 미만자	-특정대상 한정(선택적) -국민기초생활보장 수급자를 포함한 저소득층 위주
서비스 선택	수급자 및 부양가족의 선택에 의한 서비스 제공	지방자치단체장의 판단(공급자 위주)
재 원	장기요양보험료+국가 및 지방자치단체 부담+이용자 본인 부담	정부 및 지방자치단체의 부담

노인장기요양보험법 시행령

[시행 2020. 1. 1] [대통령령 제30289호, 2019. 12. 31, 일부개정]

보건복지부(요양보험제도과) 044-202-3492

보건복지부(요양보험제도과 -법, 제도개선) 044-202-3497

제1조 목적

이 영은 「노인장기요양보험법」에서 위임된 사항과 그 시행에 필요한 사항을 규정함을 목적으로 한다.

제2조 노인성 질병

「노인장기요양보험법」(이하 "법"이라 한다) 제2조제1호에서 "대통령령으로 정하는 노인성 질병"이란 별표 1에 따른 질병을 말한다.

■ 노인장기요양보험법 시행령 [별표 1] <개정 2016. 11. 8.>

노인성 질병의 종류(제2조 관련)

구분	질병명	질병 코드
한국표준 질병·사인분류	가. 알츠하이머병에서의 치매	F00*
	나. 혈관성 치매	F01
	다. 달리 분류된 기타 질환에서의 치매	F02*
	라. 상세불명의 치매	F03
	마. 알츠하이머병	G30
	바. 지주막하출혈	I60
	사. 뇌내출혈	I61
	아. 기타 비외상성 두개내출혈	I62
	자. 뇌경색증	I63
	차. 출혈 또는 경색증으로 명시되지 않은 뇌졸중	I64
	카. 뇌경색증을 유발하지 않은 뇌전동맥의 폐쇄 및 협착	I65
	타. 뇌경색증을 유발하지 않은 대뇌동맥의 폐쇄 및 협착	I66
	파. 기타 뇌혈관질환	I67

	하. 달리 분류된 질환에서의 뇌혈관장애	I68*
	거. 뇌혈관질환의 후유증	I69
	너. 파킨슨병	G20
	더. 이차성 파킨슨증	G21
	러. 달리 분류된 질환에서의 파킨슨증	G22*
	머. 기저핵의 기타 퇴행성 질환	G23
	버. 중풍후유증	U23.4
	서. 진전(震顫)	R25.1

// 비고
1. 질병명 및 질병코드는 「통계법」 제22조에 따라 고시된 한국표준질병·사인분류에 따른다.
2. 진전은 보건복지부장관이 정하여 고시하는 범위로 한다.

제3조 장기요양기본계획

법 제6조제1항제3호에 따라 장기요양기본계획에 포함되는 사항은 다음 각 호와 같다.

1. 장기요양급여의 수준 향상 방안
2. 노인성질환예방사업 추진계획
3. 그 밖에 노인등의 장기요양급여의 실시에 필요한 사항

제3조의2 외국인의 범위

법 제7조제4항에서 "「외국인근로자의 고용 등에 관한 법률」에 따른 외국인근로자 등 대통령령으로 정하는 외국인"이란 다음 각 호의 어느 하나에 해당하는 사람을 말한다.

1. 「외국인근로자의 고용 등에 관한 법률」에 따른 외국인근로자로서 「국민건강보험법」 제109조제2항에 따라 직장가입자가 된 외국인
2. 「출입국관리법」 제10조에 따라 산업연수활동을 할 수 있는 체류자격을 가지고 지정된 산업체에서 연수하고 있는 외국인으로서 「국민건강보험법」 제109조제2항에 따라 직장가입자가 된 외국인

[국민건강보험법] 제109조(외국인 등에 대한 특례) ② 국내에 체류하는 재외국민 또는 외국인(이하 "국내체류 외국인등"이라 한다)이 적용대상사업장의 근로자, 공무원 또는 교직원이고 제6조제2항 각 호의 어느 하나에 해당하지 아니하면서 다음 각 호의 어느 하나에 해당하는 경우에는 제5조에도 불구하고 직장가입자가 된다. <개정 2016.3.22> 1. 「주민등록법」 제6조제1항제3호에 따라 등록한 사람 2. 「재외동포의 출입국과 법적 지위에 관한 법률」 제6조에 따라 국내거소신고를 한 사람 3. 「출입국관리법」 제31조에 따라 외국인등록을 한 사람

제4조 장기요양보험료율

법 제9조제1항에 따른 장기요양보험료율은 1만분의 1,025로 한다.

제5조 장애인 등에 대한 장기요양보험료의 경감

① 법 제10조에서 "대통령령으로 정하는 자"란 다음 각 호의 어느 하나에 해당하는 자를 말한다.

1. 「장애인복지법」 제32조에 따라 등록한 장애인 중 장애의 정도가 심한 장애인
2. 보건복지부장관이 정하여 고시하는 희귀난치성질환자

② 「국민건강보험법」에 따른 국민건강보험공단(이하 "공단"이라 한다)은 법 제10조에 따라 장애인 등이 장기요양보험가입자 또는 그 피부양자인 경우 수급자로 결정되지 못한 때에는 제1항 각 호에 해당하는지를 확인하여 장기요양보험료의 100분의 30을 경감한다. 이 경우 공단은 확인이 불가능하면 해당 장기요양보험가입자 또는 그 피부양자로부터 경감신청을 받아 경감한다.

③ 제2항에 따른 장기요양보험료의 구체적인 경감방법 등은 보건복지부장관이 정하여 고시한다.

•장기요양보험료 경감고시(보건복지부고시 제2019-130호, 2019. 6. 26., 일부개정)

[장애인복지법] 제32조(장애인 등록) ①장애인, 그 법정대리인 또는 대통령령으로 정하는 보호자(이하 "법정대리인등"이라 한다)는 장애 상태와 그 밖에 보건복지부령이 정하는 사항을 특별자치시장·특별자치도지사·시장·군수 또는 구청장(자치구의 구청장을 말한다. 이하 같다)에게 등록하여야 하며, 특별자치시장·특별자치도지사·시장·군수·구청장은 등록을 신청한 장애인이 제2조에 따른 기준에 맞으면 장애인등록증(이하 "등록증"이라 한다)을 내주어야 한다.

③ 특별자치시장·특별자치도지사·시장·군수·구청장은 제1항에 따라 등록증을 받은 장애인의 장애 상태의 변화에 따른 장애 정도 조정을 위하여 장애 진단을 받게 하는 등 장애인이나 법정대리인등에게 필요한 조치를 할 수 있다.

④장애인의 장애 인정과 장애 정도 사정(査定)에 관한 업무를 담당하게 하기 위하여 보건복지부에 장애판정위원회를 둘 수 있다.

⑤등록증은 양도하거나 대여하지 못하며, 등록증과 비슷한 명칭이나 표시를 사용하여서는 아니 된다.

⑥ 특별자치시장·특별자치도지사·시장·군수·구청장은 제1항에 따른 장애인 등록 및 제3항에 따른 장애 상태의 변화에 따른 장애 정도를 조정함에 있어 장애인의 장애 인정과 장애 정도 사정이 적정한지를 확인하기 위하여 필요한 경우 대통령령으로 정하는 「공공기관의 운영에 관한 법률」 제4조에 따른 공공기관에 장애 정도에 관한 정밀심사를 의뢰할 수 있다.

⑦ 제6항에 따라 장애 정도에 관한 정밀심사를 의뢰받은 공공기관은 필요한 경우 심사를 받으려는 본인이나 법정대리인등으로부터 동의를 받아 「의료법」에 따른 의료기관에 그 사람의 해당 진료에 관한 사항의 열람 또는 사본 교부를 요청할 수 있다. 이 경우 요청을 받은 의료기관은 특별한 사유가 없으면 요청에 따라야 하며, 국가 및 지방자치단체는 예산의 범위에서 공공기관에 제공되는 자료에 대한 사용료, 수수료 등을 지원할 수 있다.

⑧제1항 및 제3항부터 제7항까지에서 규정한 사항 외에 장애인의 등록, 등록증의 발급, 장애 진단 및 장애 정도에 관한 정밀심사, 장애판정위원회, 진료에 관한 사항의 열람 또는 사본교부 요청 등에 관하여 필요한 사항은 보건복지부령으로 정한다.

〔별표 1〕

장기요양보험료 경감대상 희귀난치성질환(제2조 관련)

구 분	질 병 명	질 병 코 드
한국표준질병 · 사인분류	지방산 대사장애	E71.3
	글리코사미노글라이칸대사장애	E76
	유전성 운동실조	G11
	척수성 근위축 및 관련 증후군	G12
	다발성 경화증	G35
	근육의 일차성 장애	G71.0~3

※ 비고 : 질병명 및 질병코드는 「통계법」 제22조에 따라 고시된 한국표준질병·사인분류에 따른다.

- 적용방법 : 질병코드가 E71.3(4자리인 경우) → E71.3에만 적용
질병코드가 E76(3자리인 경우) → E76.0~E76.9까지 적용

■ 장기요양보험료 경감고시 [별지 제1호서식] [1쪽]

장기요양보험료 경감 신청서

접수번호					
① 경감 대상자	성명		생년월일		건강보험증번호
	주소				
	전화번호		(휴대전화)		
② 신청 사유	[ ] 장애의 정도가 심한 장애인 [ ] 희귀난치성질환자				

경감사유	경감코드	경감율	경감적용 월

지사 의견		검토 결과	경감적용	적용불가

경감신청일			
입력일자		입력자 성명	(서명 또는 인)

「장기요양보험료 경감고시」 제4조에 따라 장기요양보험료 경감을 신청합니다.

2020. 00. 00.

신청인 (서명 또는 인)

국민건강보험공단 이사장 귀하

첨부 서류	1. 장애의 정도가 심한 장애인 경우 : 장애인등록증 등 2. 희귀난치성질환자의 경우 : 의사진단서 등 증명서류

(주) 굵은선 안은 작성하지 마시고, 작성요령은 뒤쪽을 참고하시기 바랍니다.

210㎜ × 297㎜[백상지(80g/㎡) 또는 중질지(80g/㎡)]

[2쪽]

처리절차	
이 신청서는 다음과 같이 처리됩니다. (처리기간은 최장 30일 정도 소요됩니다)	
신청인	접수 및 처리 (국민건강보험공단)
경감신청서 제출	접수 및 경감요건 확인
보험료 경감	

작성방법
① 장기요양보험료 경감 대상자의 성명, 주민등록번호, 주소 및 전화번호를 적습니다.
② 경감대상자가 해당되는 신청사유에 √ 표 합니다.

210㎜ × 297㎜[백상지(80g/㎡) 또는 중질지(80g/㎡)]

제6조 의사소견서 제출 제외자

법 제13조제2항에 따라 장기요양인정을 신청하는 자 중 의사소견서를 제출하지 아니하여도 되는 자는 다음 각 호와 같다.

1. 신청인의 심신상태나 거동상태 등이 보건복지부령으로 정하는 기준에 따라 현저하게 불편한 자로서 법 제14조제1항에 따른 조사 결과 공단 소속 직원이 이를 확인한 자
2. 보건복지부장관이 정하여 고시하는 도서 · 벽지 지역에 거주하는 자

•가족요양비 지급 및 의사소견서 제출 제외대상 섬·벽지지역 고시(보건복지부고시 제2019-213호, 2019. 10. 1., 일부개정)

[별표 1] 가족요양비 지급 섬 · 벽지지역

☐ 섬지역

시도	시군구	읍면동	대상지역(섬)
경기	안산시	풍도동	육도, 풍도
	화성시	우정읍	국화도, 입파도
경남	거제시	둔덕면	화도
		사등면	고개도
		일운면	내도, 외도, 지심도
		장목면	이수도
	고성군	삼산면	와도
		하일면	자란도
	남해군	미조면	조도, 호도
		상주면	노도
	사천시	동서동	마도, 신도, 신수도, 저도
		서포면	별학도, 월등도, 진도
	진주시	판문동	귀곡도
	창원시	구산면	실리도
		웅천동	우도
		진동면	송도, 수우도, 양도
		태평동	잠도
	통영시	광도면	입도, 저도

시도	시군구	읍면동	대상지역(섬)
		도산면	연도, 읍도
		사량면	상도, 수우도, 하도
		산양읍	곤리도, 만지도, 송도, 연대도, 오곡도, 오비도, 저도, 추도, 학림도
		욕지면	갈도, 국도, 납도, 두미도, 봉도, 상노대도, 연화도, 욕지본도, 우도, 초도, 하노대도
		용남면	수도, 어의도, 지도
		한산면	가왕도, 매물도, 비산도, 비진도, 소매물도, 용초도, 장사도, 좌도, 죽도, 추봉도, 한산본도
	하동군	금남면	대도
경북	울릉군	울릉읍, 서면, 북면	독도, 울릉도, 죽도
인천	강화군	삼산면	미법도, 서검도
		서도면	말도, 볼음도, 아차도, 주문도
	서구	신현원창동	세어도
	옹진군	대청면	대청도, 소청도
		덕적면	굴업도, 덕적도, 문갑도, 백아도, 소야도, 울도, 지도
		백령면	백령도
		북도면	모도, 시도, 신도, 장봉도
		연평면	대연평도, 소연평도
		자월면	대이작도, 소이작도, 승봉도, 자월도
전남	고흥군	과역면	미덕도, 진지도
		금산면	연홍도
		남양면	우도
		도양읍	득량도, 상화도, 시산도, 하화도
		도화면	죽도
		봉래면	수락도, 애도
		포두면	첨도
	목포시	유달동	달리도, 외달도, 율도

시도	시군구	읍면동	대상지역(섬)
	무안군	망운면	탄도
		해제면	저도
	보성군	벌교읍	장도, 지주도, 해도
	신안군	도초면	도초도, 동소우이도, 서소우이도, 우이도, 죽도
		비금면	비금도, 상수치도, 하수치도
		신의면	고사도, 기도, 신의도, 평사도
		안좌면	박지도, 반월도, 사치도, 요력도
		암태면	당사도, 초란도
		압해읍	가란도, 고이도, 노대도, 대식도, 마산도, 매화도, 소식도, 외안도, 장마도, 황마도, 효지도
		임자면	부남도, 수도, 임자도, 재원도
		장산면	마진도, 막금도, 백야도, 율도, 장산도
		증도면	대기점도, 병풍도, 소기점도, 소악도, 화도
		지도읍	대포작도, 선도, 소포작도, 어의도, 율도
		하의면	개도, 능산도, 대야도, 문병도, 신도, 옥도, 장병도, 장재도, 하의도
		흑산면	가거도, 다물도, 대둔도, 만재도, 상태도, 영산도, 장도, 중태도, 하태도, 홍도, 흑산도
	여수시	남면	금오도, 나발도, 대두라도, 대횡간도, 부도, 소두라도, 소횡간도, 수항도, 안도, 연도
		돌산읍	송도
		삼산면	거문도, 광도, 동도, 서도, 소거문도, 손죽도, 초도, 평도
		삼일동	삼간도
		월호동	대경도, 소경도, 야도
		율촌면	대늑도, 소늑도, 송도
		화양면	운두도
		화정면	개도, 낭도, 대여자도, 둔병도, 사도, 상화도, 소여자도, 월호도, 자봉도, 제도, 조발도, 추도, 하화도

시도	시군구	읍면동	대상지역(섬)
	영광군	낙월면	각이도, 상낙월도, 석만도, 송이도, 안마도, 영외도, 오도, 임병도, 죽도, 하낙월도
	완도군	고금면	넙도, 초완도
		군외면	고마도, 동화도, 백일도, 사후도, 서화도, 양도, 토도, 흑일도
		금당면	금당도, 비견도, 허우도
		금일읍	금일도, 다랑도, 부도, 섭도, 소랑도, 신도, 우도, 원도, 장도, 충도, 황제도
		노화읍	넙도, 노록도, 노화도, 대장구도, 대제원도, 마삭도, 마안도, 서넙도, 어룡도, 죽굴도, 후장구도
		보길면	보길도, 예작도
		생일면	덕우도, 생일도
		소안면	구도, 당사도, 소안도, 횡간도
		신지면	모항도
		청산면	대모도, 소모도, 여서도, 장도, 청산도
	진도군	고군면	금호도
		의신면	모도, 상구자도, 하구자도
		조도면	가사도, 관매도, 관사도, 나배도, 내병도, 눌옥도, 대마도, 독거도, 동거차도, 맹골도, 모도, 상조도, 서거차도, 성남도, 소마도, 옥도, 외병도, 죽항도, 진목도, 청등도, 하조도
		진도읍	저도
	해남군	송지면	어불도
		화산면	상마도, 중마도, 하마도
전북	고창군	부안면	죽도
	군산시	옥도면	개야도, 관리도, 두리도, 말도, 명도, 방축도, 비안도, 어청도, 연도, 죽도
	부안군	위도면	거륜도, 상왕등도, 식도, 위도, 정금도, 하왕등도
제주	서귀포시	대정읍	가파도, 마라도

시도	시군구	읍면동	대상지역(섬)
	제주시	우도면	우도
		추자면	추자도, 추포도, 횡간도
		한림읍	비양도
충남	당진시	석문면	대난지도, 대조도, 소난지도
	보령시	오천면	고대도, 녹도, 삽시도, 소도, 외연도, 원산도, 월도, 육도, 장고도, 추도, 허육도, 호도, 효자도
	서산시	대산읍	웅도
		지곡면	분점도, 우도
		팔봉면	고파도
	서천군	장항읍	유부도
	태안군	근흥면	가의도, 옹도
		안면읍	내파수도, 외도
	홍성군	서부면	죽도

□ 벽지지역

시도	시군구	읍면동	벽지지역 (리,마을)	도로명주소
강원	강릉시	연곡면	삼산리(부연동)	부연동길 579~1056, 부연동1길 17~96-12
	고성군	간성읍	흘리	흘리길 2~245-6, 흘리1길 119~137-1, 흘리령길 3~398, 흘리령1길 60~203
		현내면	마달리	마달1길 1-12~90, 마달2길 11~89-3, 백두대간로 775-19~1041
			배봉리	배봉길 2~14, 백두대간로 1097~1251

시도	시군구	읍면동	벽지지역 (리,마을)	도로명주소
			화곡리	백두대간로 574-63~699, 유천쌍계길 16-5~28, 죽화로 366-6~371
	삼척시	가곡면	풍곡리 (덕풍, 삼방, 광업소)	덕풍길 984-99~1113, 청옥로 4090-6~4090-177, 청옥로 4323-574~4323-645
		노곡면	주지리	주지로 634~754
		하장면	어리	역둔원동로 172~602
			용연리	용연길 215~587
			중봉리(턱골, 소내)	중봉당골길 760-109~767, 중봉당골길 1127-85~1159
	양구군	양구읍	상무룡리(1반, 궐안2반, 도일1반, 서호2반)	남밭길 513, 상무룡로 393~798, 간척월명로 1504-9~1977-12, 서호길 15-257~173, 간척월명로 1863번길 327
			월명리	간척월명로 1863번길 32~157
	양양군	서면	오색리	대청봉길 1
		현북면	면옥치리(달아치)	노루골길 384~456
			법수치리(윗마을)	법수치길 850~1176
			어성전리(가잔동)	부연동길 1303~1459-30
	영월군	김삿갓 면	내리(조제마을)	내리계곡로 2-49~131-12, 와흥길 20~133
		상동읍	구래리(법궁리)	선바위길 364-3~372
	인제군	기린면	진동리	곰배령길 1~240, 설피밭길 1~696,

시도	시군구	읍면동	벽지지역 (리,마을)	도로명주소
				조침령로 1807~2336
	인제군	남면	수산리	무학길 1~372, 수산로 101~1095
			신월리	신월로 107~608, 신월안길 1~102
		상남면	미산리	개인약수길 1~550, 내린천로 845~1862, 왕성동길 1~176
			상남리(자포대)	자포대길 1~550-148
		인제읍	귀둔리(군량동)	필례로 42~527, 필례약수길 19~140
	정선군	남면	광덕리 (광방, 수령, 광탄, 서마루)	광탄수령길 2~570, 수와우길 165-30~265, 영곡길 325-21~718-16, 채운길 84~153, 광락로 643~1346-9, 광탄수령길 254~374-37, 서마루길 78~147
		북평면	숙암리(단임)	단임길 397~1207-53, 숙암장재터길 58~221
		신동읍	덕천리(연포)	연포길 397~794
			운치리(설논)	설론길 194~208
		여량면	구절리	불당길 10, 불당길 100~120, 자개길 24-15, 자개길 196~690
		임계면	고양리	반천고양로 1719~1973

시도	시군구	읍면동	벽지지역 (리,마을)	도로명주소
			도전리(내도전)	내도전길 460~745
			임계리(평양촌)	노루마당길 37~270-47, 평양마을길 178~651
		화암면	북동리(한바위)	함바위길 66~406
	춘천시	동면	신이리 (연엽골, 우무골)	연엽골길 690~818-16, 우무골길 1~130
			품걸리	야시대로 1387~1740, 품걸길 8-10~482
			품안리(곧은골)	품안리길 1-1~78
		북산면	내평리(당골)	내평길 322~475
			대곡리	더운샘길 32~102
			대동리(동막골)	대동길 222-66~327
			물로리 (갈골, 삽다리골, 절골)	갈골길 62~272, 삽다리길 14~66 물로길 48~549, 절골길 6~167
			부귀리 (물안리, 부귀터골)	부귀로 782-8~954, 삼막길 6-4~67, 텃골길 15~343
			조교리 (중촌, 지장골, 통골, 삼거리, 무애)	원동조교로 204~676-30
			청평리	삼막길 534~663
	평창군	대관령면	용산리	올림픽로 1062-6~1076-5
			유천리(원복동)	원복길 542-6~593-14

시도	시군구	읍면동	벽지지역 (리,마을)	도로명주소
		봉평면	유포리(벌막, 축덕)	수림대길 698~714-66
		진부면	봉산리	신기봉산로 1030~1414-78
	홍천군	내면	명개리 (명지거리, 목맥동, 통바람골)	명개로 48-3~406, 명지거리길 1~344, 통마람길 15~484-17
			방내리	여차동길 20~826, 여차동길386번길 6-7~76, 여차동길499번길 30~59
			율전리	살둔강변길 9-7~198, 살둔길 10~47 밤바치길 341~1337-11, 밤바치길210번길 37~143, 밤바치길431번길 40~60
	화천군	간동면	방천리 (갓골, 운수골, 차골, 배터, 진터, 안골, 골방촌)	신내길 1~125 운수길 135-54~508-14
		화천읍	동촌리 (지둔리, 너다리, 자문리, 번성골)	비수구미길 461~2056
경남	의령군	부림면	익구리(월전)	미타로2길 239
	함양군	마천면	강청리	백무동로 373
경북	경산시	용성면	매남리(구룡마을)	구룡마을길 38-9~272, 구룡마을길 58길 10~24-1
	봉화군	소천면	고선리	구마동길 307-45~1518
			남회룡리	개내골길 8~138, 남회룡로 199~557

시도	시군구	읍면동	벽지지역 (리,마을)	도로명주소
			두음리(듬골)	두음길 382-24~934-16
		재산면	갈산리	개내골길 92~189
			동면리	금당골길 7~101, 미목길 39~192, 소개골길 9~356
	안동시	길안면	대곡리(개밀)	개밀길 55-18~91
			백자리 (상전의실, 하전의실)	전의실길 213~440
		북후면	석탑리(구듬실, 청골)	구듬실길 19-5~52, 청골길 204~214
		와룡면	도곡리 (무남, 돗질, 창실)	도곡길 440~513, 도곡길 587-24, 도곡길 650~667
		임동면	대곡리(돌메기)	대곡구룡길 423-18~570
			박곡리(예술촌)	지례예술촌길 275~427
			사월리	한절골길 8~384
			위리	위리구룡길 61
	영덕군	지품면	옥류리(외류동, 내류동)	내옥류길 246-17~359, 외옥류길 172-71~265-4
		창수면	백청리	백청1길 43~137, 백청길 32~90, 오서로 1867~1984
		축산면	조항리(잿모치, 배끝말)	조항길 3~35, 칠성길 843-5 ~846
	영양군	석보면	요원리	맹동산길 284~370-99
			포산리 (윗포산, 아랫포산)	포산길 280~319-99

시도	시군구	읍면동	벽지지역 (리,마을)	도로명주소
		수비면	본신리(본동)	본신로 100~350-99
			수하리(오무)	반딧불이로 607~708-99, 오무길 1~126-99
			신암리 (갈전, 새신, 신내, 안암)	갈전길 190~260-99, 새신길 160~300 낙동정맥로 4000~4550-99,
		영양읍	기산리 (상기산, 중기산, 하기산)	기산길 60~700, 낙동정맥로 600~700-99
	영주시	단산면	마락리	영단로 1236-1~1522-4
		부석면	남대리	영부로 847-3~1522-4, 영부로890번길46-1~223-8
	울진군	근남면	구산리 (원심, 오르마, 본동)	왕피천로 762-1~784, 원심길 125~145
		금강송면	광회리	전곡1길 108~431-14
			소광리	소광1길 252~522-32, 소광2길 1~120
			쌍전리 (깨밭골, 진밭골, 불건, 밭골, 늪재, 갈밭, 달밭, 우무터)	십이령로 127~1163-11, 쌍전1길 86~757
			왕피리	거리고길 5~99, 동수골길 548~576, 병위길10~84, 양지길 46~72, 왕피길 589~1762-8, 한내길

시도	시군구	읍면동	벽지지역 (리,마을)	도로명주소
				108~339
			전곡리	전곡2길 255~311
		매화면	길곡리(내길, 외길)	길곡길마길 84~240
	청송군	부남면	구천리(등골)	등골길 243~384
			화장리(무덤실, 한티)	무등실길 259~356, 한티길 300~306
		안덕면	고와리	지경길 667~880
		현서면	무계리(칠미기)	면봉산길 650~685-1017
	포항시	죽장면	두마리	면봉산길828번길 1~10-1
울산	울주군	언양읍	대곡리(한실)	한실길 205~309
전북	임실군	운암면	월면리	월면길 407
			지천리	지천길 375
충북	옥천군	군북면	막지리	답양막지길 121~405
			용호리	용호길 6~71
	제천시	청풍면	방흥리 (살여울, 오미고개)	호반로 2408~2471
			오산리 (느티메기, 오미, 웃오미, 중특말)	호반로 2065~2275, 호반로1길 10~33
			진목리	호반로 2276, 갈골만지길 61~62
	충주시	산척면	석천리(명암마을)	명암길 5~40, 석천길 54~368, 화수길 4~53

※ 벽지지역 해당 여부가 리·마을에 의할 때와 도로명 주소에 의할 때가 다른 경우나 도로명 주소가 확인이 어려운 경우 등에는 리·마을 기준을 우선으로 한다.

[별표2]

제1호에서 제4호까지의 순서에 따라 산정된 장기요양인정점수가 51점 이상 75점미만인 자는 다음의 산식을 적용한다.

값 = A/(1+A(1))

주(1) : A = exp[1)]{-27.00+(1.37×날짜.시간불인지점수)+(1.20×불규칙수면점수)+(0.89×길을잃음점수)+(3.29×밖으로나가려함점수)+(0.51×의미없거나부적절한행동점수)+(1.54×욕창간호점수)+(1.94×도뇨관리점수)+(0.5×좌측상지점수)+(0.89×일상생활점수)+(0.18×행동점수)}

제7조 등급판정기준 등

① 법 제15조제2항에 따른 등급판정기준은 다음 각 호와 같다.

1. 장기요양 1등급 : 심신의 기능상태 장애로 일상생활에서 전적으로 다른 사람의 도움이 필요한 자로서 장기요양인정 점수가 95점 이상인 자
2. 장기요양 2등급 : 심신의 기능상태 장애로 일상생활에서 상당 부분 다른 사람의 도움이 필요한 자로서 장기요양인정 점수가 75점 이상 95점 미만인 자
3. 장기요양 3등급 : 심신의 기능상태 장애로 일상생활에서 부분적으로 다른 사람의 도움이 필요한 자로서 장기요양인정 점수가 60점 이상 75점 미만인 자
4. 장기요양 4등급 : 심신의 기능상태 장애로 일상생활에서 일정부분 다른 사람의 도움이 필요한 자로서 장기요양인정 점수가 51점 이상 60점 미만인 자
5. 장기요양 5등급 : 치매(제2조에 따른 노인성 질병에 해당하는 치매로 한정한다)환자로서 장기요양인정 점수가 45점 이상 51점 미만인 자
6. 장기요양 인지지원등급 : 치매(제2조에 따른 노인성 질병에 해당하는 치매로 한정한다)환자로서 장기요양인정 점수가 45점 미만인 자

---

1) exp(지수함수, exponential function) : 지수 함수란 거듭제곱의 지수를 변수로 하고, 정의역을 실수 전체로 정의하는 함수로 로그 함수의 역함수를 말함

② 제1항에 따른 장기요양인정 점수는 장기요양이 필요한 정도를 나타내는 점수로서 보건복지부장관이 정하여 고시하는 심신의 기능 저하 상태를 측정하는 방법에 따라 산정한다.

•장기요양등급판정기준에 관한 고시(보건복지부고시 제2018-146호, 2018. 7. 23., 일부개정)

[판례] 서울행정법원 2017. 11. 2 선고 2017구합52863 판결【장기요양급여비용 환수처분 취소】

제8조 장기요양인정 유효기간

① 법 제19조제1항에 따른 장기요양인정 유효기간은 1년으로 한다. 다만, 법 제20조에 따른 장기요양인정의 갱신 결과 직전 등급과 같은 등급으로 판정된 경우에는 그 갱신된 장기요양인정의 유효기간은 다음 각 호의 구분에 따른다.

2. 장기요양 2등급부터 4등급까지의 경우: 3년
3. 장기요양 5등급 및 인지지원등급의 경우: 2년

② 법 제52조에 따른 장기요양등급판정위원회(이하 "등급판정위원회"라 한다)는 제1항에도 불구하고 장기요양 신청인의 심신상태 등을 고려하여 장기요양인정 유효기간을 6개월의 범위에서 늘리거나 줄일 수 있다. 다만, 이 경우에도 장기요양인정 유효기간을 1년 미만으로 할 수 없다.

제9조 기타재가급여

법 제23조제1항제1호바목에 따른 기타재가급여는 수급자의 일상생활·신체활동 지원 및 인지기능의 유지·향상에 필요한 용구로서 보건복지부장관이 정하여 고시하는 것을 제공하거나 대여하여 주는 것을 말한다.

•복지용구 급여범위 및 급여기준 등에 관한 고시(보건복지부고시 제2019-174호, 2019. 7. 31., 일부개정)

•복지용구 품목별 제품목록 및 급여비용 등에 관한 고시(보건복지부고시 제2019-330호, 2019. 12. 31., 일부개정)

제10조 장기요양기관의 종류 및 기준

법 제23조제1항제1호 및 제2호에 따라 장기요양급여를 제공할 수 있는 장기요양기관의 종류 및 기준은 다음 각 호의 구분에 따른다.

1. 재가급여를 제공할 수 있는 장기요양기관: 「노인복지법」 제38조에 따른 재가노인복지시설로서 법 제31조에 따라 지정받은 장기요양기관
2. 시설급여를 제공할 수 있는 장기요양기관
가. 「노인복지법」 제34조제1항제1호에 따른 노인요양시설로서 법 제31조에 따라 지정받은 장기요양기관
나. 「노인복지법」 제34조제1항제2호에 따른 노인요양공동생활가정으로서 법 제31조에 따라 지정받은 장기요양기관

제11조 장기요양급여 종류별 장기요양요원의 범위

①법 제23조제2항에 따른 장기요양급여 종류별 장기요양요원의 범위는 다음 각 호와 같다.

1. 법 제23조제1항제1호가목에 따른 방문요양에 관한 업무를 수행하는 장기요양요원은 다음 각 목의 어느 하나에 해당하는 사람으로 한다.
   가. 「노인복지법」 제39조의2에 따른 요양보호사
   나. 「사회복지사업법」 제11조에 따른 사회복지사
2. 법 제23조제1항제1호나목에 따른 방문목욕에 관한 업무를 수행하는 장기요양요원은 「노인복지법」 제39조의2에 따른 요양보호사로 한다.
3. 법 제23조제1항제1호다목에 따른 방문간호에 관한 업무를 수행하는 장기요양요원은 다음 각 목의 어느 하나에 해당하는 사람으로 한다.
   가. 「의료법」 제2조에 따른 간호사로서 2년 이상의 간호업무경력이 있는 자
   나. 「의료법」 제80조에 따른 간호조무사로서 3년 이상의 간호보조업무경력이 있고, 보건복지부장관이 지정한 교육기관에서 소정의 교육을 이수한 자
   다. 「의료기사 등에 관한 법률」 제2조에 따른 치과위생사(구강위생업무를 하는 경우로 한정한다)
4. 법 제23조제1항제1호라목에 따른 주·야간보호, 같은 호 마목에 따른 단기보호 및 같은 항 제2호에 따른 시설급여에 관한 업무를 수행하는 장기요양요원은 다음 각 목의 어느 하나에 해당하는 사람으로

한다.

가. 「노인복지법」 제39조의2에 따른 요양보호사

나. 「사회복지사업법」 제11조에 따른 사회복지사

다. 「의료법」 제2조에 따른 간호사

라. 「의료법」 제80조에 따른 간호조무사

마. 「의료기사 등에 관한 법률」 제2조제2항제3호에 따른 물리치료사

바. 「의료기사 등에 관한 법률」 제2조제2항제4호에 따른 작업치료사

② 제1항제3호나목에 따른 교육기관의 지정기준 및 절차, 교육 등에 필요한 사항은 보건복지부령으로 정한다.

[판례] 헌법재판소 2017. 6. 29 자 2016헌마719 결정 【노인장기요양보험법 제35조의2 제1항 본문 등 위헌확인】[헌공 제249호]

[행정규칙] 방문간호 간호조무사 교육과정 등에 관한 고시(보건복지부 고시 제2014-29호 일부개정 발령일 2014.02.17, 시행일 2014.02.17.)

제12조 가족요양비 지급기준

① 법 제24조제1항에 따른 가족요양비의 지급금액은 재가급여의 이용수준 등을 고려하여 법 제45조에 따라 장기요양위원회의 심의를 거쳐 보건복지부장관이 정하여 고시한다.

② 법 제24조제1항제3호에서 "신체·정신 또는 성격 등 대통령령으로 정하는 사유"란 다음 각 호의 어느 하나에 해당하는 경우를 말한다.

1. 「감염병의 예방 및 관리에 관한 법률」에 따른 감염병환자로서 감염의 위험성이 있는 경우
2. 「장애인복지법」 제32조에 따라 등록한 장애인 중 같은 법 시행령 별표 1에 따른 정신장애인인 경우
3. 신체적 변형 등의 사유로 대인과의 접촉을 기피하는 경우

[행정규칙] -장기요양급여 제공기준 및 급여비용 산정방법 등에 관한 고시(보건복지부고시 제2019-309호, 2019. 12. 27., 일부개정)

-가족요양비 지급 및 의사소견서 제출 제외대상 섬·벽지지역 고시(보건복지부 고시 제2019-213호 일부개정 발령일 2019.10.01, 시행일 2019.10.01.)

■ 장애인복지법 시행령 [별표 1] <개정 2018. 12. 31.>

장애의 종류 및 기준에 따른 장애인(제2조 관련)

1. 지체장애인(肢體障碍人)
   가. 한 팔, 한 다리 또는 몸통의 기능에 영속적인 장애가 있는 사람
   나. 한 손의 엄지손가락을 지골(指骨 : 손가락 뼈) 관절 이상의 부위에서 잃은 사람 또는 한 손의 둘째 손가락을 포함한 두 개 이상의 손가락을 모두 제1지골 관절 이상의 부위에서 잃은 사람
   다. 한 다리를 가로발목뼈관절(lisfranc joint) 이상의 부위에서 잃은 사람
   라. 두 발의 발가락을 모두 잃은 사람
   마. 한 손의 엄지손가락 기능을 잃은 사람 또는 한 손의 둘째 손가락을 포함한 손가락 두 개 이상의 기능을 잃은 사람
   바. 왜소증으로 키가 심하게 작거나 척추에 현저한 변형 또는 기형이 있는 사람
   사. 지체(肢體)에 위 각 목의 어느 하나에 해당하는 장애정도 이상의 장애가 있다고 인정되는 사람
2. 뇌병변장애인(腦病變障碍人)
   뇌성마비, 외상성 뇌손상, 뇌졸중(腦卒中) 등 뇌의 기질적 병변으로 인하여 발생한 신체적 장애로 보행이나 일상생활의 동작 등에 상당한 제약을 받는 사람
3. 시각장애인(視覺障碍人)
   가. 나쁜 눈의 시력(공인된 시력표에 따라 측정된 교정시력을 말한다. 이하 같다)이 0.02 이하인 사람
   나. 좋은 눈의 시력이 0.2 이하인 사람
   다. 두 눈의 시야가 각각 주시점에서 10도 이하로 남은 사람
   라. 두 눈의 시야 2분의 1 이상을 잃은 사람
4. 청각장애인(聽覺障碍人)
   가. 두 귀의 청력 손실이 각각 60데시벨(dB) 이상인 사람
   나. 한 귀의 청력 손실이 80데시벨 이상, 다른 귀의 청력 손실이 40데시벨 이상인 사람
   다. 두 귀에 들리는 보통 말소리의 명료도가 50퍼센트 이하인 사람
   라. 평형 기능에 상당한 장애가 있는 사람
5. 언어장애인(言語障碍人)
   음성 기능이나 언어 기능에 영속적으로 상당한 장애가 있는 사람
6. 지적장애인(知的障碍人)
   정신 발육이 항구적으로 지체되어 지적 능력의 발달이 불충분하거나 불완전하고 자신의 일을 처리하는 것과 사회생활에 적응하는 것이 상

당히 곤란한 사람

7. 자폐성장애인(自閉性障碍人)

소아기 자폐증, 비전형적 자폐증에 따른 언어 · 신체표현 · 자기조절 · 사회적응 기능 및 능력의 장애로 인하여 일상생활이나 사회생활에 상당한 제약을 받아 다른 사람의 도움이 필요한 사람

8. 정신장애인(精神障碍人)

지속적인 양극성 정동장애(情動障碍, 여러 현실 상황에서 부적절한 정서 반응을 보이는 장애), 조현병, 조현정동장애(調絃情動障碍) 및 재발성 우울장애에 따른 감정조절 · 행동 · 사고 기능 및 능력의 장애로 인하여 일상생활이나 사회생활에 상당한 제약을 받아 다른 사람의 도움이 필요한 사람

9. 신장장애인(腎臟障碍人)

신장의 기능장애로 인하여 혈액투석이나 복막투석을 지속적으로 받아야 하거나 신장기능의 영속적인 장애로 인하여 일상생활에 상당한 제약을 받는 사람

10. 심장장애인(心臟障碍人)

심장의 기능부전으로 인한 호흡곤란 등의 장애로 일상생활에 상당한 제약을 받는 사람

11. 호흡기장애인(呼吸器障碍人)

폐나 기관지 등 호흡기관의 만성적 기능부전으로 인한 호흡기능의 장애로 일상생활에 상당한 제약을 받는 사람

12. 간장애인(肝障碍人)

간의 만성적 기능부전과 그에 따른 합병증 등으로 인한 간기능의 장애로 일상생활에 상당한 제약을 받는 사람

13. 안면장애인(顔面障碍人)

안면 부위의 변형이나 기형으로 사회생활에 상당한 제약을 받는 사람

14. 장루 · 요루장애인(腸瘻 · 尿瘻障碍人)

배변기능이나 배뇨기능의 장애로 인하여 장루(腸瘻) 또는 요루(尿瘻)를 시술하여 일상생활에 상당한 제약을 받는 사람

15. 뇌전증장애인(腦電症障碍人)

뇌전증에 의한 뇌신경세포의 장애로 인하여 일상생활이나 사회생활에 상당한 제약을 받아 다른 사람의 도움이 필요한 사람

제13조 장기요양급여의 제공

① 법 제27조제2항에서 "돌볼 가족이 없는 경우 등 대통령령으로 정하는 사유가 있는 경우"란 다음 각 호의 어느 하나에 해당하는 경우를 말한다.

1. 주거를 같이하는 가족이 없는 경우
2. 주거를 같이하는 가족이 미성년자 또는 65세 이상의 노인 외에는 없는 경우

② 법 제27조제2항에 따라 장기요양급여가 인정되는 범위는 재가급여 및 시설급여로 한정한다.

③ 제1항의 사유로 장기요양인정신청서를 제출한 날부터 장기요양급여를 받으려는 수급자는 증명서류를 첨부하여 공단에 신청하여야 하며, 공단은 이를 확인하고 그 결정사항을 수급자에게 지체 없이 통보하여야 한다.

④ 장기요양기관은 장기요양급여의 제공을 시작하기 전에 법 제27조제4항에 따른 장기요양급여 제공 계획서를 작성해야 한다.

⑤ 장기요양기관은 장기요양급여의 제공 중 수급자 심신의 기능상태, 수급자의 욕구 및 장기요양등급 등이 변경된 경우에는 지체 없이 이를 반영하여 장기요양급여 제공 계획서를 다시 작성하고, 수급자의 동의를 받아 그 내용을 공단에 통보해야 한다.

⑥ 제3항에 따른 장기요양급여의 신청 및 제4항에 따른 장기요양급여 제공 계획서의 작성 절차에 관한 구체적인 사항은 보건복지부령으로 정한다.

제13조의2 특별현금급여수급계좌의 신청 방법 등

① 법 제27조의2제1항 본문에 따라 특별현금급여를 수급자 명의의 지정된 계좌(이하 "특별현금급여수급계좌"라 한다)로 받으려는 사람은 보건복지부령으로 정하는 특별현금급여수급계좌 입금 신청서에 예금통장(계좌번호가 기록되어 있는 면을 말한다) 사본을 첨부하여 공단에 제출하여야 한다. 특별현금급여수급계좌를 변경하려는 경우에도 또한 같다.

② 공단은 법 제27조의2제1항 단서에 따라 다음 각 호의 어느 하나에 해당하는 경우에는 특별현금급여를 직접 현금으로 지급할 수 있다.

1. 특별현금급여수급계좌가 개설된 금융기관이 폐업, 업무정지 또는 정보통신장애 등으로 인하여 정상영업을 못하는 경우
2. 수급자가 금융기관을 쉽게 이용할 수 없는 지역에 거주하는 경우
3. 그 밖에 제1호 또는 제2호의 경우에 준하는 불가피한 사유로 특별현금급여를 특별현금급여수급계좌로 이체할 수 없는 경우

제14조 장기요양기관의 지정기준

특별자치시장·특별자치도지사·시장·군수·구청장(자치구의 구청장을 말한다. 이하 같다)은 법 제31조에 따라 장기요양기관을 지정하려면 「노인복지법」 제31조에 따른 노인복지시설 중에서 법 제31조제2항에 따른 시설 및 인력을 갖춘 시설을 지정하여야 한다.

제14조의2 장기요양기관 중 인권교육 대상 기관

법 제35조의3제1항 및 제2항에서 "대통령령으로 정하는 기관"이란 각각 제10조제1호 및 제2호에 따른 장기요양기관을 말한다.

제14조의3 장기요양요원의 보호

장기요양기관의 장은 장기요양요원이 법 제35조의4제1항 각 호의 어느 하나에 해당하여 고충의 해소를 요청하는 경우에는 해당 장기요양요원의 업무를 전환하는 등의 조치를 해야 한다. 이 경우 장기요양기관의 장은 해당 수급자 또는 수급자 가족과 상담을 실시해야 한다.

제15조 과징금 부과 기준

법 제37조의2제1항 및 제2항에 따라 과징금을 부과하는 위반행위의 종류와 위반 정도 등에 따른 과징금의 금액은 별표 2와 같다.

[판례] 【영업정지처분취소등】서울행정법원 2014. 12. 18 선고 2014구합16101 판결

[판례] 【행정처분명령취소】광주지방법원 2015. 1. 29 선고 2014구합1697 판결

과징금 부과 기준(제15조 관련)

1. 법 제37조제1항제1호의2ㆍ제2호ㆍ제3호ㆍ제3호의2ㆍ제3호의3ㆍ제3호의4ㆍ제3호의6ㆍ제3호의7ㆍ제5호ㆍ제6호(제6호의 경우 법 제37조의2제1항 단서에 따라 보건복지부령으로 정하는 경우는 제외한다)에 해당하는 경우의 과징금 부과 기준

   가. 과징금의 금액은 해당 위반행위에 대한 업무정지기간(가중 또는 감경을 한 경우에는 그에 따라 가중 또는 감경된 기간을 말하며, 업무정지 1개월은 30일로 산정한다. 이하 같다)에 다목의 업무정지 1일당 과징금 금액을 곱하여 산정한다.

   나. 가목에 따라 산정한 과징금 금액이 2억원을 넘는 경우 과징금 금액은 2억원으로 한다.

   다. 업무정지 1일당 과징금 금액은 제공하는 장기요양급여의 종류별로 장기요양기관을 다음 표와 같이 구분하여 그 장기요양기관의 연간 총 수입금액별로 정한 업무정지 1일당 과징금 금액으로 한다.

등급	연간 총 수입금액(단위: 백만원)				업무정지 1일당 과징금 금액(단위: 천원)
	법 제23조제1항제1호가목부터 다목까지에 따른 재가급여를 제공하는 장기요양기관	법 제23조제1항제1호라목 및 마목에 따른 재가급여를 제공하는 장기요양기관	법 제23조제1항제1호바목에 따른 재가급여를 제공하는 장기요양기관	법 제23조제1항제2호에 따른 시설급여를 제공하는 장기요양기관	
1	20 이하	20 이하	20 이하		55
2	20 초과 30 이하	20 초과 30 이하	20 초과 30 이하	30 이하	90
3	30 초과 40 이하	30 초과 40 이하	30 초과 40 이하	30 초과 40 이하	130
4	40 초과 50 이하	40 초과 50 이하	40 초과 50 이하	40 초과 50 이하	160
5	50 초과 60 이하	50 초과 60 이하	50 초과 60 이하	50 초과 60 이하	200
6	60 초과 70 이하	60 초과 70 이하	60 초과 70 이하	60 초과 70 이하	230
7	70 초과 80 이하	70 초과 80 이하	70 초과 80 이하	70 초과 80 이하	260

8	80 초과 90 이하	80 초과 90 이하	80 초과 90 이하	80 초과 90 이하	300
9	90 초과 100 이하	90 초과 100 이하	90 초과 100 이하	90 초과 100 이하	330
10	100 초과 120 이하	100 초과 120 이하	100 초과 120 이하	100 초과 120 이하	350
11	120 초과 140 이하	120 초과 140 이하	120 초과 140 이하	120 초과 140 이하	410
12	140 초과 160 이하	140 초과 160 이하	140 초과 160 이하	140 초과 160 이하	460
13	160 초과 180 이하	160 초과 180 이하	160 초과 180 이하	160 초과 180 이하	530
14	180 초과 200 이하	180 초과 200 이하	180 초과 200 이하	180 초과 200 이하	591
15	200 초과 300 이하	200 초과 300 이하	200 초과 300 이하	200 초과 300 이하	778
16	300 초과 400 이하	300 초과 400 이하	300 초과 400 이하	300 초과 400 이하	1,090
17	400 초과 500 이하	400 초과 500 이하	400 초과 500 이하	400 초과 500 이하	1,400
18	500 초과 600 이하	500 초과 600 이하	500 초과 600 이하	500 초과 600 이하	1,710
19	600 초과 700 이하	600 초과 700 이하	600 초과 700 이하	600 초과 700 이하	2,030
20	700 초과 800 이하	700 초과 800 이하	700 초과 800 이하	700 초과 800 이하	2,340
21	800 초과 900 이하	800 초과 900 이하	800 초과 900 이하	800 초과 900 이하	2,670
22	900 초과 1000 이하	900 초과 1000 이하	900 초과 1000 이하	900 초과 1000 이하	2,960
23	1000 초과 1200 이하	1000 초과	1000 초과 1200 이하	1000 초과 1200 이하	3,440
24	1200 초과 1400 이하		1200 초과 1400 이하	1200 초과 1400 이하	4,020
25	1400 초과 1600 이하		1400 초과 1600 이하	1400 초과 1600 이하	4,680
26	1600 초과 1800 이하		1600 초과 1800 이하	1600 초과 1800 이하	5,300
27	1800 초과 2000 이하		1800 초과 2000 이하	1800 초과 2000 이하	5,880

28	2000 초과		2000 초과	2000 초과 2200 이하	6,620
29				2200 초과 2500 이하	7,280
30				2500 초과 3000 이하	8,560
31				3000 초과	11,590

비고

1. 총 수입금액은 장기요양사업으로 해당 장기요양기관이 공단에서 지급받은 장기요양급여비용의 금액과 수급자로부터 받은 본인부담금 금액의 합계로 한다.
2. 연간 총 수입금액은 해당 장기요양기관에 대한 행정처분일이 속한 연도의 전년도 1년간의 총 수입금액으로 한다. 다만, 신규 개설, 휴업 또는 재 개설 등으로 전년도 1년간의 총 수입금액을 산출할 수 없는 경우에는 최근의 분기별, 월별 또는 일별 수입금액을 기초로 연간 총 수입금액을 산출한다.
3. 과징금 부과 대상 장기요양기관이 위 표의 구분에 따른 두 종류 이상의 장기요양급여를 제공하는 장기요양기관인 경우 먼저 그 각각의 연간 총 수입금액을 기준으로 각각의 과징금을 산정한 후, 그 각각의 과징금을 합하여 해당 과징금 부과 대상 장기요양기관에 대한 과징금의 총 금액을 산정한다.

2. 법 제37조제1항제4호에 해당하는 경우의 과징금 부과 기준

과징금의 금액은 해당 위반행위에 대한 업무정지기간별로 법 제37조제1항제4호에 따라 청구된 재가급여 및 시설급여의 비용(이하 "부당금액"이라 한다)에 다음 각 목의 구분에 따른 배율을 곱하여 산정한다.

가. 업무정지기간이 10일 이하인 경우: 총 부당금액의 2배
나. 업무정지기간이 10일 초과 30일 이하인 경우: 총 부당금액의 3배
다. 업무정지기간이 30일 초과 50일 이하인 경우: 총 부당금액의 4배
라. 업무정지기간이 50일을 초과하는 경우: 총 부당금액의 5배

제15조의2 과징금의 부과 및 납부

① 특별자치시장·특별자치도지사·시장·군수·구청장은 법 제37조의2에 따라 과징금을 부과하려면 그 위반행위의 종류와 과징금의 금액 등을 구체적으로 적어 과징금을 납부할 것을 서면으로 통지하여야 한다.

② 제1항에 따라 통지를 받은 자는 통지받은 날부터 20일 이내에 과징금을 특별자치시장·특별자치도지사·시장·군수·구청장이 정하는 수납기관에 납부하여야 한다. 다만, 천재지변이나 그 밖의 부득이한 사유로 그 기간에 과징금을 납부할 수 없을 때에는 그 사유가 없어진 날부터 7일 이내에 납부하여야 한다.

③ 제2항에 따라 과징금을 받은 수납기관은 그 납부자에게 영수증을 발급하고, 지체 없이 그 납부 사실을 특별자치시장·특별자치도지사·시장·군수·구청장에게 통지하여야 한다.

제15조의3 공표사항

법 제37조의3제1항에서 "대통령령으로 정하는 사항"이란 다음 각 호의 사항을 말한다.

1. 장기요양기관 및 장기요양급여의 종류
2. 장기요양기관의 지정일 또는 지정의 갱신일
3. 장기요양기관의 장의 성별
4. 장기요양기관의 관리책임자(장기요양기관이 「노인복지법」에 따른 노인의료복지시설인 경우에는 그 시설의 장을 말한다)의 성명

제15조의4 공표 여부의 결정, 절차 및 방법 등

① 특별자치시장·특별자치도지사·시장·군수·구청장은 법 제37조의3제1항에 따른 공표를 하려는 경우에는 같은 항에 해당하는 장기요양기관(이하 "공표대상 장기요양기관"이라 한다)에 공표대상 장기요양기관이라는 사실과 공표사항을 서면으로 통지하여야 한다. 이 경우 법 제37조의3제2항에 따른 공표심의위원회(이하 "공표심의위원회"라 한다)를 둔 경우에는 공표심의위원회의 심의를 거쳐 통지하여야 한다.

② 특별자치시장·특별자치도지사·시장·군수·구청장은 제1항에 따라 통지를 받은 공표대상 장기요양기관의 장에 대하여 법 제63조제3호에

따른 청문을 한 후 다음 각 호의 구분에 따라 법 제37조의3제1항에 따른 공표 여부를 결정한다.

1. 공표대상 장기요양기관의 장이 청문에 출석한 경우: 특별자치시장・특별자치도지사・시장・군수・구청장이 청문 결과를 고려하여 공표 여부를 결정. 다만, 제1항 후단에 따라 공표심의위원회의 심의를 거친 경우에는 청문 결과에 대하여 공표심의위원회의 재심의를 거쳐 공표 여부 결정한다.
2. 공표대상 장기요양기관의 장이 청문에 출석하지 아니한 경우: 제1항에 따라 통지한 대로 공표하기로 결정

③ 특별자치시장・특별자치도지사・시장・군수・구청장은 법 제37조의3제1항에 따라 위반사실 등을 공표하는 경우 6개월 동안 해당 특별자치시・특별자치도・시・군・구(자치구를 말한다. 이하 같다)의 홈페이지를 통하여 공표하여야 하며, 「공공기관의 정보공개에 관한 법률」 제6조에 따른 정보공개시스템이나 공단의 홈페이지에도 추가로 공표할 수 있다.

④ 특별자치시장・특별자치도지사・시장・군수・구청장은 공표대상 위반행위가 중대하거나 공표대상 위반행위를 반복한 경우 등 추가 공표가 필요하다고 인정하는 경우에는 제3항에 따른 기간 중에 같은 항에 따른 공표 외에 「신문 등의 진흥에 관한 법률」에 따른 신문 또는 「방송법」에 따른 방송에 추가로 공표할 수 있다.

⑤ 특별자치시장・특별자치도지사・시장・군수・구청장은 제3항에 따른 공표 기간 중 공표한 사항에 대하여 법 제33조에 따른 변경지정 또는 변경신고가 있는 경우에 그 변경 내용이 제3항에 따른 공표사항에 지체 없이 반영되도록 해야 한다.

⑥ 제1항부터 제5항까지에서 규정한 사항 외에 공표 절차 및 방법, 공표사항의 변경 등에 관하여 필요한 사항은 특별자치시장・특별자치도지사・시장・군수・구청장이 정한다.

제15조의5 공표심의위원회의 구성・운영 등

① 공표심의위원회는 위원장 1명을 포함하여 5명의 위원으로 구성한다.

② 공표심의위원회의 위원은 다음 각 호의 사람으로서 특별자치시장・특별자치도지사・시장・군수・구청장이 성별을 고려하여 임명 또는 위촉

하는 사람으로 한다.

1. 시민단체(「비영리민간단체 지원법」 제2조에 따른 비영리민간단체를 말한다)에서 추천하는 사람 1명
2. 변호사, 법학 전공 교수 등 법률전문가 1명
3. 노인복지나 장기요양에 관한 실무경험이 풍부한 사람 1명
4. 특별자치시·특별자치도·시·군·구 소속 4급 이상 공무원 1명
5. 관할 지역별로 공단이 그 소속 직원 중에서 추천하는 사람 1명

③ 위원장은 제2항 각 호의 위원 중에서 호선(互選)한다.

④ 제2항제4호 및 제5호의 위원이 아닌 위원의 임기는 2년으로 한다.

⑤ 공표심의위원회의 위원장은 공표심의위원회를 대표하고, 공표심의위원회의 업무를 총괄한다.

⑥ 공표심의위원회의 위원장이 부득이한 사유로 직무를 수행할 수 없을 때에는 위원장이 미리 지명하는 위원이 그 직무를 대행한다.

⑦ 공표심의위원회 회의는 재적위원 과반수의 출석으로 개의(開議)하고, 출석위원 과반수의 찬성으로 의결한다.

⑧ 회의에 출석한 위원에게는 해당 특별자치시·특별자치도·시·군·구의 조례로 정하는 바에 따라 여비 등의 실비(實費)를 지급할 수 있다. 다만, 공무원인 위원이 그 소관 업무와 직접 관련하여 출석하는 경우에는 그러하지 아니하다.

⑨ 제1항부터 제8항까지에서 규정한 사항 외에 공표심의위원회의 구성·운영 등에 필요한 사항은 해당 특별자치시·특별자치도·시·군·구의 조례로 정한다.

제15조의6 공표심의위원회 위원의 제척·기피·회피

① 공표심의위원회 위원이 다음 각 호의 어느 하나에 해당하는 경우에는 해당 안건의 심의·의결에서 제척(除斥)된다.

1. 위원 또는 그 배우자나 배우자였던 사람이 해당 안건의 당사자(당사자가 법인·단체인 경우에는 그 임원을 포함한다. 이하 같다)이거나 그 안건의 당사자와 공동권리자 또는 공동의무자인 경우
2. 위원이 해당 안건의 당사자와 친족이거나 친족이었던 경우
3. 위원이 해당 안건에 대하여 증언, 진술, 자문, 연구, 용역 또는 감정을 한 경우

4. 위원이나 위원이 속한 법인이 해당 안건의 당사자의 대리인이거나 대리인이었던 경우

② 해당 안건의 당사자는 제1항 각 호에 따른 제척 사유가 있거나 위원에게 공정한 심의·의결을 기대하기 어려운 사정이 있는 경우에는 공표심의위원회에 기피 신청을 할 수 있고, 공표심의위원회는 의결로 해당 위원의 기피 여부를 결정한다. 이 경우 기피 신청의 대상인 위원은 그 의결에 참여하지 못한다.

③ 위원이 제1항 각 호에 따른 제척 사유에 해당하는 경우에는 스스로 해당 안건의 심의·의결에서 회피(回避)하여야 한다.

제15조의7 공표심의위원회 위원의 해임 및 해촉

특별자치시장·특별자치도지사·시장·군수·구청장은 공표심의위원회 위원이 다음 각 호의 어느 하나에 해당하는 경우에는 해당 위원을 해임하거나 해촉(解囑)할 수 있다.

1. 심신장애로 인하여 직무를 수행할 수 없게 된 경우
2. 직무와 관련된 비위(非違) 사실이 있는 경우
3. 직무태만, 품위손상이나 그 밖의 사유로 인하여 위원으로 적합하지 아니하다고 인정되는 경우
4. 제15조의6제1항 각 호의 어느 하나에 해당하는 데에도 불구하고 회피하지 아니한 경우
5. 위원 스스로 직무를 수행하는 것이 곤란하다고 의사를 밝히는 경우

제16조 장기요양위원회의 심의사항

법 제45조제4호에서 "대통령령으로 정하는 주요 사항"이란 다음 각 호의 사항을 말한다.

1. 의사소견서 발급비용의 기준
2. 방문간호지시서 발급비용의 기준
3. 법 제28조에 따른 월 한도액의 결정
4. 그 밖에 장기요양급여에 관한 사항으로서 보건복지부장관이 회의에 부치는 사항

제17조 공무원 위원

법 제46조제2항제3호에서 "대통령령으로 정하는 관계 중앙행정기관의 고위공무원단 소속 공무원"이란 기획재정부 및 보건복지부의 고위공무원단 소속 공무원 중에서 각 소속기관의 장이 지명하는 자를 말한다.

제17조의2 장기요양위원회 위원의 해임 및 해촉

보건복지부장관은 법 제45조에 따른 장기요양위원회(이하 "장기요양위원회"라 한다)의 위원이 다음 각 호의 어느 하나에 해당하는 경우에는 해당 장기요양위원회 위원을 해임하거나 해촉할 수 있다.

1. 심신장애로 인하여 직무를 수행할 수 없게 된 경우
2. 직무와 관련된 비위사실이 있는 경우
3. 직무태만, 품위손상이나 그 밖의 사유로 인하여 위원으로 적합하지 아니하다고 인정되는 경우
4. 위원 스스로 직무를 수행하는 것이 곤란하다고 의사를 밝히는 경우

제18조 장기요양위원회의 운영

① 법 제46조에 따른 장기요양위원회의 위원장은 장기요양위원회를 대표하고, 위원회의 업무를 총괄한다.

② 부위원장은 위원장을 보좌하고, 위원장이 부득이한 사유로 직무를 수행할 수 없으면 그 직무를 대행한다.

③ 장기요양위원회의 회의에 출석한 위원에게는 예산의 범위에서 수당·여비, 그 밖에 필요한 경비를 지급할 수 있다. 다만, 공무원인 위원이 그 소관업무와 직접 관련되어 출석하는 경우에는 그러하지 아니하다.

④ 이 영에서 정한 것 외에 장기요양위원회의 운영에 필요한 사항은 위원회의 의결을 거쳐 위원장이 정한다.

제18조의2 장기요양요원지원센터의 업무 등

① 법 제47조의2제2항제4호에서 "대통령령으로 정하는 사항"이란 다음 각 호의 사항을 말한다.

1. 장기요양요원에 대한 취업 관련 정보의 제공 및 상담
2. 장기요양요원에 대한 사회적 인식 개선을 위한 사업

3. 그 밖에 장기요양요원의 권리 보호와 관련하여 보건복지부장관이 정하여 고시하거나 지방자치단체가 조례로 정하는 사항

② 장기요양요원지원센터는 법 제35조의4제1항 각 호의 어느 하나에 해당하는 장기요양요원의 고충을 해소하기 위하여 심리·법률·고충 분야의 전문가로 구성된 자문위원회를 둘 수 있다.

제19조 국민건강보험공단 정관의 기재사항

법 제48조제4항제4호에서 "그 밖에 대통령령으로 정하는 사항"이란 장기요양사업을 전담하는 상임이사의 수 및 장기요양사업과 관련된 조직·인사·보수·회계에 관한 사항을 말한다.

제20조 등급판정위원회의 회의 등

① 등급판정위원회의 위원장은 회의를 소집하고 그 의장이 된다.

② 등급판정위원회의 사무를 처리하기 위하여 간사 1명을 두되, 공단 소속 직원 중에서 위원장이 지명한다.

제21조 등급판정위원회의 소위원회

① 등급판정위원회는 효율적인 업무수행을 위하여 소위원회를 둘 수 있다.

② 소위원회는 등급판정위원회가 위임한 사항을 심의·처리한다.

③ 소위원회의 구성·운영에 필요한 사항은 보건복지부령으로 정한다.

제21조의2 등급판정위원회 위원의 제척·기피·회피

① 등급판정위원회 위원이 다음 각 호의 어느 하나에 해당하는 경우에는 해당 안건의 심의·의결에서 제척된다.

1. 위원 또는 그 배우자나 배우자였던 사람이 해당 안건의 당사자이거나 그 안건의 당사자와 공동권리자 또는 공동의무자인 경우
2. 위원이 해당 안건의 당사자와 친족이거나 친족이었던 경우
3. 위원이 해당 안건에 대하여 증언, 진술, 자문, 연구, 용역 또는 감정을 한 경우
4. 위원이나 위원이 속한 법인이 해당 안건의 당사자의 대리인이거나

대리인이었던 경우

② 해당 안건의 당사자는 제1항 각 호에 따른 제척 사유가 있거나 위원에게 공정한 심의·의결을 기대하기 어려운 사정이 있는 경우에는 등급판정위원회에 기피 신청을 할 수 있고, 등급판정위원회는 의결로 해당 위원의 기피 여부를 결정한다. 이 경우 기피 신청의 대상인 위원은 그 의결에 참여하지 못한다.

③ 위원이 제1항 각 호에 따른 제척 사유에 해당하는 경우에는 스스로 해당 안건의 심의·의결에서 회피하여야 한다.

제21조의3 등급판정위원회 위원의 해촉

① 공단 이사장은 등급판정위원회 위원이 다음 각 호의 어느 하나에 해당하는 경우에는 해당 위원을 해촉할 수 있다.

1. 심신장애로 인하여 직무를 수행할 수 없게 된 경우
2. 직무와 관련된 비위사실이 있는 경우
3. 직무태만, 품위손상이나 그 밖의 사유로 인하여 위원으로 적합하지 아니하다고 인정되는 경우
4. 제21조의2제1항 각 호의 어느 하나에 해당하는 데에도 불구하고 회피하지 아니한 경우
5. 위원 스스로 직무를 수행하는 것이 곤란하다고 의사를 밝히는 경우

② 법 제52조제4항 각 호 외의 부분 후단에 따라 위원을 추천한 특별자치시장·특별자치도지사·시장·군수·구청장은 해당 위원이 제1항 각 호의 어느 하나에 해당하는 경우에는 그 추천을 철회할 수 있다.

제22조 심사청구 결정기간

① 법 제55조제1항에 따라 심사청구를 받은 공단은 심사청구를 받은 날부터 60일 이내에 결정해야 한다. 다만, 부득이한 사정이 있으면 30일의 범위 안에서 결정기간을 연장할 수 있다.

② 공단은 제1항 단서에 따라 결정기간을 연장하면 지체 없이 청구인에게 그 사유와 연장기간을 통보해야 한다.

제23조 장기요양심사위원회의 구성 등

① 법 제55조제3항에 따라 공단에 두는 장기요양심사위원회(이하 "심사

위원회"라 한다)는 위원장 1명을 포함한 50명 이내의 위원으로 구성한다.

② 심사위원회의 위원장은 공단의 이사장이 장기요양사업을 담당하는 공단의 상임이사 중에서 임명하고, 위원은 다음 각 호의 어느 하나에 해당하는 자 중에서 공단의 이사장이 성별을 고려하여 임명하거나 위촉한다.

1. 「의료법」에 따른 의사·치과의사·한의사나 업무경력이 10년 이상인 간호사
2. 「사회복지사업법」에 따른 사회복지사로서 업무경력이 10년 이상인 자
3. 노인장기요양보험 업무를 담당하고 있는 공단의 임직원
4. 그 밖에 법학 및 장기요양에 관한 학식과 경험이 풍부한 자

③ 심사위원회 위원의 임기는 3년으로 하되, 한 차례만 연임할 수 있다. 다만, 공단 직원인 위원의 임기는 재임기간으로 한다.

第24조 심사위원회의 운영 등

① 심사위원회의 회의는 위원장과 위원장이 회의를 열 때마다 지정하는 6명의 위원을 포함하여 총 7명으로 구성하되, 제23조제2항 각 호의 어느 하나에 해당하는 자가 각 1명 이상 포함되어야 한다.

② 심사위원회의 회의는 재적위원 과반수의 출석으로 개의하고 출석위원 과반수의 찬성으로 의결한다.

③ 심사위원회의 사무를 처리하기 위하여 위원회에 간사 1명을 두되, 공단 소속 직원 중에서 위원장이 지명한다.

④ 이 영에서 정한 것 외에 심사위원회의 운영 등에 필요한 사항은 심사위원회의 의결을 거쳐 위원장이 정한다.

第24조의2 심사위원회 위원의 제척·기피·회피

① 심사위원회 위원이 다음 각 호의 어느 하나에 해당하는 경우에는 해당 안건의 심의·의결에서 제척된다.

1. 위원 또는 그 배우자나 배우자였던 사람이 해당 안건의 당사자이거나 그 안건의 당사자와 공동권리자 또는 공동의무자인 경우

2. 위원이 해당 안건의 당사자와 친족이거나 친족이었던 경우
3. 위원이 해당 안건에 대하여 증언, 진술, 자문, 연구, 용역 또는 감정을 한 경우
4. 위원이나 위원이 속한 법인이 해당 안건의 당사자의 대리인이거나 대리인이었던 경우

② 해당 안건의 당사자는 제1항 각 호에 따른 제척 사유가 있거나 위원에게 공정한 심의·의결을 기대하기 어려운 사정이 있는 경우에는 심사위원회에 기피 신청을 할 수 있고, 심사위원회는 의결로 해당 위원의 기피 여부를 결정한다. 이 경우 기피 신청의 대상인 위원은 그 의결에 참여하지 못한다.

③ 위원이 제1항 각 호에 따른 제척 사유에 해당하는 경우에는 스스로 해당 안건의 심의·의결에서 회피하여야 한다.

제24조의3 심사위원회 위원의 해임 및 해촉

공단 이사장은 심사위원회 위원이 다음 각 호의 어느 하나에 해당하는 경우에는 해당 위원을 해임하거나 해촉할 수 있다.

1. 심신장애로 인하여 직무를 수행할 수 없게 된 경우
2. 직무와 관련된 비위사실이 있는 경우
3. 직무태만, 품위손상이나 그 밖의 사유로 인하여 위원으로 적합하지 아니하다고 인정되는 경우
4. 제24조의2제1항 각 호의 어느 하나에 해당하는 데에도 불구하고 회피하지 아니한 경우
5. 위원 스스로 직무를 수행하는 것이 곤란하다고 의사를 밝히는 경우

제25조 장기요양재심사위원회의 구성 등

① 법 제56조제1항에 따른 장기요양재심사위원회(이하 "재심사위원회"라 한다)의 위원장은 노인장기요양보험 업무를 담당하는 보건복지부의 고위공무원단 소속 공무원 중에서 보건복지부장관이 임명한다.

② 재심사위원회의 위원은 다음 각 호의 어느 하나에 해당하는 자 중에서 보건복지부장관이 임명하거나 위촉한다.

1. 보건복지부의 4급 이상 공무원 또는 고위공무원단 소속 공무원으로

재직 중인 자
2. 판사・검사 또는 변호사의 자격이 있는 자
3. 대학에서 사회보험 또는 의료와 관련된 분야의 부교수 이상으로 재직하고 있는 자
4. 그 밖에 법학, 사회보험 또는 의료에 관한 학식과 경험이 풍부한 자

③ 재심사위원회의 위원의 임기는 3년으로 하되, 한 차례만 연임할 수 있다. 다만, 공무원인 위원의 임기는 재임기간으로 한다.

제25조의2 재심사위원회 위원의 제척・기피・회피

① 재심사위원회 위원이 다음 각 호의 어느 하나에 해당하는 경우에는 해당 안건의 심의・의결에서 제척된다.
1. 위원 또는 그 배우자나 배우자였던 사람이 안건의 당사자가 되거나 그 안건의 당사자와 공동권리자 또는 공동의무자인 경우
2. 위원이 해당 안건의 당사자와 친족이거나 친족이었던 경우
3. 위원이 해당 안건에 대하여 증언, 진술, 자문, 연구, 용역 또는 감정을 한 경우
4. 위원이나 위원이 속한 법인이 해당 안건의 당사자의 대리인이거나 대리인이었던 경우

② 당사자는 위원에게 공정한 심의・의결을 기대하기 어려운 사정이 있는 경우에는 재심사위원회에 기피 신청을 할 수 있고, 재심사위원회는 의결로 이를 결정한다. 이 경우 기피 신청의 대상인 위원은 그 의결에 참여하지 못한다.

③ 위원이 제1항 각 호에 따른 제척 사유에 해당하는 경우에는 스스로 해당 안건의 심의・의결에서 회피하여야 한다.

제25조의3 재심사위원회 위원의 해임 및 해촉

보건복지부장관은 제25조제2항 각 호에 따른 재심사위원회 위원이 다음 각 호의 어느 하나에 해당하는 경우에는 해당 재심사위원회 위원을 해임하거나 해촉할 수 있다.
1. 심신장애로 인하여 직무를 수행할 수 없게 된 경우
2. 직무와 관련된 비위사실이 있는 경우

3. 직무태만, 품위손상이나 그 밖의 사유로 인하여 위원으로 적합하지 아니하다고 인정되는 경우
4. 제25조의2제1항 각 호의 어느 하나에 해당하는 데에도 불구하고 회피하지 아니한 경우
5. 위원 스스로 직무를 수행하는 것이 곤란하다고 의사를 밝히는 경우

제26조 재심사위원회의 회의

① 재심사위원회의 위원장은 재심사위원회의 회의를 소집하고 그 의장이 된다.

② 위원장이 부득이한 사유로 직무를 수행할 수 없으면 위원장이 지명하는 위원이 그 직무를 대행한다.

③ 재심사위원회의 회의는 재적위원 과반수의 출석으로 개의하고 출석위원 과반수의 찬성으로 의결한다.

④ 재심사위원회의 사무를 처리하기 위하여 간사 1명을 두되, 보건복지부 소속 공무원 중에서 위원장이 임명한다.

⑤ 이 영에서 정한 것 외에 재심사위원회의 운영에 필요한 사항은 재심사위원회의 의결을 거쳐 위원장이 정한다.

제27조 재심사청구의 결정기간

① 법 제56조제1항에 따라 재심사청구를 받은 재심사위원회는 재심사청구를 받은 날부터 60일 이내에 결정해야 한다. 다만, 부득이한 사정이 있으면 30일의 범위 안에서 결정기간을 연장할 수 있다.

② 재심사위원회는 제1항 단서에 따라 결정기간을 연장하면 지체 없이 청구인에게 그 사유와 연장기간을 통보해야 한다.

•의료급여수급권자 지방자치단체 부담금의 지급절차 및 방법 등에 관한 규정(보건복지부고시 제2017-225호, 2017. 12. 14., 일부개정)

제28조 국가와 지방자치단체의 부담

① 법 제58조제2항에 따른 의료급여수급권자에 대한 국가와 지방자치단체의 비용 부담은 다음 각 호의 기준에 따른다.

1. 삭제

1의2. 「의료급여법」 제3조제1항제1호에 따른 의료급여를 받는 사람

에 대한 비용: 지방자치단체가 부담한다.

2. 「의료급여법」 제3조제1항제1호 외의 규정에 따른 의료급여를 받는 사람에 대한 비용: 다음 각 목의 구분에 따라 부담한다.

가. 국가 부담분: 「보조금 관리에 관한 법률 시행령」 별표 1의 기초생활보장수급자 의료급여 기준보조율에 따른 금액

나. 지방자치단체 부담분: 가목에 따른 국가 부담분 외의 금액

② 특별시장·광역시장·특별자치시장·도지사·특별자치도지사는 제1항에 따른 비용을 부담하기 위하여 보건복지부장관이 정하는 추정 급여비용을 공단에 지급하여야 한다.

③ 제2항에 따른 추정 급여비용의 지급절차 및 방법 등은 보건복지부장관이 정하여 고시한다.

■ 보조금 관리에 관한 법률 시행령 [별표 1] <개정 2019. 12. 24.>

보조금 지급 대상 사업의 범위와 기준보조율(제4조제1항 본문 관련)

사업	기준보조율(%)	비고
1. 일반여권 발급	100	
2. 119구조장비 확충	50	
3. 민방위 교육훈련 및 시설·장비 확충	30	
4. 재해 위험지역 정비	50	
5. 삭제 <2019. 12. 24.>		
6. 삭제 <2019. 12. 24.>		
7. 배수 개선	100	
8. 방조제 개·보수		
가. 국가관리	100	
나. 지방관리	50	
9. 가뭄대비 농업용수 개발	80	
10. 토양개량사업	70	
11. 가축분뇨처리시설 지원		
가. 정착촌 구조개선	50	
나. 개별시설	20	
다. 공동자원화시설 퇴비화(堆肥化)·액비화(液肥化) 시설	40	
라. 공동자원화시설(에너지화시설)	50	
12. 삭제 <2019. 12. 24.>		
13. 연근해어선 감척(減隻)	연안: 80 근해: 100	
14. 농기계임대사업	50	
15. 농업소득보전고정직접지불	100	
16. 유기질비료 지원	정액	
17. 농어업인 영유아 양육비 지원	50	
18. 소규모 바다목장	50	
19. 농가경영안정 재해 대책비(공공시설)	국가관리: 100 지방관리: 50 한국농어촌공사관리: 70	

20. 풋거름 작물 종자대금	50	
21. 친환경농업기반 구축 가. 친환경농업지구 조성 나. 광역친환경 농업단지 조성	 30 계속: 40 신규: 30	
22. 광역클러스터 활성화	50	
23. 농산물유통 개선	40	
24. 공단폐수종말처리시설	수도권: 50 그 밖의 지역: 70	수도권(「수도권정비계획법」 제2조제1호에 따른 수도권을 말한다)은 수익자부담 50%
25. 농공단지폐수종말처리시설	일반: 50 추가: 70 우선: 100	「산업입지 및 개발에 관한 법률 시행령」 제3조제2항제1호에 따른 농어촌지역의 구분에 따라 지원
26. 폐기물 처리시설	서울특별시: 30 광역시: 40 시ㆍ군 및 도서지역: 50	서울특별시ㆍ광역시는 공동시설만 지원하고, 시ㆍ군의 단독시설 및 도서지역의 매립시설은 30퍼센트 지원
27. 삭제 <2016.4.28.>		
28. 상수도시설 확충 및 관리	70	
29. 농어촌폐기물 종합처리시설	정액	
30. 비위생매립지 정비	50	
31. 하수처리장 확충 가. 광역시 나. 광역시(총인처리시설) 다. 시지역(읍 이상) 라. 군지역(면 이하) 마. 주한미군공여구역, 방폐장 주변지역	 10 50 50 70 80	
32. 분뇨처리시설 확충	50	
33. 농어촌마을 하수도 정비	70	
34. 하수처리수 재이용사업	광역시: 30 도청소재지: 50 일반 시ㆍ군: 70	
35. 가축분뇨공공처리시설 설치		

가. 광역시	60	
나. 광역시(군지역)	80	
다. 시 · 군 · 구	80	
라. 지역단위 통합관리 센터(전지역)	70	
36. 국가지원 지방도 건설	정액	공사비만 해당(용지보상비 제외)
37. 삭제 <2018. 12. 18.>		
38. 경전철 건설	정액	
39. 항만배후도로 건설	정액	
40. 해양 및 수자원 관리	50	내역사업 중 연안보전사업은 보조율 70%
41. 삭제 <2019. 12. 24.>		
42. 지역거점 조성 지원	100	내역사업 중 혁신도시 비즈니스센터 지원사업은 보조율 50%
43. 화물자동차 휴게소 건설 지원	30	
44. 삭제 <2019. 12. 24.>		
45. 해양보호구역 관리	70	
46. 도시철도 건설	서울: 40 지방: 60	민간투자 경량전철건설사업은 제외
47. 산림병해충 방제		
가. 약제대금	100	
나. 기타	50	
48. 산불방지 시설 · 장비 확충 및 운영	40	
49. 조림사업(造林事業)		
가. 장기수(長期樹)	60	
나. 큰나무	50	
50. 숲 가꾸기	50	
51. 사방사업	70	
52. 산림휴양 · 녹색공간 조성	50	
53. 임산물(林産物) 유통구조 개선	50	
54. 임산물 생산기반 정비	20	
55. 삭제 <2019. 12. 24.>		
56. 임도시설	70	
57. 산림서비스 증진	50	
58. 농업전문인력 양성교육	50	
59. 시 · 군농업기술센터 육성 · 운	50	

영 및 시설장비 보강		
60. 원원종(原原種) 및 원종 생산	100	
61. 지역농촌지도사업 활성화	50	
62. 지역전략작목 산학연 협력사	100	
업	50	
63. 지역농업특성화기술 지원		
64. 문화시설 확충 및 운영	40	용지매입비 제외 농어촌 공공도서관 건립사업은 보조율 80%
65. 관광자원 개발	50	용지매입비 제외
66. 전국체육대회 운영	50	
67. 국제경기대회(동계대회 포함) 지원		
가. 도로(동계)	50(70)	
나. 경기장	30	
68. 체육진흥시설 지원	30	용지매입비 제외
69. 전국체전시설 지원	30	용지매입비 제외
70. 삭제 <2019. 12. 24.>		
71. 지역문화산업 육성 지원	50	
72. 삭제 <2019. 12. 24.>		
73. 국가지정문화재 보수 · 정비	70	
74. 지방의료원 기능 강화	50	
75. 선천성대사이상검사 및 소아환자 관리	서울: 30 지방: 50	
76. 한센환자 보호시설 운영	서울: 50 지방: 70	
	50	
77. 한센양로자 지원	서울: 30	
78. 국가예방접종 실시	지방: 50	
79. 방과 후 돌봄서비스	서울: 30 지방: 50	
80. 기초생활보장수급자 생계급여	서울: 50 지방: 80	해당 회계연도의 전전년도 최종예산에서 가. 사회복지비 지수가 25 이상이면서 재정자주도가 80 미만인 기초자치단체는 10%p 인상 나. 사회복지비 지수가 20 미만

		이면서 재정자주도가 85 이상인 기초자치단체는 10%p 인하
81. 기초생활보장수급자 주거급여	서울: 50 지방: 80	해당 회계연도의 전전년도 최종예산에서 가. 사회복지비 지수가 25 이상이면서 재정자주도가 80 미만인 기초자치단체는 10%p 인상 나. 사회복지비 지수가 20 미만이면서 재정자주도가 85 이상인 기초자치단체는 10%p 인하
82. 기초생활보장수급자 자활급여	서울: 50 지방: 80	해당 회계연도의 전전년도 최종예산에서 가. 사회복지비 지수가 25 이상이면서 재정자주도가 80 미만인 기초자치단체는 10%p 인상 나. 사회복지비 지수가 20 미만이면서 재정자주도가 85 이상인 기초자치단체는 10%p 인하
83. 기초생활보장수급자 해산급여 · 장제급여	서울: 50 지방: 80	해당 회계연도의 전전년도 최종예산에서 가. 사회복지비 지수가 25 이상이면서 재정자주도가 80 미만인 기초자치단체는 10%p 인상 나. 사회복지비 지수가 20 미만이면서 재정자주도가 85 이상인 기초자치단체는 10%p 인하
84. 기초생활보장수급자 교육급여	서울: 50 지방: 80	해당 회계연도의 전전년도 최종예산에서 가. 사회복지비 지수가 25 이상이면서 재정자주도가 80 미만인 기초자치단체는 10%p

		인상 나. 사회복지비 지수가 20 미만이면서 재정자주도가 85 이상인 기초자치단체는 10%p 인하
85. 기초생활보장수급자 의료급여	서울: 50 지방: 80	
86. 노숙인재활시설 및 노숙인요양시설 운영	서울: 50 지방: 70	
87. 장애인 의료비, 장애인 자녀 학비 지원	서울: 50 지방: 80	
88. 장애수당 · 장애아동수당	서울: 50 지방: 70	
89. 영유아보육료 및 가정양육수당 지원	서울: 35 지방: 65	해당 회계연도의 전전년도 최종예산에서 가. 사회복지비 지수가 25 이상이면서 재정자주도가 80 미만인 기초자치단체는 10%p 인상 나. 사회복지비 지수가 20 미만이면서 재정자주도가 85 이상인 기초자치단체는 10%p 인하
90. 저소득 한부모가족 지원	서울: 50 지방: 80	
91. 사회복지보장시설 및 장비 지원	50	재가노인복지시설 개수 · 보수 제외
92. 어린이집 기능 보강	50	용지매입비 제외 「국민기초생활 보장법」에 따른 보장시설의 신축 · 증축 · 개축만 해당(용지매입비 제외)
93. 화장시설 · 봉안시설 · 자연장지 · 화장로	70	용지매입비 제외 화장로 개수 · 보수는 50%
94. 긴급복지지원	서울: 50 지방: 80	
95. 보육돌봄서비스, 육아 종합지원서비스 제공, 어린이집 교원양성 지원, 어린이집 지원 및 공공형어린이집	서울: 20 지방: 50	해당 회계연도의 전전년도 최종예산에서 가. 사회복지비 지수가 25 이상이면서 재정자주도가 80 미

		만인 기초자치단체는 10%p 인상 나. 사회복지비 지수가 20 미만이면서 재정자주도가 85 이상인 기초자치단체는 10%p 인하
96. 아동통합서비스 지원·운영	서울: 50 지방: 80	
97. 장애인활동 지원	서울: 50 지방: 70	
98. 장애인연금	서울: 50 지방: 70	
99. 지역자율형사회서비스 투자사업	서울: 50 지방: 70 성장촉진지역: 80	
100. 농어촌보건소 등 이전·신축	사업비의 3분의2	
101. 농어민 지역실업자 직업훈련	80	
102. 사회적기업 육성	75	내역사업 중 사업개발비지원사업은 70%
103. 지방과학문화시설 확충사업	50	
104. 가족관계등록사무	100	
105. 위험도로구조 개선	50	
106. 교통사고 잦은 곳 개선	50	회전교차로 설치 시범사업은 정액 지원
107. 어린이 보호구역 개선	50	
108. 안전한 보행환경 조성	50	
109. 수산식품산업거점단지 조성	50	
110. 삭제 <2019. 12. 24.>		
111. 경제자유구역 기반시설	50	
112. 하수관로 정비	광역시: 30 도청 소재지: 50 시·군: 70	가. 개량(교체·보수)의 경우 광역시는 20%, 도청 소재지는 30%, 시·군은 50% 나. 특별자치시와 특별자치도는 도청 소재지의 기준보조율에 따른다.
113. 비점오염저감사업	일반: 50	

	비점오염원관리지역: 70	
114. 우수저류시설 설치	50	
115. 장애유형별 거주시설 운영	서울 50 지방 70	
116. 중증장애인 거주시설 운영	서울 50 지방 70	
117. 장애영유아 거주시설 운영	서울 50 지방 70	
118. 양로시설 운영	서울 50 지방 70	
119. 정신요양시설 운영	서울 50 지방 70	
120. 아동보호전문기관 설치 및 운영	50	
121. 학대아동보호쉼터 설치 및 운영	40	
122. 그 밖에 국가와 지방자치단체 상호 간에 이해관계가 있고 보조금의 교부가 필요한 사업	사업 수행의 근거 법령·성격에 따라 정률(100%, 80%, 70%, 50%, 40%, 30%, 20%) 또는 정액 보조	기획재정부장관이 수립한 예산안 편성지침에 대상사업 명칭과 기준보조율을 분명하게 밝히거나 매년 예산으로 정한다.

第28조의2 민감정보 및 고유식별정보의 처리

국가(법 제64조에 따라 준용되는 「국민건강보험법」 제111조에 따라 보건복지부장관의 권한을 위임·위탁받은 자를 포함한다), 지방자치단체의 장(해당 권한이 위임·위탁된 경우에는 그 권한을 위임·위탁받은 자를 포함한다) 또는 공단(법 제64조에 따라 준용되는 「국민건강보험법」 제112조에 따라 공단의 업무를 위탁받은 자를 포함한다)은 다음 각 호의 사무를 수행하기 위하여 불가피한 경우 「개인정보 보호법」 제23조에 따른 건강에 관한 정보, 같은 법 시행령 제18조제2호에 따른 범죄경력자료에 해당하는 정보, 같은 영 제19조에 따른 주민등록번호 또는 외국인등록번호가 포함된 자료를 처리할 수 있다.

1. 법 제4조에 따른 노인성질환예방사업에 관한 사무
1의2. 법 제13조 및 제20조부터 제22조까지에 따른 장기요양인정의 신청 등에 관한 사무
1의3. 법 제23조 및 제27조에 따른 장기요양급여의 제공에 관한 사무
1의4. 법 제24조에 따른 가족요양비 지급에 관한 사무
2. 법 제31조에 따른 장기요양기관의 지정에 관한 사무
3. 법 제32조의4에 따른 장기요양기관 지정의 갱신에 관한 사무
4. 법 제33조에 따른 장기요양기관의 변경 신고에 관한 사무
4의2. 법 제35조제3항에 따른 장기요양기관의 장의 장기요양급여비용에 대한 명세서 교부 등에 관한 사무
5. 법 제36조에 따른 장기요양기관의 폐업·휴업 신고 등에 관한 사무
6. 법 제37조에 따른 장기요양기관의 지정취소 등 행정처분에 관한 사무
6의2. 법 제37조의2에 따른 과징금의 부과 등에 관한 사무
6의3. 법 제37조의3에 따른 위반사실 등의 공표에 관한 사무
6의4. 법 제37조의4에 따른 행정제재처분 효과의 승계에 관한 사무
6의5. 법 제37조의5에 따른 장기요양급여 제공의 제한에 관한 사무
6의6. 법 제38조에 따른 재가 및 시설 급여비용의 청구 및 지급에 관한 사무
6의7. 법 제42조에 따른 방문간호지시서 발급비용의 산정 등에 관한 사무
7. 법 제48조제2항에 따른 공단의 업무에 관한 사무
8. 법 제55조에 따른 심사청구에 관한 사무
9. 법 제56조에 따른 재심사청구에 관한 사무
10. 법 제57조에 따른 행정소송에 관한 사무
11. 법 제61조에 따른 보고 및 검사 등에 관한 사무
12. 법 제63조에 따른 청문에 관한 사무
13. 법 제64조에 따라 준용되는 「국민건강보험법」 제104조에 따른 포상금 지급에 관한 사무

14. 제11조제1항제3호나목에 따른 교육기관의 지정에 관한 사무

제28조의3 규제의 재검토

보건복지부장관은 제8조에 따른 장기요양인정 유효기간에 대하여 2014년 1월 1일을 기준으로 3년마다(매 3년이 되는 해의 1월 1일 전까지를 말한다) 그 타당성을 검토하여 개선 등의 조치를 하여야 한다.

제29조 과태료의 부과기준

법 제69조에 따른 과태료의 부과기준은 별표 3과 같다.

■ 노인장기요양보험법 시행령 [별표 3] <개정 2019. 6. 11.>

[시행일 : 2019. 6. 11.] 제2호카목
[시행일 : 2019. 6. 12.] 제2호마목
[시행일 : 2019. 12. 12.] 제2호

과태료의 부과기준(제29조 관련)

1. 일반기준

가. 위반행위의 횟수에 따른 과태료의 부과기준은 최근 1년간 동일한 위반행위로 과태료 부과처분을 받은 경우에 적용한다. 이 경우 위반행위에 대하여 과태료 부과처분을 한 날과 그 부과처분 이후에 다시 같은 위반행위를 하여 적발된 날을 기준으로 하여 위반횟수를 계산한다.

나. 가목에 따라 가중된 부과처분을 하는 경우 가중처분의 적용 차수는 그 위반행위 전 부과처분 차수(가목에 따른 기간 내에 과태료 부과처분이 둘 이상 있었던 경우에는 높은 차수를 말한다)의 다음 차수로 한다.

다. 위반행위가 둘 이상인 경우에는 각 위반행위에 따른 제2호의 과태료 금액을 합산하여 부과한다. 다만, 합산하는 경우에도 법 제69조에 따른 과태료 금액의 상한을 넘을 수 없다.

라. 특별자치시장·특별자치도지사·시장·군수·구청장은 다음의 어느 하나에 해당하는 경우에는 제2호에 따른 과태료 금액의 2분의 1 범위에서 그 금액을 줄일 수 있다. 다만, 과태료를 체납하고 있는 위반행위자에 대해서는 그렇지 않다.

1) 위반행위자가 「질서위반행위규제법 시행령」 제2조의2제1항 각 호의 어느 하나에 해당하는 경우

2) 위반행위자가 자연재해·화재 등으로 재산에 현저한 손실이 발생하거나 사업여건의 악화로 사업이 중대한 위기에 처하는 등의 사정이 인정되는 경우

3) 그 밖에 위반행위의 정도, 위반행위의 동기와 그 결과 등을 고려하여 줄일 필요가 있다고 인정되는 경우

마. 특별자치시장·특별자치도지사·시장·군수·구청장은 다음의 어느 하나에 해당하는 경우에는 제2호에 따른 과태료 금액의 2분의 1 범위에서 그 금액을 늘릴 수 있다. 다만, 늘리는 경우에도 법 제69조에 따른 과태료 금액의 상한을 넘을 수 없다.

1) 위반행위가 고의나 중대한 과실로 인한 것으로 인정되는 경우

2) 법 위반상태인 기간이 6개월 이상인 경우

3) 그 밖에 위반행위의 정도, 위반행위의 동기와 그 결과 등을 고려하

여 늘릴 필요가 있다고 인정되는 경우

2. 개별기준

(단위: 만원)

위반행위	근거 법조문	과태료 금액		
		1차 위반	2차 위반	3차 이상 위반
가. 법 제33조를 위반하여 신고하지 않거나 거짓이나 그 밖의 부정한 방법으로 신고한 경우	법 제69조제1항제2호	50	100	200
나. 법 제34조를 위반하여 장기요양기관에 관한 정보를 게시하지 않거나 거짓으로 게시한 경우	법 제69조제1항제2호의2	50	100	200
다. 법 제35조제3항을 위반하여 수급자에게 장기요양급여비용에 대한 명세서를 교부하지 않거나 거짓으로 교부한 경우	법 제69조제1항제2호의3	50	100	200
라. 법 제35조제4항을 위반하여 장기요양급여 제공 자료를 기록·관리하지 않거나 거짓으로 작성한 경우	법 제69조제1항제3호	50	100	200
마. 법 제35조의4제2항 각 호의 어느 하나를 위반한 경우	법 제69조제1항제3호의2	100	200	300
바. 법 제36조제1항 또는 제5항을 위반하여 폐업·휴업 신고 또는 자료이관을 하지 않거나 거짓이나 그 밖의 부정한 방법으로 신고한 경우	법 제69조제1항제4호	50	100	200
사. 법 제37조의4제4항을 위반하여 행정제재처분을 받았거나 그 절차가 진행 중인 사실	법 제69조제1항제4호의2	500		

을 양수인등에게 지체 없이 알리지 않은 경우				
아. 거짓이나 그 밖의 부정한 방법으로 수급자에게 장기요양급여비용을 부담하게 한 경우	법 제69조제1항제6호	100	200	300
자. 법 제60조 또는 법 제61조에 따른 보고 또는 자료제출 요구·명령에 따르지 않거나 거짓으로 보고 또는 자료제출을 한 경우나 질문 또는 검사를 거부·방해 또는 기피하거나 거짓으로 답변한 경우	법 제69조제1항제7호			
1) 법 제60조에 따른 자료제출 요구에 따르지 않거나 거짓으로 자료제출을 한 경우		100	200	300
2) 법 제61조제1항·제2항에 따른 보고 또는 자료제출 명령에 따르지 않거나 거짓으로 보고 또는 자료제출을 한 경우나 질문 또는 검사를 거부·방해 또는 기피하거나 거짓으로 답변한 경우		150	300	500
차. 거짓이나 그 밖의 부정한 방법으로 장기요양급여비용 청구에 가담한 경우	법 제69조제1항제8호	100	200	300
카. 법 제62조의2를 위반하여 노인장기요양보험 또는 이와 유사한 용어를 사용한 경우	법 제69조제1항제9호	50	100	200

[판례] 【행정처분명령취소】광주지방법원 2015. 1. 29 선고 2014구합1697 판결

■ 노인장기요양보험법 시행령 [별표 1] <개정 2016. 11. 8.>

노인성 질병의 종류(제2조 관련)

구분	질병명	질병코드
한국표준질병·사인분류	가. 알츠하이머병에서의 치매	F00*
	나. 혈관성 치매	F01
	다. 달리 분류된 기타 질환에서의 치매	F02*
	라. 상세불명의 치매	F03
	마. 알츠하이머병	G30
	바. 지주막하출혈	I60
	사. 뇌내출혈	I61
	아. 기타 비외상성 두개내출혈	I62
	자. 뇌경색증	I63
	차. 출혈 또는 경색증으로 명시되지 않은 뇌졸중	I64
	카. 뇌경색증을 유발하지 않은 뇌전동맥의 폐쇄 및 협착	I65
	타. 뇌경색증을 유발하지 않은 대뇌동맥의 폐쇄 및 협착	I66
	파. 기타 뇌혈관질환	I67
	하. 달리 분류된 질환에서의 뇌혈관장애	I68*
	거. 뇌혈관질환의 후유증	I69
	너. 파킨슨병	G20
	더. 이차성 파킨슨증	G21
	러. 달리 분류된 질환에서의 파킨슨증	G22*
	머. 기저핵의 기타 퇴행성 질환	G23
	버. 중풍후유증	U23.4
	서. 진전(震顫)	R25.1

// 비고
1. 질병명 및 질병코드는 「통계법」 제22조에 따라 고시된 한국표준질병·사인분류에 따른다.
2. 진전은 보건복지부장관이 정하여 고시하는 범위로 한다.

노인장기요양보험법 시행규칙

[시행 2019. 12. 20] [보건복지부령 제691호, 2019. 12. 20, 타법개정]

보건복지부(요양보험제도과 -법, 제도개선) 044-202-3497

제1조 목적

이 규칙은 「노인장기요양보험법」 및 같은 법 시행령에서 위임된 사항과 그 시행에 필요한 사항을 규정함을 목적으로 한다.

제1조의2 외국인의 장기요양보험가입 제외절차 등

① 「노인장기요양보험법」(이하 "법"이라 한다) 제7조제4항에 따라 장기요양보험가입 제외를 신청하려는 외국인은 별지 제1호서식의 외국인근로자 장기요양보험 가입제외 신청서를 「국민건강보험법」에 따른 국민건강보험공단(이하 "공단"이라 한다)에 제출하여야 한다.

② 제1항에 따른 신청을 받은 공단은 「전자정부법」 제36조제2항에 따른 행정정보의 공동이용을 통하여 외국인등록사실증명을 확인하여야 한다. 다만, 신청인이 확인에 동의하지 아니하거나 확인이 불가능한 경우에는 외국인등록증 등 관련 서류를 첨부하도록 하여야 한다.

③ 제1항에 따라 신청한 외국인은 그 신청일에 장기요양보험가입자에서 제외되는 것으로 한다. 다만, 「국민건강보험법」에 따른 직장가입자 자격취득 신고일부터 14일 이내에 신청한 경우에는 그 자격취득일에 제외되는 것으로 한다.

제2조 장기요양인정 신청 및 의사소견서 제출

① 법 제13조제1항에 따라 장기요양인정을 신청하려는 자(이하 "신청인"이라 한다)는 별지 제1호의2서식의 장기요양인정신청서에 별지 제2호서식에 따른 의사 또는 한의사의 소견서를 첨부하여 제출하여야 한다.

② 제1항에도 불구하고 신청인은 법 제13조제1항 단서에 따라 의사 또는 한의사의 소견서(이하 "의사소견서"라 한다)를 공단이 법 제15조제1항

에 따라 장기요양등급판정위원회에 자료를 제출하기 전까지 제출할 수 있다. 다만, 신청인이 65세 미만인 자로서 신청시에 의사소견서를 제출하지 아니하는 경우에는 「노인장기요양보험법 시행령」(이하 "영"이라 한다) 제2조에 따른 노인성 질병(이하 "노인성 질병"이라 한다)을 확인할 수 있는 진단서 등의 증명서류를 장기요양인정신청서에 첨부하여야 한다.

③ 제1항과 제2항에 따른 신청서를 제출받은 공단은 신청인이 신청자격을 갖추었는지를 확인하고, 법 제14조제1항에 따라 조사를 한 후 신청인이 신청시에 의사소견서를 첨부하지 아니한 경우에는 다음 각 호의 구분에 따라 필요한 조치를 하여야 한다.

1. 영 제6조 각 호의 어느 하나에 해당하는 자 : 의사소견서를 제출하지 아니하여도 됨을 신청인에게 통보하여야 한다.
2. 제1호에 해당하지 아니하는 자
   가. 최초로 장기요양인정을 신청하는 자나 법 제20조에 따라 장기요양인정의 갱신신청을 하는 자 : 별지 제3호서식의 의사소견서 발급의뢰서를 신청인에게 발부하여야 한다.
   나. 가목에 해당하지 아니하는 자 : 의사소견서 발급비용을 전액 본인이 부담하여야 함을 통보하여야 한다.

④ 제3항제2호가목에 따라 의사소견서 발급의뢰서를 받은 자는 그 발급의뢰서를 의료기관(「지역보건법」에 따른 보건소·보건의료원 및 보건지소를 포함한다. 이하 같다)에 제출하고, 의사소견서를 의료기관으로부터 발급받아 공단에 제출하여야 한다.

제3조 의사소견서 제출 제외자

영 제6조제1호에 따라 공단의 조사 결과 영 제7조제1항에 따른 장기요양 1등급 또는 장기요양 2등급을 받을 것으로 예상되는 자로서 보건복지부장관이 정하여 고시하는 거동불편자에 해당하는 자는 의사소견서를 제출하지 아니할 수 있다.

•거동불편자에 해당하는 자(보건복지부고시 제2016-166호, 2016. 8. 30., 일부개정)

제4조 의사소견서 발급비용 등

① 법 제13조제3항에 따른 의사소견서의 발급비용은 의료기관의 종류에 따라 보건복지부장관이 정하여 고시하는 금액으로 한다.

② 신청인이 제2조제4항에 따라 발급의뢰서를 통하여 의사소견서를 발급받는 경우 그 발급비용은 다음 각 호와 같이 부담한다.

1. 65세 이상의 노인이나 65세 미만의 자로서 노인성 질병을 가진 자 : 100분의 20은 본인이, 100분의 80은 공단이 부담한다.
2. 「의료급여법」 제3조제1항제1호에 따른 의료급여를 받는 사람: 지방자치단체가 부담한다.
3. 「의료급여법」 제3조제1항제1호 외의 규정에 따른 의료급여를 받는 사람: 100분의 10은 본인이, 100분의 90은 국가와 지방자치단체가 각각 부담한다.
4. 소득・재산 등이 보건복지부장관이 고시하는 일정 금액 이하인 자와 제34조에 따른 생계곤란자 : 100분의 10은 본인이, 100분의 90은 공단이 부담한다.

③ 신청인이 제2조제4항의 절차에 의하지 아니하고 의사소견서를 발급받은 경우 그 발급비용은 전액 본인이 부담한다. 다만, 신청인이 다음 각 호의 어느 하나에 해당하는 경우에는 제2항 각 호에 따라 본인이 부담하는 금액을 제외한 나머지 금액을 공단에 청구할 수 있다.

1. 장기요양급여를 받을 자(이하 "수급자"라 한다)로 결정되거나 장기요양등급이 변경된 경우
2. 최초로 장기요양인정을 신청하거나 법 제20조에 따라 장기요양인정의 갱신을 신청한 경우

④ 제2조제4항에 따라 의사소견서를 발급한 자는 제1항의 의사소견서 발급비용 중 본인 부담 비용을 제외한 나머지 비용을 별지 제4호서식의 의사소견서 발급비용 청구서에 따라 공단에 청구하여야 하며, 공단은 청구를 받은 날부터 30일 이내에 이를 심사한 후 지체 없이 그 비용을 지급하여야 한다.

•장기요양 본인부담금 감경에 관한 고시(보건복지부고시 제2019-292호, 2019. 12. 24., 일부개정)

•장기요양급여 제공기준 및 급여비용 산정방법 등에 관한 고시(보건복지부고시 제2019-309호, 2019. 12. 27., 일부개정)

第5조 장기요양인정 신청의 조사

법 제14조에 따라 장기요양인정 신청내용을 조사하는 공단의 직원은 별지 제5호서식의 장기요양인정조사표에 따라 조사결과서를 작성하여야 한다.

第6조 장기요양인정서 및 표준장기요양이용계획서

① 법 제17조제1항제3호에서 "그 밖에 장기요양급여에 관한 사항으로서 보건복지부령으로 정하는 사항"이란 다음 각 호의 사항을 말한다.

1. 장기요양인정의 유효기간
2. 법 제15조제1항에 따른 장기요양등급판정위원회(이하 "등급판정위원회"라 한다)의 의견
3. 법 제27조의2에 따른 특별현금급여수급계좌의 이용에 관한 사항

② 법 제17조제1항에 따른 장기요양인정서(이하 "장기요양인정서"라 한다)는 별지 제6호서식에 따르고, 같은 조 제3항에 따른 표준장기요양이용계획서(이하 "표준장기요양이용계획서")는 별지 제7호서식에 따른다.

③ 공단은 표준장기요양이용계획서를 작성할 때에는 다음 각 호의 사항을 고려해야 한다.

1. 수급자의 심신 기능상태
2. 수급자와 그 가족의 욕구 및 선택
3. 수급자의 생활환경 및 자립적 일상생활 수행

④ 공단은 제3항 각 호의 사항이 변경되어 표준장기요양이용계획서의 변경이 필요한 경우에는 이를 반영하여 재작성할 수 있다.

第7조 장기요양인정의 유효기간 산정방법

법 제19조제2항에 따라 장기요양인정의 유효기간은 장기요양인정서가 수급자에게 도달한 날부터 산정한다. 다만, 법 제27조제2항에 해당하는 수급자의 경우에는 장기요양인정신청서 제출일부터 산정한다.

第8조 장기요양인정 갱신절차

① 법 제20조제1항에 따라 장기요양인정의 갱신을 신청하려는 수급자는

장기요양인정의 유효기간이 끝나기 90일 전부터 30일 전까지의 기간에 별지 제1호의2서식의 장기요양인정 갱신신청서에 의사소견서를 첨부하여 공단에 제출하여야 한다.

② 제1항에도 불구하고 공단이 법 제48조제2항 각 호의 업무 수행 과정에서 해당 수급자의 갱신 의사를 확인한 경우에는 장기요양인정의 갱신을 신청한 것으로 본다. 이 경우 수급자는 의사소견서를 공단에 제출하여야 한다.

③ 제1항 및 제2항에 따라 장기요양인정의 갱신을 신청한 수급자가 장기요양인정의 갱신 횟수, 갱신 신청 당시의 장기요양등급, 치매 또는 뇌혈관성 질환 등의 질병 보유 여부 등을 고려할 때 심신상태가 일시에 호전되기 어렵다고 판단되는 경우로서 보건복지부장관이 정하여 고시하는 기준을 충족하는 때에는 법 제20조제3항에 따라 준용되는 법 제14조에 따른 조사를 한 것으로 본다. 다만, 수급자가 해당 조사를 할 것을 요청하는 경우에는 그러하지 아니하다.

•장기요양등급판정기준에 관한 고시(보건복지부고시 제2018-146호, 2018. 7. 23., 일부개정)

제9조 장기요양등급 등의 변경절차

법 제21조제1항에 따라 장기요양등급, 장기요양급여의 종류 또는 내용의 변경(장기요양급여의 종류를 가족요양비로 변경하는 경우는 제외한다)을 신청하려는 자는 별지 제1호의2서식의 변경신청서를 공단에 제출하여야 한다. 이 경우 장기요양등급의 변경을 신청하려는 때에는 의사소견서를 첨부하여 제출하여야 한다.

제10조 장기요양인정 신청 등에 대한 대리

법 제22조에 따라 장기요양급여를 받으려는 사람 또는 수급자를 대리하여 장기요양인정 신청 등을 하려는 사람은 다음 각 호의 구분에 따라 대리인임을 증명하는 신분증 및 서류를 제시하거나 제출해야 한다.

1. 본인의 가족이나 친족 또는 이해관계인: 대리인의 신분증
2. 사회복지전담공무원: 공무원임을 증명하는 신분증
3. 치매안심센터의 장(장기요양급여를 받으려는 사람 또는 수급자가 「치

매관리법」 제2조제2호에 따른 치매환자인 경우로 한정한다): 대리인의 신분증 및 치매안심센터의 장임을 증명하는 서류

4. 특별자치시장·특별자치도지사·시장·군수·구청장(자치구의 구청장을 말한다. 이하 같다)이 지정한 자: 별지 제9호서식의 대리인 지정서

제11조 단기보호 급여기간

① 법 제23조제1항제1호마목에 따른 단기보호 급여를 받을 수 있는 기간은 월 9일 이내로 한다. 다만, 가족의 여행, 병원치료 등의 사유로 수급자를 돌볼 가족이 없는 경우 등 보건복지부장관이 정하여 고시하는 사유에 해당하는 경우에는 1회 9일 이내의 범위에서 연간 4회까지 연장할 수 있다.

② 제1항에도 불구하고 2017년 12월 31일 이전에 지정을 받은 장기요양기관 또는 설치 신고를 한 재가장기요양기관에서 단기보호 급여를 받는 경우에는 단기보호 급여를 받을 수 있는 기간을 월 15일 이내로 한다. 다만, 제1항 단서의 사유에 해당하는 경우에는 1회 15일 이내의 범위에서 연간 2회까지 그 기간을 연장할 수 있다. 부칙 제2조의 규정에 의하여 이 조 제2항은 2020년 12월 31일까지 유효함]

•장기요양급여 제공기준 및 급여비용 산정방법 등에 관한 고시(보건복지부고시 제2019-309호, 2019. 12. 27., 일부개정)

제11조의2 교육기관 지정기준 및 절차 등

① 영 제11조제1항제3호나목에 따른 방문간호 간호조무사 교육기관으로 지정받으려는 자는 별지 제9호의2서식의 신청서에 다음 각 호의 서류를 첨부하여 보건복지부장관에게 제출하여야 한다.

1. 교수요원(전공 전임교수 및 실습지도 겸직교수)의 성명 및 이력이 기재된 서류
2. 실습협약기관 현황 및 협약 약정서
3. 교육계획서 및 교과과정표
4. 당해 방문간호 간호조무사 교육과정에 사용되는 시설 및 장비현황

② 영 제11조제2항에 따라 방문간호 간호조무사 교육기관으로 지정 받을 수 있는 기관은 간호학과가 있는 대학, 산업대학 또는 전문대학으로서

보건복지부장관이 고시하는 기준에 적합하여야 한다.

③ 보건복지부장관은 제1항에 따른 지정신청을 받은 경우 제2항에 따른 지정기준에 적합하면 별지 제9호의3서식의 지정서를 발급하여야 한다.

④ 제1항에 따른 방문간호 간호조무사 교육기관의 세부적인 지정절차, 교육과목 등 그 밖에 필요한 사항은 보건복지부장관이 정하여 고시한다.

•방문간호 간호조무사 교육과정 등에 관한 고시(보건복지부고시 제2014-29호, 2014. 2. 17., 일부개정)

제12조 장기요양급여 제공기준의 일반원칙

① 장기요양기관은 수급자 개인의 장기요양급여의 종류 및 내용에 대한 선택권을 존중하고 자립생활을 할 수 있도록 지원하여야 하며, 수급자의 심신상태에 따라 적정한 급여를 제공하여야 한다.

② 제1항에 따른 적정한 급여제공을 위한 세부기준은 보건복지부장관이 정하여 고시한다.

③ 장기요양기관이 본인부담금을 수급자에게 청구하는 경우에는 법령에 따라 인정되는 비용 외에 입소보증금 등 다른 명목으로 비용을 청구해서는 안 된다.

•장기요양급여 제공기준 및 급여비용 산정방법 등에 관한 고시(보건복지부고시 제2019-309호, 2019. 12. 27., 일부개정)

제14조 장기요양급여의 범위 등

① 법 제23조제1항에 따른 장기요양급여의 범위에서 제외되는 사항(이하 "비급여대상"이라 한다)은 다음 각 호와 같다.

1. 식사재료비
2. 상급침실 이용에 따른 추가비용: 노인요양시설 또는 노인요양공동생활가정에서 본인이 원하여 1인실 또는 2인실을 이용하는 경우 장기요양에 소요된 총 비용에서 제1호·제3호 및 제4호의 비용과 장기요양급여비용을 제외한 금액
3. 이·미용비
4. 그 외 일상생활에 통상 필요한 것과 관련된 비용으로 수급자에게 부담시키는 것이 적당하다고 보건복지부장관이 정하여 고시한 비용

제15조 수급자에 대한 안내

장기요양기관은 운영규정의 개요, 종사자 근무체계, 제공하는 장기요양급여의 종류, 비급여대상, 항목별 비용 및 제38조제2항에 따른 평가결과, 그 밖에 장기요양급여의 선택에 도움이 되는 중요 사항을 수급자가 잘 볼 수 있는 곳에 게시하여야 한다.

제16조 장기요양급여 계약 등

① 수급자와 장기요양기관은 장기요양급여 개시 전에 다음 각 호의 사항이 포함된 장기요양급여 제공계약을 문서(이하 "계약서"로 한다)로 체결해야 한다. 이 경우 장기요양기관은 계약서를 2부 작성하여 1부는 지체 없이 수급자에게 발급하고 1부는 장기요양기관이 보관해야 하며, 계약을 변경하려는 경우에도 또한 같다.

1. 계약 당사자
2. 계약기간
3. 장기요양급여의 종류, 내용 및 비용 등
4. 비급여대상 및 항목별 비용

② 장기요양기관은 제1항에 따른 계약을 체결할 때에는 장기요양급여를 받으려는 수급자의 본인 여부, 장기요양등급, 장기요양인정 유효기간, 장기요양급여의 종류 및 내용, 표준장기요양이용계획서, 본인부담금 감경여부 등을 확인해야 한다.

③ 장기요양기관은 제1항에 따른 계약을 체결할 때에는 수급자 또는 그 가족에게 제공하려는 장기요양급여의 제공계획 및 비용(비급여대상 및 항목별 비용을 포함한다) 등 장기요양급여 제공과 관련된 사항을 설명한 후 동의서를 받아야 한다.

④ 장기요양기관은 계약을 체결하거나 계약서의 내용을 변경한 경우에는 지체 없이 별지 제11호서식 및 별지 제11호의2서식의 장기요양급여 계약통보서를 팩스나 공단이 운영하는 전자문서교환방식을 통하여 공단에 통보해야 한다.

⑤ 제1항에도 불구하고 「의료급여법」에 따른 수급권자는 별지 제10호서식의 입소·이용신청서를 작성하여 주소지를 관할하는 특별자치시장

·특별자치도지사·시장·군수·구청장에게 장기요양급여를 신청해야 한다.

⑥ 제5항에 따른 신청을 받은 특별자치시장·특별자치도지사·시장·군수·구청장은 별지 제10호의2서식의 장기요양기관 입소·이용의뢰서를 장기요양기관의 장에게 송부하고 그 사실을 수급자와 공단에 통지해야 한다. 이 경우 관할하는 특별자치시·특별자치도·시·군·구(자치구의 구를 말한다. 이하 같다)에 장기요양기관이 부족하면 다른 특별자치시·특별자치도·시·군·구와 협의하여 수급자가 장기요양급여를 받을 수 있도록 해야 한다.

제17조 장기요양급여 중복수급 금지

① 수급자는 재가급여, 시설급여 및 특별현금급여를 중복하여 받을 수 없다. 다만, 가족요양비 수급자 중 기타재가급여를 받는 경우에는 그러하지 아니하다.

② 수급자는 동일한 시간에 방문요양, 방문목욕, 방문간호, 주·야간보호 또는 단기보호 급여를 2가지 이상 받을 수 없다. 다만, 방문목욕과 방문간호, 방문요양과 방문간호는 수급자의 원활한 급여 이용을 위하여 부득이한 경우 동일한 시간에도 불구하고 각각의 급여를 받을 수 있다.

제18조 장기요양급여의 기록 등

장기요양기관은 장기요양급여를 실시한 경우에는 별지 제12호서식부터 별지 제16호서식까지 및 별지 제16호의2서식의 장기요양급여제공기록지에 장기요양급여 실시내역 등을 기재하고 수급자에게 그 정보를 제공하여야 한다. 이 경우 제공주기와 방법 등 정보제공의 구체적인 사항은 보건복지부장관이 정하여 고시한다.

•장기요양급여 제공기준 및 급여비용 산정방법 등에 관한 고시(보건복지부고시 제2019-309호, 2019. 12. 27., 일부개정)

제19조 기타재가급여 제공기준 등

① 장기요양기관은 영 제9조에 따라 수급자의 일상생활·신체활동 지원 및 인지기능의 유지·향상에 필요한 용구로서 보건복지부장관이 정하

여 고시하는 것(이하 "복지용구"라 한다)을 제공하는 경우에는 품목별 사용 가능 햇수 등을 고려하여 구입 및 대여방식으로 제공하여야 한다.

② 복지용구의 품목별 급여대상의 범위, 급여결정방법, 세부적인 제공기준 및 절차 등 그 밖에 필요한 사항은 보건복지부장관이 정하여 고시한다.

•복지용구 급여범위 및 급여기준 등에 관한 고시(보건복지부고시 제2019-174호, 2019. 7. 31., 일부개정)

•복지용구 품목별 제품목록 및 급여비용 등에 관한 고시(보건복지부고시 제2019-330호, 2019. 12. 31., 일부개정)

第20조 가족요양비 지급절차 등

① 장기요양인정을 신청하는 자 중에서 법 제24조제1항에 따른 가족요양비를 지급받으려는 자는 별지 제17호서식의 가족요양비 지급신청서를 공단이 법 제15조제1항에 따라 등급판정위원회에 자료를 제출하기 전까지 공단에 제출하여야 한다. 이 경우 다음 각 호의 어느 하나에 해당하는 자는 해당 증명서류를 첨부하여 제출하여야 한다.

1. 「감염병의 예방 및 관리에 관한 법률」에 따른 감염병환자로서 감염의 위험성이 있는 사람 : 진단서 등 이를 증명할 수 있는 서류
2. 「장애인복지법」 제32조에 따라 등록한 장애인 중 같은 법 시행령 별표 1에 따른 정신장애인 : 장애인등록증
3. 신체적 변형 등의 사유로 대인과의 접촉을 기피하는 자: 진단서 등 이를 증명할 수 있는 서류

② 법 제21조제1항에 따라 장기요양급여의 종류를 가족요양비로 변경하여 지급받으려는 수급자는 별지 제17호서식의 가족요양비 지급신청서에 제1항 각 호의 구분에 따른 서류를 첨부하여 공단에 신청하여야 한다.

③ 제1항 및 제2항에 따른 신청을 받은 공단은 「전자정부법」 제36조제2항에 따른 행정정보의 공동이용을 통하여 장애인등록증(신청사유가 정신장애인인 경우만 해당된다)을 확인하여야 한다. 다만, 신청인이 확인에 동의하지 아니하거나 확인이 불가능한 경우에는 이를 첨부하도록 하여야 한다.

④ 제1항 및 제2항에 따른 신청을 받은 공단은 그 요건을 확인하고 등급판정위원회의 심의(제1항제1호 및 제3호의 경우에만 해당된다)를 거쳐

가족요양비 수급대상자로 결정한 경우에는 장기요양인정서의 장기요양급여 종류를 가족요양비로 기재하여 수급자에게 통보하여야 한다.

⑤ 가족요양비를 지급받는 수급자는 법 제24조제1항에 따른 가족요양비 지급요건에 해당되지 아니하게 된 경우에는 그 사유가 발생한 날부터 14일 이내에 별지 제1호의2서식에 따른 장기요양 급여종류·내용 변경 신청서를 공단에 제출하여야 한다.

⑥ 공단은 해당 수급자에게 월 단위로 가족요양비를 지급하여야 한다. 다만, 월 중에 가족요양비지급 및 소멸 사유가 발생한 경우에는 일수에 비례하여 지급한다.

제21조 장기요양인정신청서를 제출한 날부터 장기요양급여를 받을 수 있는 경우의 신청 등

① 법 제27조제2항에 따라 장기요양인정신청서를 제출한 날부터 장기요양급여를 받으려는 수급자는 별지 제18호서식에 따른 신청서를 공단에 제출하여야 한다.

② 제1항에 따른 신청을 받은 공단은 「전자정부법」 제36조제2항에 따른 행정정보의 공동이용을 통하여 주민등록표등본을 확인하여야 한다. 다만, 신청을 한 자가 확인에 동의하지 아니하는 경우에는 그로 하여금 해당 서류를 첨부하도록 하여야 한다.

③ 제1항에 따른 신청을 받은 공단은 그 요건을 확인하여 장기요양인정신청서를 제출한 날부터 장기요양급여를 받을 수 있도록 결정하면 해당 수급자에게 장기요양인정서의 유효기간을 변경 기재하여 통보하여야 한다.

④ 장기요양기관은 제3항에 따라 통보받은 수급자에 대하여 장기요양인정신청서를 제출한 날부터 장기요양급여를 적용하여야 한다.

제21조의2 장기요양급여 제공 계획서 제출 절차 등

① 법 제27조제4항에 따른 장기요양급여 제공 계획서는 별지 제11호의3서식 및 별지 제11호의4서식에 따른다.

② 장기요양기관은 법 제27조제4항에 따라 장기요양급여 제공 계획서를 공단에 통보하는 경우에는 전자문서 교환방식을 이용해야 한다.

제21조의3 특별현금급여수급계좌 입금 신청서

영 제13조의2제1항에 따른 특별현금급여수급계좌 입금 신청서는 별지 제18호의2서식에 따른다.

제22조 장기요양급여의 월 한도액

① 법 제28조제1항에 따라 재가급여(복지용구는 제외한다)의 월 한도액은 영 제16조제3호에 따라 장기요양위원회의 심의를 거쳐 등급별로 보건복지부장관이 정하여 고시한다.

② 시설급여의 월 한도액은 장기요양급여에 소요되는 장기요양기관의 각종 비용과 운영현황 등을 고려하여 등급별로 보건복지부장관이 정하여 고시하는 1일당 급여비용에 월간 일수를 곱하여 산정한다.

•장기요양급여 제공기준 및 급여비용 산정방법 등에 관한 고시(보건복지부고시 제2019-309호, 2019. 12. 27., 일부개정)

제23조 장기요양기관 지정기준 등

① 법 제31조제1항에 따라 장기요양기관으로 지정받으려는 자는 별지 제19호서식의 장기요양기관 지정신청서에 다음 각 호의 서류를 첨부하여 특별자치시장·특별자치도지사·시장·군수·구청장에게 제출하여야 한다.

1. 일반현황·인력현황 및 시설현황 각 1부
2. 사업자등록증 또는 고유번호증 사본 1부(특별자치시장·특별자치도지사·시장·군수·구청장이 「전자정부법」 제36조제1항에 따른 행정정보의 공동이용을 통하여 확인할 수 있는 경우에는 그 확인으로 첨부서류를 갈음한다)
3. 사업계획서 및 운영규정 각 1부

② 법 제31조제2항에 따라 장기요양기관으로 지정받으려는 자가 갖추어야 하는 시설 및 인력은 다음 각 호와 같다.

1. 「노인복지법」 제38조에 따른 재가노인복지시설 : 같은 법 시행규칙 별표 9에 따른 시설 및 인력
2. 「노인복지법」 제34조에 따른 노인의료복지시설 : 같은 법 시행규

칙 별표 4에 따른 시설 및 인력
3. 법률 제15881호 부칙 제4조제2항에 따라 장기요양기관으로 간주되는 재가장기요양기관: 별표 1에 따른 시설 및 인력

③ 제1항에 따라 장기요양기관 지정신청을 받은 특별자치시장・특별자치도지사・시장・군수・구청장은 장기요양기관을 지정하려는 경우에 다음 각 호의 사람을 위원으로 하는 장기요양기관 지정 심사위원회를 성별을 고려하여 구성하고 법 제31조제3항 각 호의 사항 및 제2항의 시설 및 인력기준에 적합한지를 심사하게 해야 한다.
1. 해당 특별자치시・특별자치도・시・군・구 소속의 관계 공무원 1명
2. 노인복지 또는 장기요양과 관련한 학식과 경험이 풍부한 사람 4명 이내

④ 법 제31조제1항에 따라 장기요양기관으로 지정받으려는 자는 장기요양기관 지정기준 등에 대하여 관할 특별자치시장・특별자치도지사・시장・군수・구청장과 미리 상담할 수 있으며, 관할 특별자치시장・특별자치도지사・시장・군수・구청장은 이에 적극 협조해야 한다.

⑤ 특별자치시장・특별자치도지사・시장・군수・구청장은 제3항의 심사결과 등을 고려하여 장기요양기관 지정 여부를 결정해야 한다.

⑥ 특별자치시장・특별자치도지사・시장・군수・구청장은 제5항의 결정에 따라 장기요양기관으로 지정하는 경우에는 별지 제20호서식의 장기요양기관 지정서를 발급하고, 장기요양기관으로 지정하기를 거부하는 경우에는 그 사유를 밝혀 신청인에게 서면으로 알려야 한다.

⑦ 제1항부터 제6항까지에서 규정한 사항 외에 장기요양기관 심사위원회의 구성・운영 및 심사기준 등에 관하여 필요한 사항은 특별자치시장・특별자치도지사・시장・군수・구청장이 정한다.

제24조 장기요양기관 지정의 갱신 기준 등

① 법 제32조의4에 따라 지정의 갱신 신청을 받은 특별자치시장、특별자치도지사、시장、군수、구청장은 다음 각 호의 사항을 고려하여 심사해야 한다. 이 경우 특별자치시장、특별자치도지사、시장、군수、구청장은 공단에 필요한 자료를 제출하거나 의견을 제시하도록 요청할 수 있다.
1. 해당 장기요양기관의 장, 대표자 또는 장기요양요원이 법 제37조 및

제37조의5에 따라 받은 행정처분의 내용
2. 제23조제2항 각 호의 구분에 따른 시설 및 인력 기준
3. 제38조제1항에 따른 해당 장기요양기관에 대한 평가 결과
4. 해당 장기요양기관의 장기요양급여 제공 이력
5. 그 밖에 특별자치시장·특별자치도지사·시장·군수·구청장이 심사에 필요하다고 인정하여 정하는 사항

② 특별자치시장·특별자치도지사·시장·군수·구청장은 제1항에 따른 심사를 마치면 지체 없이 그 결과를 신청인과 공단에 알려야 한다.

③ 제1항 및 제2항에서 규정한 사항 외에 지정 갱신의 절차 및 방법 등에 관한 사항은 제23조를 준용한다. 이 경우 "지정"을 "지정 갱신"으로 본다.

제25조 장기요양기관 변경지정 및 변경신고

① 법 제33조제1항에서 "시설 및 인력 등 보건복지부령으로 정하는 중요한 사항"이란 시설, 인력, 장기요양급여의 종류 및 장기요양급여의 형태를 말한다.

② 법 제33조제1항에 따라 변경지정을 받으려는 장기요양기관의 장은 별지 제19호의2서식의 장기요양기관 변경지정 신청서에 다음 각 호의 서류를 첨부하여 특별자치시장·특별자치도지사·시장·군수·구청장에게 제출해야 한다.

1. 변경사항을 증명할 수 있는 서류(특별자치시장·특별자치도지사·시장·군수·구청장이 「전자정부법」 제36조제1항에 따른 행정정보의 공동이용을 통하여 첨부서류에 대한 정보를 확인할 수 있는 경우에는 그 확인으로 첨부서류를 갈음한다)
2. 장기요양기관 지정서

③ 법 제33조제2항에 따른 변경신고를 하려는 장기요양기관의 장은 변경사항이 발생한 날부터 14일 이내에 별지 제23호서식의 변경사항 신고서에 변경사항을 확인할 수 있는 서류 1부를 첨부하여 특별자치시장·특별자치도지사·시장·군수·구청장에게 제출해야 한다.

④ 제2항에 따른 변경지정 신청 중 인력현황의 변경지정 신청을 하려는 자는 법 제59조제2항에 따라 「사회복지사업법」 제6조의2에 따른 정보시스템을 이용하여 신청해야 한다.

⑤ 제3항에 따른 신고서를 받은 특별자치시장·특별자치도지사·시장·군수·구청장은 「전자정부법」 제36조제1항에 따른 행정정보의 공동이용을 통하여 법인 등기사항증명서(법인대표자가 변경된 경우만 해당한다)를 확인해야 한다.

⑥ 제2항 또는 제3항에 따라 장기요양기관 변경지정 신청서 또는 변경신고서를 받은 특별자치시장·특별자치도지사·시장·군수·구청장은 그 내용을 확인하고 변경된 내용을 기재한 장기요양기관 지정서를 다시 발급해야 한다.

第26조 장기요양기관 정보의 안내 등

① 법 제34조에 따라 장기요양기관이 공단 인터넷 홈페이지에 게시하여야 하는 내용은 다음 각 호와 같다.

1. 시설의 구조, 설비 상태 및 건물 전경 등의 사진
2. 장기요양기관의 주소, 약도, 전화번호 및 홈페이지 주소
3. 장기요양기관에 소속된 인력 종류별 종사자 수, 장기요양요원이 해당 기관에서 근속한 연수, 입소(이용)정원 및 현재 입소(이용)인원
4. 장기요양기관에서 제공하고 있는 급여 종류
5. 장기요양급여 이용계약에 관한 사항
6. 비급여대상 항목별 비용
7. 법 제35조의5제1항에 따른 보험에 가입했는지 여부
8. 「사회복지사업법」 제34조의3제1항에 따른 책임보험에 가입했는지 여부

② 장기요양기관은 제1항 각 호의 내용이 변경되는 경우에는 공단의 인터넷 홈페이지에 지체 없이 그 내용을 반영하여 게시하여야 한다.

第27조 장기요양급여비용 명세서 및 자료의 기록·관리

① 법 제35조제3항에 따른 장기요양급여비용 명세서는 별지 제24호서식과 같다.

② 장기요양기관은 수급자가 제1항의 장기요양급여비용 명세서에 대하여 세부 산정 내역을 요구하면 이를 제공하여야 한다.

③ 장기요양기관은 수급자가 「소득세법」 제59조의4제2항에 따른 의료

비공제를 받기 위하여 해당 연도의 장기요양급여비 납부내역의 확인을 요청한 경우에는 별지 제25호서식의 장기요양급여비 납부확인서를 발급하여야 한다.

④ 장기요양기관의 장은 법 제35조제4항 및 제59조에 따라 다음 각 호의 장기요양급여 제공에 관한 자료를 문서 또는 전자문서로 기록·관리하고, 이를 장기요양급여가 종료된 날로부터 5년간 보존하여야 한다.

1. 장기요양 급여계약에 관한 서류
2. 장기요양급여비용 청구서 및 장기요양급여비용 청구명세서
3. 장기요양급여제공기록지 등 장기요양급여비용의 산정에 필요한 서류 및 이를 증명하는 서류
4. 방문간호지시서
5. 장기요양급여비용 명세서 부본. 다만, 별지 제34호서식의 본인부담금수납대장을 작성하여 보존하는 경우에는 이를 장기요양급여비용 명세서 부본에 갈음한다.

제27조의2 인권교육

① 법 제35조의3제1항에 따른 인권에 관한 교육(이하 "인권교육"이라 한다)에 포함되어야 하는 내용은 다음 각 호와 같다.

1. 노인의 인권과 관련된 법령·제도 및 국내외 동향
2. 장기요양기관에서 발생하는 인권침해 사례
3. 장기요양기관에서 인권침해가 발생했을 경우의 신고 요령 및 절차
4. 그 밖에 노인의 인권 보호 및 증진을 위하여 필요하다고 보건복지부장관이 인정하는 사항

② 법 제35조의3제1항 및 영 제14조의2에 따라 장기요양기관을 설치·운영하는 자와 그 종사자는 대면 교육 또는 인터넷 교육을 통하여 매년 4시간 이상의 인권교육을 받아야 한다. 이 경우 법 제31조제1항에 따라 지정을 받은 연도에 「노인복지법」 제6조의3에 따른 인권교육을 받으면 해당 연도의 인권교육을 받은 것으로 본다.

③ 법 제35조의3제2항에 따라 장기요양기관을 운영하는 자는 해당 기관을 이용하고 있는 장기요양급여 수급자에게 장기요양기관에서 인권침해가 발생했을 경우의 신고 요령 및 절차를 교육할 수 있다.

④ 보건복지부장관은 법 제35조의3제3항에 따라 다음 각 호의 어느 하나

에 해당하는 기관·법인 또는 단체를 인권교육기관으로 지정할 수 있다.

1. 「국가인권위원회법」에 따른 국가인권위원회
2. 「노인복지법」 제39조의5에 따른 노인보호전문기관
3. 「한국보건복지인력개발원법」에 따른 한국보건복지인력개발원
4. 그 밖에 인권교육을 실시할 수 있는 전문 인력과 시설을 갖추었다고 보건복지부장관이 인정하는 기관·법인 또는 단체

⑤ 법 제35조의3제4항에 따른 인권교육기관의 지정취소 및 업무정지 처분의 기준은 별표 1의2와 같다.

⑥ 제1항부터 제5항까지에서 규정한 사항 외에 인권교육의 실시 방법, 인권교육기관의 지정 절차 및 교육 경비 등에 필요한 세부적인 사항은 보건복지부장관이 정하여 고시한다.

•재가장기요양기관 대상 인권교육 운영 및 교육기관 지정 등에 관한 고시(보건복지부고시 제2019-6호, 2019. 1. 7., 제정)

제27조의3 장기요양급여비용의 감액 기준

① 공단은 장기요양기관이 법 제35조의5제1항에 따른 전문인 배상책임보험에 가입하지 않은 경우 그 기간 동안 해당 장기요양기관에 지급하는 장기요양급여비용을 100분의 10의 범위에서 감액하여 산정할 수 있다.

② 제1항에 따른 장기요양급여비용의 감액산정을 위한 구체적인 기준은 보건복지부장관이 정하여 고시한다.

•장기요양급여 제공기준 및 급여비용 산정방법 등에 관한 고시(보건복지부고시 제2019-309호, 2019. 12. 27., 일부개정)

제28조 장기요양기관 폐업 등 신고

법 제36조제3항에 따라 장기요양기관이 폐업 또는 휴업을 하려는 경우 또는 장기요양기관의 지정을 갱신하지 않으려는 경우에는 별지 제26호서식에 따른 신고서에 다음 각 호의 서류를 첨부하여 특별자치시장·특별자치도지사·시장·군수·구청장에게 제출해야 한다.

1. 폐업 또는 휴업 의결서(법인만 제출한다) 1부
2. 수급자에 대한 조치계획서 1부
3. 장기요양기관 지정서(휴업의 경우는 제외한다) 또는 재가장기요양기

관 설치신고증명서(폐업의 경우에만 제출한다)

4. 법 제35조의2에 따른 장기요양기관 재무회계에 관한 서류 중 결산 보고서 1부

第28조의2 장기요양급여 제공 자료의 이관 등

① 법 제36조제6항에 따라 장기요양기관의 장은 보존기간 중인 제27조 제4항 각 호의 자료(제2호의 자료는 제외한다)를 휴업일 또는 폐업일 까지 별지 제36호서식의 신청서, 장기요양급여 제공자료 이관 목록표 및 장기요양급여 제공자료 분실 및 훼손 목록표와 함께 공단에 이관해야 한다.

② 법 제36조제6항 단서에 따라 장기요양기관급여 제공 자료를 직접 보관하려는 장기요양기관의 장은 별지 제36호서식의 자체보관 신청서를 휴업 예정일 전까지 공단에 제출해야 한다.

③ 공단은 제1항에 따른 신청서를 접수하는 때에는 이관 사실을 증명하는 접수증을 신청인에게 교부하여야 하고, 제2항에 따른 자체보관 신청서를 접수한 때에는 자체보관계획 등을 검토하여 자체보관을 허가할 수 있다.

第29조 행정처분의 기준

법 제37조제1항 및 제37조의5제1항에 따른 행정처분의 기준은 별표 2와 같다.

第29조의2 행정처분대장 등의 기록・관리

① 특별자치시장・특별자치도지사・시장・군수・구청장은 다음 각 호의 어느 하나에 해당하는 경우에는 별지 제28호의2서식의 행정처분대장(전자매체를 이용하여 관리하는 경우를 포함한다)에 그 내용을 기록하고 이를 갖춰 두어야 한다.

1. 법 제37조제1항 또는 제37조의5제1항에 따른 행정처분을 한 경우
2. 법 제37조의2제1항 또는 제2항에 따른 과징금의 부과를 한 경우

② 특별자치시장・특별자치도지사・시장・군수・구청장은 법 제37조제1

항에 따른 행정처분을 한 경우에는 그 내용을 별지 제28호의3서식의 행정처분 통보서에 따라 보건복지부장관에게 통보해야 한다. 이 경우 「사회복지사업법」 제6조의2에 따른 정보시스템(이하 "정보시스템"이라 한다)을 통하여 할 수 있다.

③ 특별자치시장·특별자치도지사·시장·군수·구청장은 법 제37조의5제1항에 따른 행정처분을 한 경우에는 별지 제28호의4서식의 장기요양급여 제공 제한 처분 통보서에 따라 그 사실을 공단에 통보하여야 한다.

④ 보건복지부장관은 제2항에 따라 통보받은 내용을 정보시스템 등을 통하여 다른 지방자치단체에 통보할 수 있다.

제29조의3 과징금의 부과·납부 등

① 법 제37조의2제1항 단서에서 "보건복지부령으로 정하는 경우"란 법 제37조제1항제6호 각 목의 어느 하나에 해당하는 행위를 한 경우를 말한다.

② 영 제15조의2제1항 및 제3항에 따른 과징금 납부의 통지 서면 및 영수증은 별지 제28호의5서식에 따른다.

제29조의4 행정제재처분 사실의 통보

① 법 제37조의4제4항에 따라 행정제재처분을 받았거나 그 절차가 진행 중인 자는 「우편법 시행규칙」 제25조제1항제4호가목 및 다목에 따른 내용증명 및 배달증명의 방법으로 지체없이 행정제재처분을 받은 사실 또는 행정제재처분의 절차가 진행 중인 사실을 양수인등에게 통보하여야 한다.

② 제1항에 따라 행정제재처분 관련 사실을 통보하는 경우에는 다음 각 호의 내용 모두를 명시하여야 한다. 다만, 행정제재처분 절차가 진행 중인 경우에는 제2호 및 제4호의 내용은 제외할 수 있다.

1. 행정제재처분의 처분청
2. 행정제재처분의 내용 및 사유
3. 행정제재처분 대상 위반행위 및 그 적발일
4. 행정제재처분의 처분일
5. 해당 장기요양기관이 제공하는 장기요양급여의 종류

6. 행정제재처분 대상 장기요양기관의 명칭, 대표자 성명 및 장기요양기관의 소재지

第30조 장기요양급여비용의 청구 등

① 장기요양기관은 법 제38조제1항에 따라 장기요양급여비용을 청구하려는 경우에는 장기요양급여비용 청구서에 다음 각 호의 사항을 기재한 장기요양급여비용 청구명세서를 첨부하여 전자문서교환방식 또는 전산매체로 공단에 제출해야 한다.

1. 장기요양급여를 받은 자의 성명 및 주민등록번호
2. 장기요양인정번호, 장기요양등급, 장기요양인정 유효기간 및 본인부담 감경 사항
3. 급여의 종류 및 내용, 급여 제공일자 및 제공시간 등
4. 장기요양급여비용, 본인부담금 및 비용청구액

② 장기요양기관은 장기요양급여비용을 최초로 청구하는 경우에는 별지 제27호서식의 장기요양기관 현황통보서를 공단에 제출하여야 한다.

③ 장기요양기관은 제2항에 따라 통보한 장기요양기관의 수령계좌번호 또는 사업자등록번호가 변경된 경우에는 변경된 날부터 15일 이내에 별지 제28호서식의 장기요양기관 변경사항통보서를 공단에 제출해야 한다. 다만, 장기요양급여비용 수령계좌번호가 변경된 경우에는 다음 각 호의 서류를 첨부하고 장기요양기관 변경사항통보서에 그 등록된 인감을 날인하거나 「본인서명사실 확인 등에 관한 법률」 제2조제3호에 따른 본인서명사실확인서(이하 "본인서명사실확인서"라 한다)에 기재된 것과 같은 서명을 해야 한다.

1. 장기요양기관의 장 또는 대표자의 인감증명서(법인인 경우에는 법인 인감증명서를 말한다)나 본인서명사실확인서 1부
2. 통장 사본 1부

④ 제2항 및 제3항(사업자등록번호가 변경된 경우에만 해당된다)에 따른 통보서를 제출받은 공단은 「전자정부법」 제36조제2항에 따른 행정정보의 공동이용을 통하여 사업자등록증을 확인하여야 한다. 다만, 장기요양기관의 장 또는 대표자가 확인에 동의하지 아니하거나 확인이 불가능한 경우에는 그로 하여금 그 사본을 첨부하도록 하여야 한다.

⑤ 장기요양급여비용의 청구방법, 청구시기, 장기요양급여비용 청구서 및 장기요양급여비용 청구명세서의 서식ㆍ작성요령 등 그 밖에 필요한 사항은 보건복지부장관이 정하여 고시한다.

•장기요양급여비용 청구 및 심사·지급업무 처리기준(보건복지부고시 제2020-33호, 2020. 2. 10., 일부개정)

제31조 장기요양 급여비용의 심사・지급

① 공단은 장기요양 급여비용의 청구를 받은 경우에는 법 제38조제2항에 따라 다음 각 호의 사항에 적합한지를 심사한다. 이 경우 공단의 이사장은 심사를 수행함에 있어 필요하면 소속 직원으로 하여금 현지를 방문하여 확인하게 할 수 있다.

1. 법 제17조제1항제2호에 따라 장기요양인정서에 기재된 장기요양급여의 종류와 내용
2. 법 제23조제3항에 따른 장기요양급여의 제공기준
3. 법 제39조제1항에 따라 산정된 재가 및 시설 급여비용의 내역

② 공단은 장기요양 급여비용의 청구를 받은 날부터 30일 이내에 이를 심사하여 그 내용이 기재된 장기요양급여비용 심사지급통보서를 전자문서교환방식 등을 통하여 장기요양기관에 통보하여야 하며, 그 심사지급통보서에 기재된 장기요양급여비용을 해당 장기요양기관에 지체 없이 지급하여야 한다. 이 경우 심사기간을 산정함에 있어 공단의 이사장이 해당 장기요양기관에 심사에 필요한 자료를 요청한 경우 등 특별한 사유가 있는 경우에는 그에 소요되는 기간은 제외한다.

③ 장기요양급여비용 심사지급통보서의 서식과 장기요양급여비용의 심사ㆍ지급에 필요한 사항은 보건복지부장관이 정하여 고시한다.

•장기요양급여비용 청구 및 심사·지급업무 처리기준(보건복지부고시 제2020-33호, 2020. 2. 10., 일부개정)

제31조의2 장기요양급여비용의 가감지급기준

법 제38조제3항에 따라 가산 또는 감액하여 지급하는 금액은 평가 대상 장기요양기관에 대하여 전년도에 공단이 법 제38조제2항에 따라 심사하여 지급하기로 결정한 공단부담금의 100분의 5의 범위에서 보건복지부장관이 정하여 고시한 기준에 따라 산정한 금액으로 한다.

•장기요양급여 제공기준 및 급여비용 산정방법 등에 관한 고시(보건복지부고시 제2019-309호, 2019. 12. 27., 일부개정)

제32조 재가 및 시설 급여비용의 산정방법 및 항목

법 제39조제3항에 따른 재가 및 시설 급여비용의 구체적인 산정방법 및 항목은 다음 각 호와 같다. 이 경우 세부적인 산정기준은 보건복지부장관이 정하여 고시한다.

1. 재가급여
   가. 방문요양 및 방문간호 : 방문당 제공시간을 기준으로 산정한다.
   나. 방문목욕 : 방문횟수를 기준으로 산정한다.
   다. 주・야간보호 : 장기요양 등급 및 1일당 급여제공시간을 기준으로 산정한다.
   라. 단기보호: 장기요양 등급 및 급여제공일수를 기준으로 산정한다.
   마. 기타재가급여 : 복지용구의 품목별, 제공 방법별 기준으로 산정한다.
2. 시설급여 : 장기요양 등급 및 급여제공일수를 기준으로 산정한다.

•장기요양급여 제공기준 및 급여비용 산정방법 등에 관한 고시(보건복지부고시 제2019-309호, 2019. 12. 27., 일부개정)

제33조 장기요양급여 대상여부의 확인 등

① 수급자는 법 제40조제1항 및 제3항에 따른 본인부담금의 적정여부와 본인이 부담한 비용이 제14조에 따른 비급여대상인지를 공단에 확인요청할 수 있다.

② 제1항에 따른 확인요청을 받은 공단은 그 결과를 해당 수급자에게 통보하여야 한다. 이 경우 장기요양기관이 과다하게 징수한 금액(이하 "과다본인부담금"이라 한다)이 있는 것으로 확인되면 그 내용을 관련 장기요양기관에 통보하여야 한다.

③ 제2항 후단에 따라 통보받은 장기요양기관은 과다본인부담금을 지체없이 해당 수급자에게 지급하여야 한다. 다만, 공단은 장기요양기관이 과다본인부담금을 지급하지 아니한 경우에는 해당 장기요양기관에 지급할 장기요양급여비용에서 그 과다본인부담금을 공제하여 해당 수급

자에게 지급할 수 있다.

제34조 천재지변 등으로 인한 본인부담금 감경대상자

법 제40조제3항제3호에서 "천재지변 등 보건복지부령으로 정하는 사유로 인하여 생계가 곤란한 자"란 천재지변 또는 재난에 준하는 사유에 해당되어 보건복지부장관이 정하여 고시하는 지역에 거주하고 피해정도가 일정기준에 이르는 생계곤란자를 말한다.

제35조 본인부담금의 감면절차 및 방법

① 법 제40조제1항 각 호 외의 부분 단서 및 제3항에 따른 본인부담금 감면자는 장기요양인정서에 다음 각 호의 구분에 따른 서류를 첨부하여 장기요양기관에 제출해야 한다. 다만, 긴급한 사정이 있거나 그 밖에 부득이한 사유가 있는 경우에는 장기요양급여를 신청한 날부터 7일(공휴일은 제외한다) 이내에 제출할 수 있다.

1. 「의료급여법」 제3조제1항제1호에 따른 의료급여를 받는 사람: 「국민기초생활 보장법 시행규칙」 제40조에 따른 수급자증명서와 「의료급여법 시행규칙」 제12조제1항에 따른 의료급여증 또는 의료급여증명서
2. 「의료급여법」 제3조제1항제1호 외의 규정에 따른 의료급여를 받는 사람: 같은 법 시행규칙 제12조제1항에 따른 의료급여증 또는 의료급여증명서
3. 소득・재산 등이 보건복지부장관이 정하여 고시하는 일정 금액 이하인 자와 제34조에 따른 생계곤란자: 감경자임을 확인할 수 있는 서류

② 장기요양기관은 제1항에 따라 의료급여증 또는 의료급여증명서를 제시받은 경우에는 본인 여부 및 의료급여증의 연도별 재사용확인란을 반드시 확인하여야 한다.

③ 공단은 본인부담금 감면으로 공단이 부담하여야 하는 금액을 수급자가 장기요양기관에 지불한 경우에는 본인의 신청 또는 공단의 확인에 따라 이를 해당 수급자에게 지급해야 한다.

•장기요양 본인부담금 감경에 관한 고시(보건복지부고시 제2019-292호, 2019. 12. 24., 일부개정)

제36조 방문간호지시서 발급비용 등

① 법 제42조에 따라 방문간호지시서를 발급하는데 사용되는 비용 및 산정기준은 의료기관의 종류 및 방문 여부를 고려하여 영 제16조제2호에 따라 장기요양위원회의 심의를 거쳐 보건복지부장관이 정하여 고시한다.

② 방문간호지시서를 발급받는 경우 그 발급비용은 다음 각 호의 구분에 따라 부담한다.

1. 「의료급여법」 제3조제1항제1호에 따른 의료급여를 받는 사람: 지방자치단체가 부담한다.
2. 「의료급여법」 제3조제1항제1호 외의 규정에 따른 의료급여를 받는 사람: 100분의 10은 본인이, 100분의 90은 국가와 지방자치단체가 부담한다.
3. 소득·재산 등이 보건복지부장관이 정하여 고시하는 일정 금액 이하인 자와 제34조에 따른 생계곤란자: 100분의 10은 본인이, 100분의 90은 공단이 부담한다.
4. 제1호부터 제3호까지의 수급자 외의 수급자: 100분의 20은 본인이, 100분의 80은 공단이 부담한다.

③ 제1항 및 제2항에 따른 방문간호지시서는 별지 제29호서식 또는 별지 제30호서식과 같다.

④ 방문간호지시서를 발급한 자는 제1항에 따른 비용 중 본인부담금을 제외한 비용을 별지 제31호서식의 방문간호지시서 발급비용 청구서에 따라 공단에 청구해야 하며, 공단은 청구를 받은 날부터 30일 이내에 이를 심사한 후 지체 없이 그 비용을 지급해야 한다.

•장기요양 본인부담금 감경에 관한 고시(보건복지부고시 제2019-292호, 2019. 12. 24., 일부개정)

•장기요양급여 제공기준 및 급여비용 산정방법 등에 관한 고시(보건복지부고시 제2019-309호, 2019. 12. 27., 일부개정)

제36조의2 장기요양요원지원센터의 설치·운영

① 법 제47조의2제1항에 따른 장기요양요원지원센터(이하 "장기요양요원지원센터"라 한다)는 같은 조 제2항 각 호의 업무를 수행하기 위하여 사무실, 상담실, 교육실 등의 시설과 전문인력을 갖추어야 한다.

② 제1항에 따른 장기요양요원지원센터의 시설 및 전문인력 기준, 그 밖에 장기요양요원지원센터의 설치·운영 등에 필요한 사항은 법 제47조의2제3항에 따라 해당 지방자치단체의 조례로 정한다.

제37조 등급판정위원회 소위원회 구성 및 운영

① 영 제21조제3항에 따른 소위원회는 위원장 1명을 포함하여 7명의 위원으로 구성하며, 등급판정위원회의 위원 중에서 등급판정위원회의 의결을 거쳐 구성한다.

② 소위원회는 의사 또는 한의사가 1명 이상 포함되어야 한다.

③ 소위원회는 구성원 과반수의 출석으로 개의하고 구성원 과반수의 찬성으로 의결한다.

④ 이 규칙에서 정한 것 외에 소위원회 운영에 필요한 사항은 위원회의 의결을 거쳐 위원장이 정한다.

제38조 장기요양기관 평가 방법 등

① 공단은 법 제54조제2항에 따라 장기요양급여의 종류별로 다음 각 호의 사항에 대하여 평가를 실시한다.

1. 장기요양기관을 이용하는 수급자의 권리와 편의에 대한 만족도
2. 장기요양기관의 급여제공 과정
3. 장기요양기관의 운영실태, 종사자의 전문성 및 시설 환경
4. 그 밖에 장기요양기관의 운영 개선에 관한 사항

② 공단은 제1항에 따른 장기요양기관 평가를 정기평가와 수시평가로 구분하여 실시하고 평가 결과를 공단의 홈페이지 등에 공표하여야 한다.

③ 제1항에 따른 평가의 방법 그 밖에 평가에 필요한 사항은 보건복지부장관이 정하여 고시한다.

•장기요양기관 평가방법 등에 관한 고시(보건복지부고시 제2018-271호, 2018.

12. 18., 일부개정)

제39조 심사청구 방식 등

① 법 제55조제1항에 따라 공단의 처분에 대하여 심사청구를 하려는 자는 별지 제32호서식의 심사청구서에 주장하는 사실을 증명할 수 있는 서류를 첨부하여 공단에 제출해야 한다.

② 공단이 제1항에 따라 심사청구서를 받으면 지체 없이 그 사본이나 부본(副本)을 이해관계인에게 보내야 한다.

③ 공단이 심사청구에 대하여 결정을 했을 때에는 별지 제33호서식의 심사결정서를 작성하여 지체 없이 심사청구인에게 결정서의 정본을 보내고, 이해관계인에게는 사본을 보내야 한다.

제40조 재심사청구의 방식 등

① 법 제56조에 따라 재심사청구를 하려는 자는 다음 각 호의 사항을 적은 별지 제37호서식의 재심사청구서에 주장하는 사실을 증명할 수 있는 자료를 첨부하여 장기요양재심사위원회에 제출해야 한다.

1. 재심사청구인 및 처분을 받은 자의 성명, 주민등록번호 및 주소
2. 원처분을 한 자(공단의 분사무소가 원처분을 한 경우에는 그 분사무소의 장을 말한다)
3. 원처분의 요지 및 처분이 있었던 것을 알게 된 날
4. 재심사청구의 취지 및 이유
5. 재심사청구인이 처분을 받은 자가 아닌 경우에는 처분을 받은 자와의 관계
6. 첨부자료의 표시
7. 재심사청구에 관한 고지 유무 및 그 내용

② 장기요양심판위원회가 제1항에 따라 재심사청구서를 받으면 지체 없이 그 사본 또는 부본을 공단 및 이해관계인에게 송부하고, 공단은 그 사본 또는 부본을 받은 날부터 10일 이내에 답변서와 관계 서류를 장기요양재심사위원회에 제출해야 한다.

③ 장기요양재심사위원회가 재심사청구에 대하여 결정을 하면 다음의 사항을 적은 결정서를 작성하여 지체 없이 재심사청구인에게 결정서의

정본을 보내고, 이해관계인에게는 사본을 보내야 한다.
1. 재심사청구인의 성명·주민등록번호 및 주소
2. 원처분을 행한 자
3. 결정의 주문
4. 재심사청구의 취지
5. 결정의 이유
6. 결정의 연월일

제41조 지방자치단체 간 분담비율

법 제58조제3항에 따라 특별시·광역시·도와 시·군·구가 분담하는 금액은 특별시·광역시·도의 조례로 정한다.

제42조 보고 및 검사

① 법 제61조제1항 각 호 외의 부분에서 "그 밖에 보건복지부령으로 정하는 사항"이란 다음 각 호의 사항을 말한다.
1. 장기요양급여를 받은 내용
2. 장기요양급여 이용계약에 관한 내용
3. 장기요양급여비용에 대한 명세서

② 법 제61조제3항에서 "보건복지부령으로 정하는 사항이 기재된 서류"란 다음 각 호의 사항이 기재된 현장조사서를 말한다.
1. 조사기간
2. 조사범위
3. 조사담당자
4. 관계법령
5. 제출자료
6. 그 밖에 해당 현장조사와 관련하여 필요한 사항

③ 제2항에 따른 현장조사서는 사회보장급여와 관련하여 보건복지부장관이 정하여 고시하는 공통서식에 따른다.

•사회보장급여 관련 공통서식에 관한 고시(보건복지부고시 제2019-280호, 2019. 12. 23., 일부개정)

제43조의2 포상금의 지급

① 법 제64조에 따라 준용되는 「국민건강보험법」 제104조에 따른 포상금의 지급기준은 별표 3과 같다.

② 제1항에 따른 포상금 지급신청서는 별지 제35호서식에 따른다.

부칙

이 규칙은 공포한 날부터 시행한다.

「복지용구 품목별 제품목록 및 급여비용 등에 관한 고시」 일부개정

현행 복지용구 품목별 제품목록 및 급여비용에 대한 고시사항 중 급여대상 제품을 신규로 추가(9개 품목 51개 제품)하고, 일부 제품에 대하여 가격을 조정(10개 품목 39개 제품) 및 급여대상에서 제외(12개 품목 34개 제품)

■ 참고사항

가. 관계법령 : 「노인장기요양보험법」제23조, 동법 시행령 제9조 및 시행규칙 제19조

나. 첨　　부 : 「복지용구 품목별 제품목록 및 급여비용 등에 관한 고시」 일부 개정안

복지용구 품목별 제품목록 및 급여비용 등에 관한 고시 일부개정

복지용구 품목별 제품목록 및 급여비용 등에 관한 고시 일부를 다음과 같이 개정한다.

1. 품목별 급여대상 제품 및 급여비용(구입품목)에 품목별 급여대상 제품을 각각 다음과 같이 신설한다.

○ 성인용보행기

연번	업체명	제품명	제품코드	급여비용 (구입가/원)	내구 연한
66	삼주유니콘	KS-300	M06090005106	217,000	5년
67	삼주유니콘	뉴라이트스텝	M06090005013	227,000	5년

연번	업체명	제품명	제품코드	급여비용 (구입가/원)	내구 연한
68	올비트앤	E:ZO(이조)	M06090164001	401,000	5년
69	트라토스	TRA-SIDE	M06091101601	165,000	5년
70	킴스케어	K-201	M06091093601	140,000	5년
71	킴스케어	K-202	M06091093602	162,000	5년
72	킴스케어	K-203	M06091093603	187,000	5년
73	킴스케어	K-301	M06061093601	47,000	5년
74	킴스케어	K-302	M06061093602	180,000	5년
75	액티브프로코리아	Brado rollator	M06060002606	249,000	5년
76	액티브프로코리아	스프링SPRING	M06060002607	165,000	5년
77	액티브프로코리아	ARTINUS rollator 아티누스워커	M06060002608	177,000	5년
78	서진시스템	장수(sk-120)	M06090158001	205,000	5년
79	평화양행	PHW-03	M06060082102	52,700	5년
80	평화양행	PHW-07	M06060082103	203,500	5년

○ 안전손잡이

연번	업체명	제품명	제품코드	급여비용 (구입가/원)	내구 연한
99	해피에이징	HA02	F18030157001	45,900	
100	롱젠	롱젠-201	F18031081103	239,000	
101	세비앙	CSH-2000	F18031026113	184,800	

○ 미끄럼방지용품

연번	업체명	제품명	제품코드	급여비용 (구입가/원)	내구 연한
144	세원케어	SW-M1	F30031091103	25,600	
145	창대	CD-01	F30031082101	25,600	
146	동양화학고무	SW-5700	F30031095101	25,600	
147	삼주유니콘	SJ-13	F30030005107	49,600	
148	대아	DA-2000	F30031036104	41,000	
149	대아	DA-2500	F30031036105	53,800	
150	네오텍	NEO-5	F30091010105	3,300	
151	네오텍	NEO-6	F30091010106	3,200	
152	포디엠	4DM-301	F30091079104	4,200	
153	포디엠	4DM-302	F30091079105	4,000	
154	포디엠	4DM-303	F30091079106	3,600	
155	용화	YH-201	F30091039112	4,000	
156	용화	YH-202	F30091039113	3,800	
157	용화	YH-203	F30091039114	3,700	
158	용화	YH-204	F30091039115	3,600	

○ 지팡이

연번	업체명	제품명	제품코드	급여비용 (구입가/원)	내구 연한
68	나래의료기 김포점	ONE STICK J-3000	M03031083102	65,000	2년
69	에이오파트너	사랑해	M03031099101	44,900	2년
70	콕스콤	인체공학그립 길이조절식(695R/LSi)	M03030166501	14,000	2년

○ 욕창예방방석

연번	업체명	제품명	제품코드	급여비용 (구입가/원)	내구 연한
35	(주)포에버헬스케어	트리니티쿠션	H12030130105	216,000	3년

○ 자세변환용구

연번	업체명	제품명	제품코드	급여비용 (구입가/원)	내구 연한
26	세원케어	SW-J1	M30031091101	39,600	
27	세원케어	SW-J2	M30031091102	58,600	
28	아시아엠이	ATA-4030	M30030060109	36,000	
29	아시아엠이	ATA-7030	M30030060110	51,600	

○ 요실금팬티

연번	업체명	제품명	제품코드	급여비용 (구입가/원)	내구 연한
12	티에이치케이컴퍼니	WHR-01	T09061052101	22,200	
13	티에이치케이컴퍼니	MHR-02	T09061052102	38,900	
14	명성에프앤씨	MSIP-001	T09061102101	26,900	
15	명성에프앤씨	MSIP-002	T09061102102	28,900	
16	명성에프앤씨	MSIP-003	T09061102103	38,800	
17	명성에프앤씨	MSIP-004	T09061102104	38,900	

2. 품목별 급여대상 제품 및 급여비용(대여품목)에 품목별 급여대상 제품을 각각 다음과 같이 신설한다.

○ 전동침대 : 내구연한 10년

<table>
<tr><th rowspan="2">연번</th><th rowspan="2">업체명</th><th rowspan="2">제품명</th><th rowspan="2">제품코드</th><th colspan="2">급여비용(월대여가/원)</th></tr>
<tr><th>내구연한</th><th>연장대여</th></tr>
<tr><td>80</td><td>남양금속</td><td>NY(M)-1300</td><td>S03091064103</td><td>73,800</td><td>36,900</td></tr>
<tr><td>81</td><td>마더스핸즈</td><td>MH21213</td><td>S03091098101</td><td>123,000</td><td>61,500</td></tr>
</table>

3. 품목별 급여대상 제품 및 급여비용(구입 또는 대여품목)에 품목별 급여대상 제품을 각각 다음과 같이 신설한다.

○ 욕창예방매트리스 : 내구연한 3년

<table>
<tr><th rowspan="2">연번</th><th rowspan="2">업체명</th><th rowspan="2">제품명</th><th rowspan="2">제품코드</th><th rowspan="2">급여비용
(구입가/원)</th><th colspan="2">급여비용
(월대여가/원)</th></tr>
<tr><th>내구연한</th><th>연장대여</th></tr>
<tr><td>38</td><td>영원메디칼</td><td>AD-III TPU L/V</td><td>H120600301
14</td><td>224,000</td><td>18,700</td><td>9,400</td></tr>
<tr><td>39</td><td>(주)포에버
헬스케어</td><td>HG-100 M1 TPU</td><td>H120601301
04</td><td>234,000</td><td>19,500</td><td>9,800</td></tr>
</table>

1. 품목별 급여대상 제품 및 급여비용(구입품목) 중 다음의 각 제품을 각 급여대상 제품 목록에서 각각 삭제한다.

○ 이동변기

연번	업체명	제품명	제품코드
3	미키코리아	MK-PT-1	T03030043001
14	제이에스메디텍	SB-100	T03030010001

○ 목욕의자

연번	업체명	제품명	제품코드
3	미키코리아	MK-BC-1	B03180043001
19	제이에스메디텍	BC-200	B03180010001

○ 성인용보행기

연번	업체명	제품명	제품코드
31	제이에스메디텍	JS-DW300	M06060010001

○ 안전손잡이

연번	업체명	제품명	제품코드
8	보성메디케어	BM-01	F18031021101
9	보성메디케어	BM-02	F18031021102
10	보성메디케어	BM-03	F18031021103
72	콤슨테크놀러지	KSH-800	F18030112102
73	콤슨테크놀러지	KSH-1000	F18030112103
84	엠씨텍	MHW-40	F18030034006
85	엠씨텍	MHW-80	F18030034007
86	엠씨텍	MHW-120	F18030034008

○ 미끄럼방지용품

연번	업체명	제품명	제품코드
16	미키코리아	MK-NS-6L	F30030043106
17	미키코리아	MK-NS-7L	F30030043107
83	제이에스메디텍	NSM-200	F30030010101
100	태성폴리텍	반짝이매트	F30031042103
107	정성케어	JSS-104 여성용	F30091066104
108	정성케어	JSS-105 남성용	F30091066105

○ 간이변기

연번	업체명	제품명	제품코드
7	평화양행	PHC-02	T03060082001
8	평화양행	PHC-01F	T03060082003

○ 지팡이

연번	업체명	제품명	제품코드
49	지디엘코리아	에쿠우스	M03031058101
52	태동프라임	T-Stick	M03030048101

○ 욕창예방방석

연번	업체명	제품명	제품코드
7	씰테크	SMC-608-1	H12030037002

○ 자세변환용구

연번	업체명	제품명	제품코드
16	클리어뷰헬스케어	PSC-A	M30030027001
17	클리어뷰헬스케어	PSC-B	M30030027002
18	클리어뷰헬스케어	RP-202	M30030027011

2. 품목별 급여대상 제품 및 급여비용(대여품목) 중 다음의 각 제품을 각 급여대상 제품 목록에서 각각 삭제한다.

○ 수동휠체어

연번	업체명	제품명	제품코드
14	대세엠케어	1.750Eurochair	M18030057501
64	오픈케어	SF-8J750SF-FB	M18030042501
65	와이메드	BM22-40	M18030053501

○ 목욕리프트

연번	업체명	제품명	제품코드
2	코스웰	Bathmaster Sonaris	B03240062501

3. 품목별 급여대상 제품 및 급여비용(구입 또는 대여품목) 중 다음의 각 제품을 각 급여대상 제품 목록에서 각각 삭제한다.

○ 욕창예방매트리스

연번	업체명	제품명	제품코드
4	썬바라	OASIS1000	H12060067501
5	썬바라	EXCEL4000	H12060067503
7	앞썬	MSK-02	H12060028501

1. 품목별 급여대상 제품 및 급여비용(구입품목) 중 다음 각 제품별 급여비용(구입가/원)란을 각각 다음과 같이 한다.

○ 이동변기

연번	업체명	제품명	제품코드	급여비용 (구입가/원)	내구 연한
12	아시아엠이	APT-101	T03030060001	306,000	5년

○ 목욕의자

연번	업체명	제품명	제품코드	급여비용 (구입가/원)	내구 연한
16	아시아엠이	ASC-102	B03180060002	173,000	5년

○ 성인용보행기

연번	업체명	제품명	제품코드	급여비용 (구입가/원)	내구 연한
53	코지케어	코지워커 P01A	M06091056102	241,000	5년
55	에스엔씨케어	휴먼스텝 산아2	M06090116101	241,000	5년
58	코지케어	코지워커 P02	M06060147001	249,000	5년

○ 안전손잡이

연번	업체명	제품명	제품코드	급여비용 (구입가/원)	내구 연한
7	대구정공	DGP-0005	F18030059007	188,000	
89	보림제작소	케어 핸들-1	F18031068101	139,000	

○ 미끄럼방지용품

연번	업체명	제품명	제품코드	급여비용 (구입가/원)	내구 연한
3	대성화학공업	DSNS4075	F30031048101	17,500	
4	대성화학공업	DSNS6095	F30031048102	25,600	
18	미키코리아메디칼	케어매트 블루	F30030111101	25,600	
38	삼인정밀	AFM-01	F30030078101	25,600	
41	삼주유니콘	SJ-15	F30030005103	17,500	
42	삼주유니콘	SJ-16	F30030005104	25,600	
46	새천매트	SC-2200	F30031036101	33,400	
59	미르메딕스	세이프-플라워SH 40	F30030022102	17,500	
60	미르메딕스	세이프-스톱SH60	F30030022103	17,500	
66	아시아엠이	ASM-102	F30030060102	17,500	
85	태성폴리텍	TS7	F30031042101	25,600	
86	태성폴리텍	KJ-SM-01	F30031042102	25,600	
93	영원메디칼	YW-M100	F30030030101	25,600	
98	엔티바이오	NT-1001	F30031059102	25,600	
99	엔티바이오	NT-2002	F30031059101	17,500	
103	동일산업	크로바	F30031065101	25,600	
109	대성홈테크	나이팅게일-01	F30031067101	13,700	

연번	업체명	제품명	제품코드	급여비용 (구입가/원)	내구 연한
110	대성홈테크	나이팅게일-02	F30031067102	17,500	
111	대성홈테크	나이팅게일-03	F30031067103	17,500	
112	대성홈테크	나이팅게일-04	F30031067104	25,600	
113	새천매트	SC-2500	F30031036103	42,700	
118	태온실버	TOM-01	F30031077101	17,500	
134	동일산업	크로바 2	F30031065102	17,500	
140	엔티바이오	NT-0001	F30031059103	25,600	
143	이화	JE-2200	F30031085101	25,600	

○ 지팡이

연번	업체명	제품명	제품코드	급여비용 (구입가/원)	내구 연한
11	삼인정밀	MCS-01	M03030078102	37,100	2년
53	대기정공	케어스틱	M03031070101	58,500	2년

○ 자세변환용구

연번	업체명	제품명	제품코드	급여비용 (구입가/원)	내구 연한
10	삼인정밀	MPG-05	M30030078102	25,500	
23	삼덕인터메디	CD-100	M30030148001	94,500	

2. 품목별 급여대상 제품 및 급여비용(대여품목) 중 다음 각 제품별 급여비용(구입가/원)란을 각각 다음과 같이 한다.

○ 수동휠체어 : 내구연한 5년

연번	업체명	제품명	제품코드	급여비용(월대여가/원)	
				내구연한	연장대여
44	미키코리아메디칼	MiKi-W AH	M18030111103	29,400	14,700

○ 전동침대 : 내구연한 10년

연번	업체명	제품명	제품코드	급여비용(월대여가/원)	
				내구연한	연장대여
71	엠씨텍	MMP-315	S03090034009	75,400	37,700

○ 이동욕조 : 내구연한 5년

연번	업체명	제품명	제품코드	급여비용(월대여가/원)	
				내구연한	연장대여
3	영화의료기	YH-2002	B03030031001	33,400	16,700

부　칙

제1조(시행일) 이 고시는 2020년 1월 1일부터 시행한다.

제2조(적용례) 이 고시의 개정규정은 이 고시 시행 후 최초로 복지용구를 제공하는 것부터 적용한다.

■ 노인장기요양보험법 시행규칙 [별표 1] <신설 2019. 10. 24.>

재가장기요양기관의 시설 · 인력기준

(제23조제2항제3호 관련)

1. 시설의 규모: 「노인복지법 시행규칙」 별표 9의 시설의 규모에 따른다.
2. 시설 및 설비 기준: 「노인복지법 시행규칙」 별표 9의 시설 및 설비 기준에 따른다.
3. 직원의 자격 및 인력기준: 「노인복지법 시행규칙」 별표9의 직원의 자격기준 및 인력기준에 따른다.
4. 여러 종류의 재가급여(기타재가급여는 제외한다)를 동시에 제공하는 기관에 대한 특례
   가. 시설 및 설비기준에 관한 특례
      재가급여를 제공하는 기관이 하나 이상의 다른 재가급여를 동시에 제공하는 경우 사업에 지장이 없는 범위에서 생활실, 침실 외의 시설은 병용할 수 있다.
   나. 인력기준에 관한 특례
      1) 재가급여사업의 관리책임자가 하나 이상의 다른 재가급여사업을 동시에 관리하는 경우 사업에 지장이 없는 범위에서 그 다른 사업의 관리책임자를 겸직하여 운영할 수 있다. 다만, 의료기관이 아닌 재가장기요양기관이 방문간호를 하는 경우의 그 방문간호사업의 관리책임자는 2년 이상의 간호업무경력이 있는 간호사로서 상근하는 사람으로 한다.
      2) 방문간호사업과 방문요양사업 또는 방문목욕사업을 병설하여 운영하는 경우에는 간호(조무)사가 요양보호사 자격이 있으면 겸직하여 운영할 수 있다.
5. 재가급여(기타재가급여는 제외한다)를 제공하는 기관을 사회복지시설에 병설하는 경우의 특례
   가. 시설 및 설비기준에 관한 특례
      방문요양, 방문목욕 또는 방문간호를 제공하는 기관을 사회복지시설에 병설하여 운영하는 경우 사업에 지장이 없는 범위에서 상호 중복되는

시설 · 설비를 공동으로 사용할 수 있다.

나. 인력기준에 관한 특례

재가급여를 제공하는 기관을 사회복지시설에 병설하여 운영하는 경우 사회복지시설의 장은 사업에 지장이 없는 범위에서 그 재가급여사업의 관리책임자(시설장)를 겸직하여 운영할 수 있다. 다만, 의료기관이 아닌 재가장기요양기관이 방문간호를 하는 경우 그 방문간호사업의 관리책임자는 2년 이상의 간호업무경력이 있는 간호사로서 상근하는 사람으로 한다.

■ 노인장기요양보험법 시행규칙 [별표 2]

행정처분의 기준(제29조 관련)

1. 일반기준

가. 위반행위의 횟수에 따른 행정처분의 기준은 최근 5년간 같은 위반행위로 행정처분을 받은 경우에 적용한다. 이 경우 기준 적용일은 위반행위에 대하여 행정처분을 한 날과 그 행정처분 이후 다시 같은 위반행위를 하여 적발된 날을 기준으로 하여 위반행위의 횟수를 계산한다.

나. 위반행위가 둘 이상인 경우에는 다음의 기준에 따라 처분한다.

1) 위반행위가 둘 이상인 경우로서 각각의 위반행위에 대한 처분기준(법 제37조제1항제4호에 해당하는 경우로서 그 위반행위에 대한 처분기준이 업무정지인 경우에는 제외한다)이 다른 경우에는 그 중 무거운 처분기준에 따른다.

2) 둘 이상의 위반행위(법 제37조제1항제4호에 해당하는 경우는 제외한다)에 대한 처분기준이 동일한 업무정지인 경우에는 6개월을 넘지 아니하는 범위에서 각각의 위반행위에 대한 처분기준에 따른 업무정지 기간을 합산하여 처분한다.

3) 법 제37조제1항제4호에 해당하는 경우를 포함한 둘 이상의 위

반행위에 대한 처분기준이 동일한 업무정지인 경우에는 6개월을 넘지 않는 범위에서 법 제37조제1항제4호에 해당하는 경우에 대한 처분기준을 우선 적용하여 처분하고, 6개월 중 나머지 기간의 범위에서 나머지 위반행위에 따른 업무정지기간을 합산하여 처분한다.

다. 위반행위가 둘 이상인 경우로서 다음의 어느 하나에 해당하는 경우에는 제2호에 따른 기준에도 불구하고 지정취소할 수 있다.

1) 처분할 위반행위가 4종 이상인 경우

2) 처분할 위반행위가 제2호가목13)가)부터 마)까지의 행위 중 2종 이상인 경우

라. 하나의 위반행위에 대한 행정처분이 업무정지처분에 해당하는 경우는 위반행위의 동기, 내용, 정도 및 결과 등을 고려하여 그 처분기준의 2분의 1의 범위에서 감경하여 처분할 수 있다. 다만, 다음의 어느 하나에 해당하는 경우에는 그렇지 않다.

1) 법 제37조제1항제4호에 해당하는 경우 중 거짓으로 급여비용의 전부 또는 일부를 청구한 경우

2) 법 제37조제1항제5호 또는 제6호에 해당하는 경우

3) 삭제 <2019. 6. 12.>

2. 개별기준

가. 장기요양기관에 대한 기준(법 제37조제1항제4호는 제외한다)

위반행위	해당 조항	행정처분 기준			
		1차 위반	2차 위반	3차 위반	4차 위반
1) 거짓이나 그 밖의 부정한 방법으로 지정을 받은 경우	법 제37조 제1항제1호	지정취소			
2) 법 제28조의2를 위반하여 급여외행위를 제공한 경우. 다만, 장기요양기관의 장이 그 위반행위를 방지하기 위하여 해당 업무에 관하여 상당한 주의와 감독을 게을리하지 않은 경우는 제외한다.	법 제37조 제1항제1호의2	경고	업무정지 1개월	업무정지 3개월	지정취소
3) 법 제31조제2항에 따	법 제37조	경고	업무	업무	지정

른 지정기준에 적합하지 않은 경우	제1항제2호		정지 7일	정지 15일	취소
4) 법 제32조의2 각 호의 어느 하나에 해당하게 된 경우. 다만, 같은 조 제7호에 해당하게 된 법인의 경우 3개월 이내에 그 대표자를 변경하는 경우는 그렇지 않다.	법 제37조 제1항제2호의2	지정 취소			
5) 법 제35조제1항을 위반하여 장기요양급여를 거부한 경우	법 제37조 제1항제3호	경고	업무 정지 1개월	업무 정지 3개월	지정 취소
6) 법 제35조제5항을 위반하여 본인부담금을 면제하거나 감경하는 행위를 한 경우	법 제37조제1항 제3호의2	업무정지 1개월	업무 정지 3개월	지정 취소	
7) 법 제35조제6항을 위반하여 수급자를 소개, 알선 또는 유인하는 행위 및 이를 조장하는 행위를 한 경우	법 제37조 제1항제3호의3	업무 정지 1개월	업무 정지 3개월	지정 취소	
8) 법 제35조의4제2항 각 호의 어느 하나를 위반한 경우	법 제37조 제1항 제3호의4	경고	업무 정지 1개월	업무 정지 3개월	지정 취소
9) 법 제36조제1항에 따른 폐업 또는 휴업 신고를 하지 않고 1년 이상 장기요양급여를 제공하지 않은 경우	법 제37조 제1항제3호의5	지정 취소			
10) 법 제36조의2에 따른 시정명령을 이행하지 않거나 회계부정 행위가 있는 경우	법 제37조제1항 제3호의6				
가) 고의 또는 중과실로 시정명령을 이행하지 아니한 경우		업무정지 3개월	업무정지 6개월	지정취소	
나) 고의 또는 중과실로		업무정	업무정	지정취	

회계장부를 작성하지 아니하거나 허위로 작성한 경우		지 3개월	지 6개월	소	
다) 가)또는 나)외의 경우		업무정지 1개월	업무정지 3개월	지정취소	
11) 정당한 사유 없이 법 제54조에 따른 평가를 거부·방해 또는 기피하는 경우	법 제37조제1항제3호의7	경고	업무정지 1개월	업무정지 3개월	지정취소
12) 법 제61조제2항에 따른 자료제출 명령에 따르지 아니하거나 거짓으로 자료제출을 한 경우나 질문 또는 검사를 거부·방해 또는 기피하거나 거짓으로 답변한 경우	법 제37조제1항제5호	업무정지 6개월	지정취소		
13) 장기요양기관의 종사자 등이 다음 각 목의 어느 하나에 해당하는 행위를 한 경우. 다만, 장기요양기관의 장이 그 행위를 방지하기 위하여 해당업무에 관하여 상당한 주의와 감독을 게을리하지 않은 경우는 제외한다.	법 제37조제1항제6호				
가) 수급자의 신체에 폭행을 가하거나 상해를 입히는 행위		업무정지 6개월	지정취소		
나) 수급자에게 성적 수치심을 주는 성폭행, 성희롱 등의 행위		지정취소			
다) 자신의 보호·감독을 받는 수급자를		업무정지	업무정지	지정취소	

유기하거나 의식주를 포함한 기본적 보호 및 치료를 소홀히 하는 방임행위 라) 수급자를 위하여 증여 또는 급여된 금품을 그 목적 외의 용도에 사용하는 행위 마) 폭언, 협박, 위협 등으로 수급자의 정신건강에 해를 끼치는 정서적 학대행위		3개월 업무정지 1개월 업무정지 6개월	6개월 업무정지 3개월 지정취소	지정취소	
14) 업무정지기간 중에 장기요양급여를 제공한 경우	법 제37조제1항제7호	지정취소			
15) 「부가가치세법」 제8조에 따른 사업자 등록 또는 「소득세법」 제168조에 따른 사업자등록이나 고유번호가 말소된 경우	법 제37조제1항제8호	지정취소			

나. 장기요양기관이 법 제37조제1항제4호에 해당하는 경우의 기준

1) 1차 및 2차 위반 시의 기준: 다음 표에 따른 업무정지

(단위 : 일)

구분	부당청구액의 비율				
월평균 부당금액	0.5% 이상 1% 미만	1% 이상 2% 미만	2% 이상 3% 미만	3% 이상 4% 미만	4% 이상 5% 미만
15만원 이상 25만원 미만			10	20	30
25만원 이상 40만원 미만		10	20	30	40
40만원 이상 80만원 미만	10	20	30	40	50
80만원 이상	20	30	40	50	60

240만원 미만					
240만원 이상 840만원 미만	30	40	50	60	70
840만원 이상 3천만원 미만	40	50	60	70	80
3천만원 이상	50	60	70	80	90

비고

1. 월평균 부당금액은 조사대상기간 동안 거짓이나 그 밖의 부당한 방법으로 공단에게 장기요양급여비용을 부담하게 한 금액과 거짓이나 그 밖의 부당한 방법으로 수급자에게 본인부담금을 부담하게 한 비용을 합산한 금액을 조사대상기간의 월수로 나눈 금액으로 한다.
2. 부당청구액의 비율(%)은 (총 부당금액/장기요양급여비용총액) X100으로 산출한다.
3. 장기요양급여비용총액은 조사대상기간에 공단이 심사결정한 장기요양급여비용의 합산 금액으로 한다. 다만, 장기요양급여비용의 심사청구가 없어 심사결정 총장기요양급여비용을 산출할 수 없는 경우에는 총 부당금액을 장기요양급여비용총액으로 본다.
4. 부당청구액의 비율이 5% 이상인 경우에는 초과 1%마다 업무정지기간을 3일씩 가산하되, 그 부당청구액의 비율의 소수점 이하는 1%로 본다. 다만, 업무정지기간을 가산하는 경우에도 총 업무정지기간은 6개월을 넘을 수 없다.

2) 3차 위반 시의 기준: 지정취소

다. 장기요양기관 종사자에 대한 기준

위반행위	해당 조항	행정처분 기준	
		1차 위반	2차 이상 위반
거짓이나 그 밖의 부정한 방법으로 재가급여비용 또는 시설급여비용을 청구하는 행위에 가담한 경우	법 제37조의5제1항	장기요양급여 제공의 제한 6개월	장기요양급여 제공의 제한 12개월

■ 노인장기요양보험법 시행규칙 [별표 3] <개정 2015.12.31.>

포상금 지급기준(제43조의2 관련)

신 고 인	지 급 기 준	
1. 요양보호사, 사회복지사, 간호사, 물리치료사, 기타 직원 등이 종사하거나 종사하였던 장기요양기관을 신고하는 경우 및 복지용구 제조업자·판매업자에게 고용되어 있거나 고용되었던 사람이 신고하는 경우	장기요양기관이 속임수나 그 밖의 부당한 방법으로 지급받은 장기요양 급여비용에 대한 징수금(이하 "징수금"이라 한다)이 3만원 이상 500만원 이하인 경우	징수금 × 30/100
	징수금이 500만원 초과 2천500만원 이하인 경우	150만원+(500만원 초과 징수금×20/100)
	징수금이 2천500만원을 넘는 경우	2억원의 범위에서 550만원+(2천500만원 초과 징수금×10/100)
2. 장기요양급여를 받은 사람 또는 그 배우자와 직계존·비속이 그 장기요양급여비용에 대하여 신고하는 경우	징수금이 2천원 이상 2만5천원 이하인 경우	1만원
	징수금이 2만5천원을 넘는 경우	500만원의 범위에서 징수금×40/100
3. 제1호 및 제2호 외의 경우	징수금이 2만원 이상 1천만원 이하인 경우	징수금 × 20/100
	징수금이 1천만원 초과 2천만원 이하인 경우	200만원+(1천만원 초과 징수금×15/100)
	징수금이 2천만원을 넘는 경우	500만원의 범위에서 350만원+(2천만원 초과 징수금 × 10/100)

비고: 제1호부터 제3호까지의 규정에 따라 산정된 포상금의 1천원 단위 미만은 지급하지 아니한다.

■ 노인장기요양보험법 시행규칙 [별지 제1호서식] <개정 2013.6.10>

외국인근로자 장기요양보험 가입제외 신청서

※ 뒤쪽의 작성방법 및 유의사항을 읽고 작성하시기 바라며, 어두운 란은 신청인이 적지 않습니다.

(앞쪽)

접수번호		접수일자	처리기간 3일
①사업장	명 칭		관리번호
	소재지		
②가입자	성 명		외국인등록번호
	주 소		
	전화번호		
	국 적		체류자격

「노인장기요양보험법」 제7조제4항 및 같은 법 시행규칙 제1조의2에 따라 장기요양보험 가입 제외를 신청합니다.

년 월 일

신청인 (서명 또는 인)

국민건강보험공단 이사장 귀하

신청(신고)인 제출서류	없 음	수수료
담당 직원 확인사항	외국인등록증 사본 또는 외국인등록사실증명 중 1부	없 음

행정정보 공동이용 동의서

본인은 이 건 업무처리와 관련하여 담당 직원이 「전자정부법」 제36조제2항에 따른 행정정보의 공동이용을 통하여 위의 담당 직원 확인사항을 확인하는 것에 동의합니다.

*동의하지 아니하는 경우에는 신청인이 직접 관련 서류를 제출하여야 합니다.

신청인 (서명 또는 인)

210㎜×297㎜[백상지 80g/㎡]

(뒤쪽)

작성방법 및 유의사항

①: 신청인을 고용하고 있는 사업장의 명칭과 소재지 주소를 적습니다.

②: 신청인(가입자)의 "성명", "외국인등록번호"란에는 신청인(가입자)의 외국인등록증 상의 성명 및 외국인등록번호를 적고, "전화번호"란에는 신청인(가입자)의 자택전화번호 및 휴대전화번호를 적고, "국적" 및 "체류자격"을 적습니다.

처 리 절 차

신청서 제출	→	신청서 접수 및 확인	→	신청서 처리	→	적용제외 확인 및 통지	→	수령
신청인		처리기관 (국민건강보험공단)		처리기관 (국민건강보험공단)		처리기관 (국민건강보험공단)		신청인

■ 노인장기요양보험법 시행규칙 [별지 제1호의2서식] <개정 2019. 10. 24.>

[ ] 장기요양인정 신청서
[ ] 장기요양인정 갱신신청서
[ ] 장기요양등급 변경신청서
[ ] 장기요양 급여종류·내용 변경신청서

※ 뒤쪽의 작성방법 및 유의사항을 읽고 작성하시기 바라며, 어두운 란은 신청인이 적지 않습니다.

(앞쪽)

접수번호	접수일	처리기간 30일

신청인 (수급자)	①성명	②주민등록번호
	③주민등록지	
	④실제거주지 (※ 주민등록지와 동일할 경우 작성을 생략합니다)	
	⑤전화번호	휴대전화
대리인	⑥성명	⑦주민등록번호
	⑧주소	
	⑨전화번호	휴대전화
	⑩유형	1. [ ] 가족 [ ] 친족 [ ] 이해관계인 (신청인과의 관계:) 2. [ ] 사회복지전담공무원 3. [ ] 치매안심센터의 장(신청인이 치매환자인 경우로 한정합니다) 4. [ ] 특별자치시장·특별자치도지사·시장·군수·구청장이 지정한 사람
보호자	[ ] 보호자 있음 [ ] 보호자 없음 ※ 대리인과 보호자가 동일할 경우 작성을 생략합니다 ⑪성명 ⑫신청인과의 관계 ⑬전화번호	
우편물 수령지	⑭수령인	[ ] 신청인(본인) [ ] 보호자(대리인과 동일한 경우)
	⑮수령지	[ ] 주민등록지 [ ] 실거주지 [ ] 보호자주소지 ※보호자주소지를 선택하는 경우에만 기재하며, 대리인과 보호자가 동일할 경우에는 작성을 생략합니다.

⑯변경신청 시 사유

⑰1. 신청인 전염성 질환 보유 여부 [ ] 예 [ ] 아니오
2. 정신 질환 보유 여부 [ ] 예 [ ] 아니오

「노인장기요양보험법」 제13조, 제20조부터 제22조까지, 같은 법 시행규칙 제2조, 제8조 및 제9조에 따라 위와 같이 신청합니다.

년 월 일

신청인 (서명 또는 인)

대리인 (서명 또는 인)

국민건강보험공단 이사장 귀하

첨부서류	1. 신분증 가. 본인이 신청하는 경우: 본인의 신분증 1부 나. 대리인이 신청한 경우 ① 가족, 친족 또는 이해관계인: 대리인의 신분증 1부 ② 사회복지전담공무원: 공무원임을 증명하는 신분증 1부 ③ 치매안심센터의 장(신청인이 치매환자인 경우로 한정합니다): 대리인의 신분증 및 치매안심센터의 장임을 증명하는 서류 각 1부 ④ 특별자치시장·특별자치도지사·시장·군수·구청장이 지정한 자: 별지 제9호서식의 대리인 지정서 1부 2. 별지 제2호서식의 의사소견서 1부(신청서와 함께 제출하지 않고 추후에 제출할 수 있으며, 「노인장기요양보험법 시행령」 제6조에 해당하는 경우와 급여종류·내용 변경신청 시에는 제출하지 않습니다) 3. 노인성 질병을 확인할 수 있는 진단서 등 증명서류 1부(65세 미만인 사람으로서 장기요양인정신청 시에 별지 제2호서식의 의사소견서를 제출하지 않은 경우에만 해당합니다)

210mm×297mm[백상지 80g/㎡]

(뒤쪽)

작성방법 및 유의사항

<작성방법>

신청서명은 해당하는 곳에 √표 합니다.

※ 65세 미만인 사람은 다음의 노인성 질병이 있는 경우에만 신청할 수 있습니다.

● 치매(F00*, F01, F02*, F03), 알츠하이머병(G30), 뇌혈관질환(I60~I67, I68*, I69), 파킨슨병(G20), 이차성 파킨슨증(G21), 달리 분류된 질환에서의 파킨슨증(G22*), 기저핵의 기타 퇴행성 질환(G23)

● 중풍후유증(U23.4) 및 진전(R25.1)

- 장기요양인정 신청: 장기요양인정을 받으려고 신청하는 경우
- 장기요양인정 갱신신청: 장기요양인정을 받은 사람이 장기요양급여를 계속 받으려고 유효기간이 끝나기 이전 갱신신청 하는 경우
- 장기요양등급 변경신청: 장기요양인정을 받은 사람의 심신상태가 호전되거나 악화되어 등급을 변경하려는 경우
- 장기요양 급여종류・내용 변경신청: 장기요양급여의 종류・내용을 변경하려는 경우

①~⑤: 신청인의 성명, 주민등록번호, 주민등록지, 실제거주지(주민등록주소와 다른 경우), 전화번호를 적습니다.

※ 신청인(본인) 란에는 장기요양급여를 받고자 하는 사람을 적습니다.

※ 실제거주지는 방문조사 및 등급판정 결과 등 각종 우편물 수령지이므로 추후 실제거주지 변경이 있는 경우 공단에 신고하셔야 합니다.

⑥~⑨: 대리인의 성명, 주민등록번호, 주소, 전화번호를 적습니다.

※ 해당하는 경우에만 적습니다.

⑩: 대리인의 유형을 1~3번 중 해당되는 곳에 √표 합니다.

1. 가족, 친족, 이해관계인: 신청인과의 관계를 적습니다.
   - 가족: 「민법」 제779조에 따른 가족으로서 배우자, 직계혈족, 형제자매, 직계혈족의 배우자, 배우자의 직계혈족 및 배우자의 형제자매
   - 친족: 「민법」 제777조에 따른 친족으로서 8촌 이내 혈족, 4촌 이내 인척, 배우자
   - 이해관계인: 가족, 친족을 제외한 이웃 등 그 밖의 사람
2. 사회복지전담공무원: 「사회복지사업법」에 따른 사회복지전담공무원
3. 치매안심센터의 장(신청인이 치매환자인 경우로 한정합니다): 「치매관리법」에 따른 치매안심센터의 장
4. 특별자치시장・특별자치도지사・시장・군수・구청장이 지정한 사람: 가족, 친족, 이해관계인 또는 사회복지전담공무원이 장기요양인정신청 등을 할 수 없는 경우 특별자치시장・특별자치도지사・시장・군수・구청장이 지정하는 사람

⑪~⑬: 보호자 유무에 √표 하고 보호자의 성명, 신청인과의 관계, 전화번호를 적습니다.

※ 보호자가 대리인과 동일하거나 보호자가 없는 경우 작성을 생략합니다.

⑭~⑮: 우편물 수령인 및 수령지를 선택하여 주시고 우편물을 수령할 주소를 기재하여 주시고, 추후 수령지 변경을 희망할 경우 공단에 신고하셔야 합니다.

※ 우편물 수령자는 신청인(본인) 또는 보호자에 한정합니다.

⑯: 장기요양등급 또는 급여종류・내용의 변경을 신청한 경우에는 사유를 간략하게 적습니다.

⑰: 신청인의 전염성 질환 및 정신 질환 보유 여부에 √표 합니다(최근 6개월 이내 전염성 질환 및 정신 질환으로 치료를 받았거나 치료 중인 경우 표시합니다).

<유의사항>

①: 장기요양인정, 갱신 신청을 하는 경우 공단이 제공한 의사소견서 발급의뢰서를 의료기관에 제출하여야 합니다.

②: 장기요양 수급자로 결정되면 다른 법령에 따른 사회보장급여의 중복수급이 제한될 수 있습니다.

③: 「노인장기요양보험법」 제15조제4항에 따라 거짓이나 그 밖의 부정한 방법 등으로 장기요양인정을 받은 것으로 의심되는 경우 공단은 인정조사를 실시하여 다시 등급판정을 할 수 있습니다.

처리절차

신청서 작성	→	접수 및 확인	→	방문조사 및 등급판정	→	장기요양등급 등 결과 통보	→	장기요양급여 이용
신청인		처리기관 (국민건강보험공단)		처리기관 (국민건강보험공단)		처리기관 (국민건강보험공단)		신청인

■ 노인장기요양보험법 시행규칙 [별지 제2호서식] <개정 2019. 9. 27.>

의사소견서

※ 색상이 어두운 란은 담당의사가 적지 않습니다. (제1쪽 앞면)

접수번호	접수일	유효기간 발급일부터 30일

※ 담당의사는 소견서 내용을 빠짐없이 작성하여 주시기 바랍니다.

신청인(본인)	성 명	주민등록번호 (세)
	주 소 (전화번호)	
발급 구분	[ ] 65세 이상자 [ ] 65세 미만자	

※ 65세 미만자만 기입하며, 해당하는 질병에 √표를 합니다.

구분	질병명	질병코드
한국표준질병·사인분류	가. 알츠하이머병에서의 치매	[ ] F00*
	나. 혈관성 치매	[ ] F01
	다. 달리 분류된 기타 질환에서의 치매	[ ] F02*
	라. 상세불명의 치매	[ ] F03
	마. 알츠하이머병	[ ] G30
	바. 지주막하출혈	[ ] I60
	사. 뇌내출혈	[ ] I61
	아. 기타 비외상성 두개내출혈	[ ] I62
	자. 뇌경색증	[ ] I63
	차. 출혈 또는 경색증으로 명시되지 않은 뇌졸중	[ ] I64
	카. 뇌경색증을 유발하지 않은 뇌전동맥의 폐쇄 및 협착	[ ] I65
	타. 뇌경색증을 유발하지 않은 대뇌동맥의 폐쇄 및 협착	[ ] I66
	파. 기타 뇌혈관질환	[ ] I67
	하. 달리 분류된 질환에서의 뇌혈관장애	[ ] I68*
	거. 뇌혈관질환의 후유증	[ ] I69
	너. 파킨슨병	[ ] G20
	더. 이차성 파킨슨증	[ ] G21
	러. 달리 분류된 질환에서의 파킨슨증	[ ] G22*
	머. 기저핵의 기타 퇴행성 질환	[ ] G23
	버. 중풍후유증	[ ] U23.4
	서. 진전(震顫)	[ ] R25.1

※ 1. 해당 의사소견서는 장기요양급여를 받기 위하여 장기요양등급판정위원회에 제출하기 위한 용도로만 활용 가능하며, 다른 용도로는 활용할 수 없습니다.

2. 65세 미만자 중 상기 질병에 해당하는 경우에만 장기요양인정 신청자격이 인정됩니다.

* 신청인이 다른 진단서 등에 의해 노인성 질병임을 이미 진단받아 장기요양인정 신청자격을 인정받은 경우에는 위 진단표를 작성하지 않을 수 있습니다.

3. 65세 미만자 중 상기 질병에 해당하는 경우에는 뒷면의 사항을 빠짐없이 작성하여 주시고, 상기 질병에 해당하지 않는 경우에는 뒷면의 사항을 작성하지 아니합니다.

4. 상기 질병에 해당하지 않는 경우에는 진찰료 등 실비는 공단이 부담하지 아니하고 전액 신청인(본인)이 부담하여야 하며, 상기 질병에 해당하는 경우에도 진찰료 외에 진단에 드는 검사비용 등은 신청인(본인)이 부담하여야 합니다.

5. 노인성 질병의 진단은 위 진단표 외의 진단서 등으로도 할 수 있습니다.

210mm×297mm[백상지 80g/㎡(재활용품)]

(제1쪽 뒷면)

1. 장애의 직접적인 원인이 되는 질병・부상에 대한 의견

가. 기능장애 원인 진단명 및 발병 연월일

1) ______________________________ 발병 연월일(　　년　　월　　일경)

2) ______________________________ 발병 연월일(　　년　　월　　일경)

3) ______________________________ 발병 연월일(　　년　　월　　일경)

나. 상기 질환에 대한 현재 치료내용

다. 향후 상태의 변동 가능성

[　] 호전 가능 [　] 현 상태 유지 [　] 악화 가능 [　] 알 수 없음

▪ 판단 이유:

2. 심신상태에 관한 의견

가. 신체상태

1) 근 력

구분	좌측			우측		
상지	(5 4)	(3 2)	(1 0)	(5 4)	(3 2)	(1 0)
하지	(5 4)	(3 2)	(1 0)	(5 4)	(3 2)	(1 0)

2) 관절운동 범위

상지	[　] 정상	제한 (어깨관절 [　]좌 [　]우, 팔꿈치관절 [　]좌 [　]우, 손목・손가락 관절 [　]좌 [　]우)
하지	[　] 정상	제한 (엉덩관절 [　]좌 [　]우, 무릎관절 [　]좌 [　]우, 발목관절 [　] 좌 [　]우)
관절의 통증		[　] 없음　　[　] 있음 (부위:　　　　)
요양서비스 제공 시 관절 움직임을 제한할 필요가 있는지 여부		[　] 없음　　[　] 있음
		제한 이유:
사지결손		[　] 없음　　[　] 있음 (부위:　　　　)

3) 운동상태

보행	[　] 가능	[　] 부분적 가능	[　] 불가능
실조* 또는 운동이상 (진전 등)	[　] 없음	[　] 있음	[　] 평가할 수 없음
서동증**	[　] 없음	[　] 있음	[　] 평가할 수 없음
요양서비스 제공 시 보행을 제한할 필요가 있는지 여부	[　] 없음	[　] 있음	
	제한 이유:		

* 신체 움직임의 부조화 여부

** 신체 동작의 속도가 비정상적으로 느리거나 육체 및 정신적 반응이 둔한 것

(제2쪽 앞면)

나. 정신상태

1) 인지기능

의사소통 능력	[ ] 정상	[ ] 부분적 가능	[ ] 불가능
단기 기억력	[ ] 정상	[ ] 경미한 장애	[ ] 심한 장애
장기 기억력	[ ] 정상	[ ] 경미한 장애	[ ] 심한 장애
장소 인지력***	[ ] 정상	[ ] 경미한 장애	[ ] 심한 장애
판단력	[ ] 정상	[ ] 경미한 장애	[ ] 심한 장애

*** 장소에 대해 올바르게 인식하는 능력

2) 문제행동 유무

[ ] 없음				
[ ] 있음	[ ] 망상	[ ] 환각	[ ] 수면장애	[ ] 서성거리며 안절부절 못함
	[ ] 길을 잃음	[ ] 공격적, 파괴적 행동	[ ] 밖으로 나가려 함	[ ] 돈/물건 등 감추기
	[ ] 부적절한 옷 입기	[ ] 불결한 행동	[ ] 거부증	[ ] 우울 기분
	[ ] 그 밖의 특이 증상 :			

다. 일상생활 자립도

장애노인	[ ] 정상	[ ] 생활자립	[ ] 준 와상상태	[ ]완전 와상상태
치매노인	[ ] 자립	[ ] 불완전자립	[ ] 부분의존	[ ] 완전의존

3. 의료적 처치 필요항목

기관지 절개	[ ] 없음 [ ] 있음	도뇨관	[ ] 없음 [ ] 있음
욕창	[ ] 없음 [ ] 있음	장루(창자샛길)	[ ] 없음 [ ] 있음
경관 영양	[ ] 없음 [ ] 있음	당뇨발 및 그에 준하는 피부질환	[ ] 없음 [ ] 있음
암성 통증 및 그에 준하는 통증	[ ] 없음 [ ] 있음	기타(　　　　)	[ ] 없음 [ ] 있음
비고			

※ 해당 항목의 중증도 등을 상세하게 기록하여 주시기 바랍니다.

예시) • 통증: 부위, 통증조절방법, 원인
• 욕창・피부질환: 부위, 경과 등

210mm×297mm[백상지 80g/㎡(재활용품)]

(제2쪽 뒷면)

4. 치료 및 장기요양에 관한 의견

가. 향후 발생가능성이 높은 의학적 문제

[ ] 넘어짐·골절	[ ] 심폐기능 악화	[ ] 욕창
[ ] 흡인성 폐렴	[ ] 탈수·영양장애	[ ] 기타( )

나. 가장 적절한 장기요양서비스 (특히 필요성이 높은 것에 표시하여 주시기 바랍니다)

[ ] 방문요양 (기능장애로 일상생활이 어려워 장기요양을 위해 요양보호인력의 방문보호가 필요함)

[ ] 방문목욕 (거동이 어려운 상태로 신체위생을 위한 목욕이 필요함)

[ ] 방문간호 (보다 전문적인 간호인력의 정기적인 모니터링과 처치가 필요함)

[ ] 주간 또는 야간보호 (혼자 두면 상태가 악화되거나 문제가 발생할 수 있으므로 주·야간보호가 필요함)

[ ] 단기보호 (1 ~ 3 개월 정도의 간호관리 및 장기요양이 필요함)

[ ] 복지용구 (일상생활과 재활을 위한 복지용구가 필요함)

[ ] 시설서비스 (요양시설 등 입소가 필요함)

다. 의학적 치료의 필요성 여부

[ ] 장기요양서비스 이전에 의학적 치료가 필요함

[ ] 장기요양서비스와 의학적 치료가 병행되어야 함

[ ] 의학적 치료가 반드시 필요하지는 않음

(판단이유 :

)

5. 그 밖의 특기사항

※ 1) 장기요양인정서 및 표준장기요양이용계획서 작성 시 필요한 의학적 의견 등을 적되, 전문의 등에게 별도로 의견을 요청한 경우에는 그 내용 및 결과도 모두 적습니다.

2) 장기요양인정 신청자에 대하여 국민건강보험공단이 치매진단의 확인이 필요하다고 판단하여 치매진단과 관련된 보완 서류를 추가로 요청하는 경우에는 보건복지부장관이 정하는 양식에 따라 해당 서류를 추가로 작성하여야 합니다.

6. 의사소견서 발급비용과 관련된 정보

발 급 일: 년 월 일

의사·한의사 성명: (서명 또는 인)

의사·한의사 면허번호: 제 호

의료기관명(건강보험요양기관기호): (직인)

의료기관 주소: 전화번호:

210mm×297mm[백상지 80g/㎡(재활용품)]

■ 노인장기요양보험법 시행규칙[별지 제3호서식] <개정 2019. 6. 12.>

의사소견서 발급의뢰서

※ 색상이 어두운 란은 적지 않습니다.
※ [ ]에는 해당되는 곳에 √표를 합니다.

발급번호	보완 서류 제출 필요 [ ] 예 [ ] 아니오

※ 보완 서류: 장기요양인정 신청자에 대하여 국민건강보험공단이 치매진단의 확인이 필요하다고 판단하여 추가로 요청하는 치매진단과 관련된 서류로서, 보건복지부장관이 정하는 양식에 따라 추가로 작성한 서류

발급대상자	생년월일
주 소	

본인 부담금	[ ] 일반(20%) [ ] 저소득층・생계곤란자 경감대상자(10%) [ ]「의료급여법」 제3조제1항제1호 외의 규정에 따른 의료급여를 받는 사람 (10%) [ ] 「의료급여법」 제3조제1항제1호에 따른 의료급여를 받는 사람(면제)

「노인장기요양보험법」 제13조제1항・제20조제1항 및 같은 법 시행규칙 제2조제3항에 따라 위와 같이 의사소견서 발급을 의뢰합니다.

년 월 일

국민건강보험공단이사장 직인

※ 「노인장기요양보험법 시행규칙」 제4조제4항에 따라 의료기관에서는 상기 발급의뢰서를 지참한 분에 대하여 의사소견서 발급비용 중 본인이 부담하여야 하는 비용은 본인에게 받고, 나머지 비용은 국민건강보험공단에 청구하여야 합니다.

210mm×297mm[백상지 80g/㎡(재활용품)]

■ 노인장기요양보험법 시행규칙 [별지 제4호서식] <개정 2015.12.31.>

(년 월분)

의사소견서 발급비용 청구서

※ 색상이 어두운 란은 신청인이 적지 않으며, [ ]에는 해당되는 곳에 √표를 합니다.

(제1쪽)

접수번호	접수일

○ 발급기관

의료기관명	건강보험 요양기관기호
주소(전자우편 주소)	전화번호

○ 발급비용 청구현황

총 발급건수	① 발급비용 총금액	② 본인부담금	③ 청구금액
	(원)	(원)	(원)

「노인장기요양보험법」 제13조 및 같은 법 시행규칙 제4조에 따라 위와 같이 의사소견서 비용을 청구합니다.

[ ] 일반대상자(일반, 저소득층·생계곤란자 경감대상자)
[ ] 의료급여수급권자(「의료급여법」 제3조제1항제1호에 따른 의료급여를 받는 사람, 「의료급여법」 제3조제1항제1호 외의 규정에 따른 의료급여를 받는 사람)

청구일자 년 월 일

청구인(의료기관 대표자) (서명 또는 인)

작성인 (서명 또는 인)

국민건강보험공단 이사장 귀하

첨부서류	의사소견서 발급비용 청구내역 1부	수수료 없 음

작 성 방 법
① 발급비용 총금액: 공단부담금과 본인부담금을 합한 총 금액을 적습니다.
② 본인부담금: 본인부담금으로서 신청인에게서 수납하는 금액을 적습니다.
③ 청구금액: 공단부담금으로서 공단에 청구하는 금액을 적습니다.
※ 참고: 청구금액은 건강보험급여비용 지급 계좌와 동일한 계좌로 입금됩니다.

210㎜×297㎜[백상지 80g/㎡(재활용품)]

[첨부서류]

(제2쪽)

의사소견서 발급비용 청구내역

연번	의사소견서 발급 대상자			발급일	대상자 구분**	본인 부담율	발급비용(원)		
	발급번호*	성명	주민등록번호				총금액	본인 부담금	청구금액

* 발급번호: 별지 제3호서식의 의사소견서 발급의뢰서에 의한 발급번호를 적습니다.

** 대상자 구분: ① 일반대상자(일반, 저소득층·생계곤란자 경감대상자)
② 의료급여수급권자(「의료급여법」 제3조제1항제1호에 따른 의료급여를 받는 사람, 「의료급여법」 제3조제1항제1호 외의 규정에 따른 의료급여를 받는 사람)

210㎜×297㎜[백상지 80g/㎡]

■ 노인장기요양보험법 시행규칙 [별지 제5호서식] <개정 2019. 9. 27.>

장기요양인정조사표

※ [ ]에는 해당되는 곳에 √표를 합니다. (제1쪽 앞면)

1. 일반사항

① 구분	[ ] 장기요양인정신청 [ ] 갱신신청 [ ] 등급변경신청 [ ] 이의신청			
② 조사원	성명		소속(지사)	
	조사장소		조사일시	

③ 신청인 (본인)	성명		생년월일	
	전화번호		도서·벽지 대상자	[ ] 도서지역 [ ] 벽지지역
	주민등록지			
	실제 거주지			
	장기요양등급		인정유효기간	
	보호자 또는 주 수발자 성명(관계)	( )	보호자 또는 주 수발자 전화번호	
④ 참석인	성명	신청인과의 관계		전화번호

⑤주거상태	[ ]자택 [ ]노인요양시설 [ ]단기보호시설 [ ]양로시설 [ ]요양병원 [ ]기타 병·의원 [ ]기타( )	
⑥ 동거인	현재 신청인과 동거하는 자에 대해 복수표시 가능	
	[ ]독거 [ ]손자녀 [ ]부부 [ ]친척 [ ]부모 [ ]친구·이웃	[ ]자녀(며느리, 사위 포함) [ ]입소시설 관계자 [ ]기타( )
⑦ 현재 받고있는 급여 (과거 3개월간 평균 횟수·일수 기록)	재가급여	[ ]방문요양(회/주) [ ]방문목욕(회/주) [ ]방문간호(회/주) [ ]단기보호(일/주) [ ]주·야간보호(일/주) [ ]주·야간보호시설 내 치매전담실 이용(일/주) [ ]복지용구(구입·대여)
	시설급여	[ ]노인요양시설 [ ]노인요양시설 내 치매전담실 [ ]노인요양공동생활가정 [ ]치매전담형 노인요양공동생활가정
	특별 현금급여	[ ]가족요양비 [ ]특례요양비 [ ]요양병원간병비
	그 밖의 서비스	[ ]노인돌봄서비스 [ ]가사간병방문도움 [ ]보건소사업( ) [ ]개인간병인 [ ]치매상담센터 [ ]기타( )
⑧ 희망급여 종류	현재 신청인이 희망하는 급여에 대해 복수표시 가능	
	재가급여	[ ]방문요양 [ ]방문목욕 [ ]방문간호 [ ]복지용구(구입·대여) [ ]단기보호 [ ]주·야간보호 [ ]주·야간보호시설 내 치매전담실 이용
	시설급여	[ ]노인요양시설 [ ]노인요양시설 내 치매전담실 [ ]노인요양공동생활가정 [ ]치매전담형 노인요양공동생활가정
	특별 현금급여	[ ]가족요양비 [ ]특례요양비 [ ]요양병원간병비
	1순위 희망급여종류 및 내용	

⑨ 등급외 판정 시 희망 서비스 (등급외 판정 시 지역사회 자원 연계를 위한 참고자료 입니다.)	[ ]노인돌봄서비스 [ ]보건소 사업 [ ]노인 일자리 사업 [ ]치매상담센터 [ ]주거개선사업 [ ]무료진료연계 [ ]급식 및 도시락 반찬 [ ]건강운동교실 [ ]가사간병방문도움 [ ]활동보조 [ ]목욕·이미용 [ ]여가, 문화, 교육 [ ]말벗 [ ]기타( ) [ ]거부
⑩ 등록장애	※장애의 종류 및 등급 기록

<참고사항>

210㎜×297㎜[백상지 80g/㎡]

(제1쪽 뒷면)

2. 장기요양인정 · 욕구사항

○ 신청인의 기능상태 등에 대한 정보를 종합하여 다음의 해당란에 √표로 표시함.

○ 각 항목 아래의 빈칸에 특기사항을 기록함.

가. 신체기능(기본적 일상생활 기능) 영역

1) 최근 한 달간의 상황을 종합하여 일상생활에서 다음과 같은 동작을 할 때 다른 사람의 도움을 받는 정도를 평가하여 해당란에 √표로 표시함.

항 목	기능 자립 정도		
	완전 자립	부분 도움	완전 도움
① 옷 벗고 입기			
② 세수하기			
③ 양치질하기			
④ 목욕하기			
⑤ 식사하기			
⑥ 체위 변경하기			
⑦ 일어나 앉기			
⑧ 옮겨 앉기			
⑨ 방 밖으로 나오기			
⑩ 화장실 사용하기			
⑪ 대변 조절하기			
⑫ 소변 조절하기			
⑬ 머리감기			

2) 일상생활 자립도

장애노인(와상도)	[ ]정상	[ ]생활 자립	[ ]준 와상 상태	[ ]완전 와상 상태
치매노인(인지증)	[ ]자립	[ ]불완전 자립	[ ]부분 의존	[ ]완전 의존

※ 신청인의 평소 일상생활 자립정도를 종합하여 각각의 항목 해당란에 √표로 표시함.

(제2쪽 앞면)

나. 사회생활기능(수단적 일상생활 기능) 영역

최근 한 달간의 상황을 종합하여 일상생활에서 다음과 같은 동작을 할 때 다른 사람의 도움을 받는 정도를 평가하여 해당란에 √표로 표시함.

항 목	기능 자립 정도		
	완전 자립	부분 도움	완전 도움
① 집안일 하기			
② 식사 준비하기			
③ 빨래하기			
④ 금전 관리			
⑤ 물건 사기			
⑥ 전화 사용하기			
⑦ 교통수단 이용하기			
⑧ 근거리 외출하기			
⑨ 몸 단장하기			
⑩ 약 챙겨먹기			

(제2쪽 뒷면)

다. 인지기능 영역

최근 한 달간의 상황을 종합하여 신청인이 보였던 증상에 √표로 표시함.

항 목	증 상 여 부	
	예	아니오
① 방금 전에 들었던 이야기나 일을 잊는다.		
② 오늘이 몇 월 며칠인지 모른다.		
③ 자신이 있는 장소를 알지 못한다.		
④ 자신의 나이와 생일을 모른다.		
⑤ 지시를 이해하지 못한다.		
⑥ 주어진 상황에 대한 판단력이 떨어져 있다.		
⑦ 의사소통이나 전달에 장애가 있다.		
⑧ 계산을 하지 못한다.		
⑨ 하루 일과를 이해하지 못한다.		
⑩ 가족이나 친척을 알아보지 못한다.		

(제3쪽 앞면)

라. 행동변화 영역

최근 한 달간의 상황을 종합하여 신청인이 보였던 증상에 √표로 표시함.

항 목	증상여부	
	예	아니오
① 사람들이 무엇을 훔쳤다고 믿거나 자기를 해하려 한다고 잘못 믿고 있다.		
② 헛것을 보거나 환청을 듣는다.		
③ 슬퍼 보이거나 기분이 처져 있으며 때로 울기도 한다.		
④ 밤에 자다가 일어나 주위 사람을 깨우거나 아침에 너무 일찍 일어난다. 또는 낮에는 지나치게 잠을 자고 밤에는 잠을 이루지 못한다.		
⑤ 주위사람이 도와주려 할 때 도와주는 것에 저항한다.		
⑥ 한군데 가만히 있지 못하고 서성거리거나 왔다 갔다 하며 안절부절 못한다.		
⑦ 길을 잃거나 헤맨 적이 있다. 외출하면 집이나 병원, 시설로 혼자 들어올 수 없다.		
⑧ 화를 내며 폭언이나 폭행을 하는 등 위협적인 행동을 보인다.		
⑨ 혼자서 밖으로 나가려고 해서 눈을 뗄 수가 없다.		
⑩ 물건을 망가뜨리거나 부순다.		
⑪ 의미 없거나 부적절한 행동을 자주 보인다.		
⑫ 돈이나 물건을 장롱같이 찾기 어려운 곳에 감춘다.		
⑬ 옷을 부적절하게 입는다.		
⑭ 대소변을 벽이나 옷에 바르는 등의 행위를 한다.		
⑮ 가스불이나 담뱃불, 연탄불과 같은 화기를 관리할 수 없다.		
⑯ 혼자 있는 것을 두려워하여 누군가 옆에 있어야 한다.		
⑰ 이유 없이 크게 소리치고 고함을 친다.		
⑱ 공공장소에서 부적절한 성적 행동을 한다.		
⑲ 음식이 아닌 물건 등을 먹는다.		
⑳ 쓸데없이 간섭하거나 참견한다.		
㉑ 식습관 및 식욕변화를 보이거나 이유 없이 식사를 거부한다.		
㉒ 귀찮을 정도로 붙어서 따라 다닌다.		

(제3쪽 뒷면)

마. 간호처치 영역

최근 2주간의 상황을 종합하여 해당란에 √표로 표시함.

항목	증상 유무		항목	증상 유무	
	있다	없다		있다	없다
① 기관지 절개관 간호			⑥ 암성통증 간호		
② 흡인			⑦ 도뇨(導尿) 관리		
③ 산소요법			⑧ 장루(창자샛길) 간호		
④ 욕창 간호			⑨ 투석 간호		
⑤ 경관 영양			⑩ 당뇨발 간호		

※ 암성통증 간호에 해당되지 않는 통증이 있을 경우 특기사항에 기록함.
※ 당뇨발 간호에 해당되지 않는 상처가 있을 경우 특기사항에 기록함.

바. 재활 영역

반드시 각 항목을 신청인이 직접 수행하도록 한 후 해당란에 √ 표로 표시함.

항목	운동장애 정도		
	운동장애 없음	불완전 운동장애	완전 운동장애
① 우측상지			
② 좌측상지			
③ 우측하지			
④ 좌측하지			

항목	관절제한 정도		
	제한 없음	한쪽관절 제한	양관절 제한
⑤ 어깨관절			
⑥ 팔꿈치관절			
⑦ 손목 및 수지관절			
⑧ 엉덩관절			
⑨ 무릎관절			
⑩ 발목관절			

(제4쪽 앞면)

사. 복지용구

현재 보유하고 있거나, 이용하기를 희망하는 복지용구의 해당란에 √표로 표시함.

용구	보유	희망	용구	보유		희망	
				구입	대여	구입	대여
① 이동변기			⑪ 수동휠체어				
② 목욕의자			⑫ 전동침대				
③ 성인용 보행기			⑬ 수동침대				
④ 안전손잡이			⑭ 욕창예방 매트리스				
⑤ 미끄럼 방지용품 *			⑮ 이동 욕조				
⑥ 간이변기(간이대변기 · 소변기)			⑯ 목욕리프트				
⑦ 지팡이			⑰ 배회감지기				
⑧ 욕창예방 방석			⑱ 경사로				
⑨ 자세변환 용구							
⑩ 요실금 팬티							

* 미끄럼 방지용품: 미끄럼방지매트, 미끄럼방지액, 미끄럼방지양말

※ 신청인이 필요하다고 생각하지만 급여이용을 희망하지 않거나 그 밖에 의견이 있다면 특기사항에 기록함.

아. 지원형태

① 주 수발자	[ ]없음 [ ]배우자 [ ]부모 [ ]자녀(며느리, 사위 포함) [ ]손자녀 [ ]친척 [ ]친구 · 이웃 [ ]간병인 [ ]자원봉사자 [ ]기타( )

② 주 수발자의 도움영역	[ ]신체기능 [ ]사회생활기능 [ ]정서적 지지	
③ 하루 종일 혼자 있음	[ ]예	[ ]아니오

자. 환경 평가

주거 상황이 건강에 해롭거나 지내기 어려운 환경을 만드는지 평가

(조명, 바닥 상태, 욕실 및 화장실 환경, 부엌 환경, 냉방과 난방, 개인안전, 환기 등)

① 조명(눈부심, 그림자, 스위치 위치 등)	[ ]양호 [ ]불량
② 바닥과 벽지 (마룻바닥, 벽지상태)	[ ]양호 [ ]불량
③ 계단(계단 난간 위치)	[ ]양호 [ ]불량
④ 주방(가스기구, 조리기구 위치)	[ ]양호 [ ]불량
⑤ 문턱 여부(현관, 방, 화장실)	[ ]유 [ ]무
⑥ 난방과 환기(적정수준의 온도와 환기)	[ ]양호 [ ]불량
⑦ 화장실 세면대 설치 여부	[ ]유 [ ]무
⑧ 좌변기 여부	[ ]유 [ ]무
⑨ 온수 여부	[ ]유 [ ]무
⑩ 욕조 여부	[ ]유 [ ]무

(제4쪽 뒷면)

차. 시력 • 청력 상태

① 시력 상태	[ ] ㄱ. 정상 [ ] ㄴ. 1미터 떨어진 달력은 읽을 수 있으나 더 먼 거리는 보이지 않는다. [ ] ㄷ. 눈앞에 근접한 글씨는 읽을 수 있으나 더 먼 거리는 보이지 않는다. [ ] ㄹ. 거의 보이지 않는다. [ ] ㅁ. 보이는지 판단 불능
② 청력 상태	[ ] ㄱ. 정상 [ ] ㄴ. 보통의 소리를 듣기도 하고, 못 듣기도 한다. [ ] ㄷ. 큰 소리는 들을 수 있다. [ ] ㄹ. 거의 들리지 않는다. [ ] ㅁ. 들리는지 판단 불능

카. 질병 및 증상

신청인이 현재 앓고 있는 질병 또는 증상에 대해 해당란에 √표로 표시함.

① 질병 및 증상	[ ] ㄱ. 없음 [ ] ㄴ. 치매 [ ] ㄷ. 중풍(뇌졸중) [ ] ㄹ. 고혈압 [ ] ㅁ. 당뇨병 [ ] ㅂ. 관절염(퇴행성, 류마티스) [ ] ㅅ. 요통, 좌골통(디스크탈출증, 척수관협착증) [ ] ㅇ. 일상생활에 지장이 있을 정도의 호흡곤란(심부전, 만성폐질환, 천식) [ ] ㅈ. 난청 [ ] ㅊ. 백내장, 녹내장 등 시각 장애 [ ] ㅋ. 골절, 탈골 등 사고로 인한 후유증 [ ] ㅌ. 암(진단명:) [ ] ㅍ. 기타 (진단명:)

② 주요 질병 및 증상

①에서 파악된 내용 가운데 신청인의 현재 기능상태 저하에 가장 직접적인 원인이 되고 비중이 높은 항목 한 가지만 √표로 표시함.

[ ] ㄱ. 치매　　[ ] ㄴ. 중풍　　[ ] ㄷ. 치매 + 중풍
[ ] ㄹ. 고혈압　　[ ] ㅁ. 당뇨병　　[ ] ㅂ. 관절염
[ ] ㅅ. 요통, 좌골통
[ ] ㅇ. 일상생활에 지장이 있을 정도의 호흡곤란
[ ] ㅈ. 난청　　[ ] ㅊ. 백내장, 녹내장 등 시각 장애
[ ] ㅋ. 골절, 탈골 등 사고로 인한 후유증　　[ ] ㅌ. 암
[ ] ㅍ. 기타 (진단명:) ※1가지 진단명만 적으십시오.

■ 노인장기요양보험법 시행규칙 [별지 제6호서식] <개정 2019. 6. 12.>

발급번호 : 발행일 :

장기요양인정서

성 명		생년월일	
장기요양 인정번호		장기요양등급	
유효기간		장기요양급여의 종류 및 내용	
장기요양등급 판정위원회 의견			

관리지사		전화번호	
주소		홈페이지	www.longtermcare.or.kr

국민건강보험공단 이사장 직인

수급자 안내사항

1. 수급자가 장기요양급여를 받기 위해서는 장기요양기관에 장기요양인정서를 제시하여야 합니다.
2. 「노인장기요양보험법」 제40조에 따라 「의료급여법」 제3조제1항제1호에 따른 의료급여를 받는 사람은 본인부담금이 면제되고, 「의료급여법」 제3조제1항제1호 외의 규정에 따른 의료급여를 받는 사람은 본인부담금이 60% 경감됩니다.
3. 장기요양급여는 월 한도액 범위 내에서 이용이 가능하며, 이를 초과하는 비용 및 비급여비용은 본인이 전액 부담합니다.
4. 장기요양보험료를 6회 이상 납부하지 아니하면 장기요양급여를 받을 수 없습니다.
5. 장기요양인정 등급판정결과에 대해 이의가 있는 경우 통보를 받은 날로부터 90일 이내에 공단에 증명서류를 첨부하여 심사청구할 수 있습니다.
6. 장기요양인정의 갱신신청을 하려는 경우에는 유효기간이 끝나기 90일 전부터 30일 전까지의 기간 동안에 공단에 신청해야 합니다.
7. 장기요양급여의 종류 및 내용이 "가족요양비" 인 경우 「노인장기요양보험법」 제27조의2 및 같은 법 시행규칙 제21조의3에 따라 지급계좌를 특별현금급여수급계좌로 신청·변경 할 수 있습니다.
8. 「노인장기요양보험법」 제15조제4항에 따라 거짓이나 그 밖의 부정한 방법 등으로 장기요양인정을 받은 것으로 의심되는 경우 공단은 인정조사를 실시하여 다시 등급판정을 할 수 있습니다.

210㎜× 297㎜[백상지 80g/㎡]

■ 노인장기요양보험법 시행규칙 [별지 제7호서식] <개정 2019. 6. 12.>

장기요양인정번호

L0000000000 -(이용계획서번호)

표준장기요양이용계획서

본 서식은 수급자가 장기요양급여를 원활히 이용할 수 있도록 발급하는 이용계획서로 장기요양기관과 급여계약 체결 시 제시하시기 바랍니다.

<table>
<tr><td colspan="3">성 명</td><td colspan="2"></td><td>생년월일</td><td colspan="2"></td></tr>
<tr><td colspan="3">장기요양등급</td><td colspan="2">등급</td><td>인정유효기간</td><td colspan="2"></td></tr>
<tr><td colspan="3">재가급여(월 한도액)</td><td colspan="2">1개월당 원</td><td rowspan="6">본인부담율(%)
※ 발급일 기준</td><td rowspan="2">재가</td><td rowspan="2">%</td></tr>
<tr><td rowspan="5">시설급여</td><td rowspan="3">노인요양시설</td><td>일반</td><td>1일당</td><td>원</td></tr>
<tr><td>치매전담실 가형</td><td>1일당</td><td>원</td><td rowspan="4">시설</td><td rowspan="4">%</td></tr>
<tr><td>치매전담실 나형</td><td>1일당</td><td>원</td></tr>
<tr><td rowspan="2">노인요양공동생활가정</td><td>일반</td><td>1일당</td><td>원</td></tr>
<tr><td>치매전담형</td><td>1일당</td><td>원</td></tr>
</table>

장기요양 필요영역	장기요양 욕구	장기요양 목표	장기요양 필요내용
수급자 희망급여			
유 의 사 항			

장기요양 이용계획 및 비용 (급여비용 기준일 : 0000-00-00)					
급여종류	횟 수			장기요양급여 비용	본인부담금
	주		회	원	원
	월		회	원	원
합계				원	원
복지용구					

☎ 000-0000-0000 지사 담당자

년 월 일

국민건강보험공단 이사장 **직인**

■ 노인장기요양보험법 시행규칙[별지 제9호서식] <개정 2019. 6. 12.>

대리인 지정서

신청인 (본인)	성 명		주민등록번호	-
	주 소			
	전화번호	(휴대전화)		
대 리 인	성 명		주민등록번호	-
	주 소			
	전화번호	(휴대전화)		

「노인장기요양보험법」 제22조 및 같은 법 시행규칙 제10조에 따라 위의 사람을 장기요양인정 신청, 갱신신청 또는 장기요양등급의 변경신청, 급여종류 또는 내용의 변경신청 등에 대한 대리인으로 지정합니다.

년 월 일

○○○ 특별자치시장 · 특별자치도지사 · 시장 · 군수 · 구청장 | 직인 |

국민건강보험공단 이사장 귀하

210㎜×297㎜[백상지 80g/㎡]

■ 노인장기요양보험법 시행규칙 [별지 제9호의2서식] <개정 2016. 11. 7.>

방문간호 간호조무사 교육기관 지정 신청서

※ 아래의 작성방법 및 유의사항을 읽고 작성하시기 바라며, 어두운 란은 신청인이 적지 않습니다.

접수번호	접수일자	처리기간 60일

①기 관 명			
②소 재 지			
③신청인 성명		④전화번호	

⑤지정 받으려는 사항
가. 교육생정원 신청인원:
나. 교육개시 예정일:

「노인장기요양보험법 시행규칙」 제11조의2제2항에 따라 방문간호 간호조무사 교육기관의 지정을 받고자 관계서류를 첨부하여 신청합니다.

년 월 일

신청인 (서명 또는 인)

보건복지부장관 귀하

첨부서류	1. 교수요원(전공 전임교수 및 실습지도 겸직교수)의 성명 및 이력이 적힌 서류 2. 실습협약기관 현황 및 협약 약정서 3. 교육계획서 및 교과과정표 4. 해당 방문간호 간호조무사 교육과정에 사용되는 시설 또는 장비현황

작성방법 및 유의사항

①: 신청한 기관명을 적습니다.

②: 신청한 기관의 주소를 적습니다.

③ • ④: 신청한 기관의 대표자 성명 및 전화번호를 적습니다.

⑤: 지정 받으려는 교육생정원 신청인원과 교육개시 예정일을 적습니다.

처 리 절 차

신청서 제출	➔	접수 및 검토 (지정서 발급)	➔	지정서 수령
신청인		처 리 기 관 (보건복지부)		신청인

210㎜×297㎜[백상지 80g/㎡]

■ 노인장기요양보험법 시행규칙 [별지 제9호의3서식] <개정 2013.6.10>

(앞 쪽)

제 호

방문간호 간호조무사 교육기관 지정서

기 관 명:

소 재 지:

대 표 자:

교육생정원:

「노인장기요양보험법 시행규칙」 제11조의2제3항에 따라 위와 같이 방문간호 간호조무사 교육기관으로 지정합니다.

년 월 일

보건복지부장관 관인

210㎜×297㎜(백상지 150g/㎡)

(뒤 쪽)

지정 및 변경사항

일 자	내 용	작 성 자		
		직 급	성명	서명(날인)

■ 노인장기요양보험법 시행규칙 [별지 제10호서식] <개정 2019. 10. 24.>

장기요양기관 입소 · 이용신청서([ ] 신규신청 [ ]갱신 [ ]변경 [ ]해지)

※ [ ] 에는 해당되는 곳에 √표를 합니다.

접수번호	접수일자	처리기간 7일이내

신청인	성명		생년월일		수급자와의 관계	
	주소					
	전화번호	(휴대전화:)				

수급자	성명		주민등록번호	
	장기요양 등급		장기요양인정번호	
	주소			
	전화번호	(휴대전화:)		
	입소·이용 희망 장기요양기관			
	구분	[ ] 「의료급여법」 제3조제1항제1호에 따른 의료급여를 받는 사람 [ ] 「의료급여법」 제3조제1항제1호 외의 규정에 따른 의료급여를 받는 사람		

「노인장기요양보험법 시행규칙」 제16조에 따라 장기요양기관 입소·이용을 위와 같이 신청합니다.

년 월 일

신청인: (서명 또는 인)

※ 신청인이 수급자 본인 · 가족, 사회복지전담공무원, 치매안심센터의 장(수급자가 치매환자인 경우로 한정합니다), 특별자치시장 · 특별자치도지사 · 시장 · 군수 · 구청장이 지정한 자 외의 이해관계인인 경우에는 수급자의 동의를 받아야 합니다.

수급자(또는 보호자): (서명 또는 인)

○○ 특별자치시장·특별자치도지사·시장·군수·구청장 귀하

신청인 제출서류	장기요양인정서 사본	수수료 없 음
담당 공무원 확인사항	1. 주민등록표 등 · 초본 2. 「의료급여법」 제3조제1항제1호에 따른 의료급여를 받는 사람의 경우 의료급여수급자 증명서, 「의료급여법」 제3조제1항제1호 외의 규정에 따른 의료급여를 받는 사람의 경우 의료보호증	

행정정보 공동이용 동의서

본인은 이 건 업무처리와 관련하여 담당 공무원이 「전자정부법」 제36조제1항에 따른 행정정보의 공동이용 및 사회복지통합전산망을 통하여 위의 담당 공무원 확인사항을 확인하는 것에 동의합니다.

※ 동의하지 않거나 확인이 되지 않는 경우에는 수급자(또는 보호자)가 직접 관련 서류를 제출해야 합니다.

수급자(또는 보호자): (서명 또는 인)

처 리 절 차

신청서 작성	➔	접수 및 확인	➔	장기요양기관에 의뢰서 송부	➔	통지
신청인		처리기관 (특별자치시 · 도, 시·군·구)		처리기관 (특별자치시 · 도, 시·군·구)		신청인

210mm×297mm[백상지(80g/㎡) 또는 중질지(80g/㎡)]

■ 노인장기요양보험법 시행규칙 [별지 제10호의2서식] <개정 2019. 10. 24.>

장기요양기관 입소 · 이용의뢰서

<table>
<tr><td colspan="2">발급번호</td><td colspan="3">발급일</td></tr>
<tr><td rowspan="4">신청인
(수급자)</td><td colspan="3">성명</td><td>생년월일</td></tr>
<tr><td colspan="3">장기요양등급</td><td>장기요양인정번호</td></tr>
<tr><td colspan="4">주소</td></tr>
<tr><td colspan="4">전화번호 (휴대전화)</td></tr>
<tr><td>보호자</td><td colspan="2">성명</td><td>신청인과의 관계</td><td>전화번호</td></tr>
<tr><td rowspan="5">대리인</td><td colspan="3">성명</td><td>주민등록번호
~</td></tr>
<tr><td rowspan="2">유
형</td><td colspan="2">1. 가족 · 친족 · 이해관계인
(신청인과의 관계:)</td><td>2. 사회복지전담공무원</td></tr>
<tr><td colspan="2">3.치매안심센터의 장 (신청인이 치매환자인 경우로 한정합니다)</td><td>4.특별자치시장 · 특별자치도지사 · 시장 · 군수 · 구청장이 지정한 자</td></tr>
<tr><td colspan="4">주소</td></tr>
<tr><td colspan="4">전화번호 (휴대전화)</td></tr>
<tr><td>비용
부담주체</td><td colspan="3">특별자치시 · 특별자치도 · 시 · 군 · 구</td><td>협약번호</td></tr>
<tr><td>급여개시일</td><td colspan="4"></td></tr>
</table>

「노인장기요양보험법 시행규칙」 제16조에 따라 위 수급자의 귀 장기요양기관 입소 · 이용을 의뢰합니다.

년 월 일

○○ 특별자치시장 · 특별자치도지사 · 시장 · 군수 · 구청장 직인

장기요양기관장 귀하

※ 특별자치시 · 특별자치도 · 시 · 군 · 구 담당과: 담당자: 전화번호:

<입소 · 이용의뢰 장기요양기관 현황>

○ 장기요양기관 명칭:
○ 장기요양기관 기호:
○ 장기요양기관 주소:
○ 장기요양기관 전화번호:

210㎜×297㎜[백상지 80g/㎡]

■ 노인장기요양보험법 시행규칙 [별지 제11호서식] <개정 2019. 6. 12.>

장기요양급여 계약통보서(방문요양, 방문목욕, 방문간호, 복지용구)

※ 뒤쪽의 작성방법 및 유의사항을 읽고 작성하시기 바라며, 색상이 어두운 란은 적지 않습니다.

(앞쪽)

접수번호	접수일

① 수급자	수급자 성명	생년월일
	장기요양등급	장기요양인정번호

② 계약 당사자	장기요양기관명	장기요양기관기호
	계약자 성명	수급자와의 관계
	전화번호(휴대전화번호)	계 약 일
	급여개시일	계약기간 ~

③ 급여 계약 내용	급여 종류								
	월	일	이용시간	급여비용	횟수/월	금액/월	요양보호사/간호사		
							성명	자격/면허번호	수급자와의 관계
		~	~						
		~	~						
	합계		(원)						

④ 복지용구 계약 내용	품목명	제품명	복지용구 표준코드	급여방식		판매일 또는 대여기간	금액
				구입	대여		
	합계		(원)				

⑤ 비급여 계약내용	항목	기간	단가/일	개수(또는 횟수)/월	금액
	합계	(원)			

「노인장기요양보험법 시행규칙」 제16조에 따라 수급자와 체결한 계약 내용을 국민건강보험공단에 통보합니다.

년 월 일

장기요양기관의 장(대표자) (서명 또는 인)

담당자: 연락처:

전자우편주소:

국민건강보험공단 이사장 귀하

210mm×297mm[백상지 80g/㎡]

(뒤쪽)

작성방법

① 수급자: 수급자 성명, 생년월일, 장기요양등급, 장기요양인정번호를 적습니다.
② 계약당사자
- 장기요양기관명, 장기요양기관기호를 적습니다.
- 계약자의 성명, 수급자와의 관계, 전화번호(휴대전화번호)를 적습니다.
- 계약일: 계약을 체결한 날짜를 적습니다.
- 급여개시일: 수급자와 장기요양기관이 최초로 급여계약을 체결한 후 급여지급을 시작한 날짜를 적습니다.
- 계약기간: 급여종류별 전체 계약기간(계약 시작일과 종료일)을 적습니다.
③ 급여계약내용
- 급여종류: 수급자와 계약이 체결된 급여를 종류별로 작성합니다.
- 월: 전체 계약기간 중 서비스 제공월을 적습니다.
- 일: 해당 월의 서비스 제공일을 적습니다. 서비스 이용시간과 서비스제공 요양보호사(간호사)가 동일한 경우에는 한 줄에 기록합니다.
- 이용시간: 서비스 제공 시작시간과 종료시간을 24시간 단위로 적습니다(예 : 18:00 ~ 20:00).
- 급여비용: 보건복지부장관이 고시한 장기요양 급여비용을 방문당 또는 시간당, 1일당 등 해당하는 급여비용으로 적습니다.
- 횟수/월: 해당 급여비용의 월 제공횟수를 적습니다.
- 금액/월: 급여비용별 월 횟수에 대한 총 급여비용을 적습니다.
- 요양보호사/간호사: 급여를 제공한 요양보호사/간호사의 성명과 자격/면허번호를 적습니다. 2명이 방문한 경우에는 2명을 모두 적습니다("수급자와의 관계"에는 수급자의 배우자, 수급자의 직계혈족 및 형제자매, 수급자의 직계혈족의 배우자, 수급자의 배우자의 직계혈족 및 수급자의 배우자의 형제자매에 해당하는 요양보호사가 방문요양 및 방문목욕 급여를 제공하는 경우에만 그 관계를 적습니다).
- 합계: 계약기간 내 월별 금액의 합계를 적습니다.
④ 급여제공계획
- 급여제공계획은 급여개시 전 수급자의 기능상태와 욕구 및 표준장기요양이용계획서를 반영하여 작성(재작성)하고, 수급자(보호자)에게 설명한 후 동의를 받아 공단으로 통보하여야 합니다.
- 목표: 장기요양급여 제공으로 얻고자 하는 종합적인 효과를 적습니다.
- 장기요양 필요영역: 표준장기요양이용계획서의 영역과 급여제공에 필요한 영역을 적습니다.
- 장기요양 세부목표: 세부 제공내용으로 얻고자 하는 수급자의 기능상태 향상 또는 욕구해결 등의 효과를 적습니다.
- 장기요양 필요내용: 표준장기요양이용계획서의 장기요양 필요내용 또는 제공할 급여내용을 적습니다.
- 세부 제공내용: 급여내용의 세부적인 내용을 적습니다.(예시: 옷 갈아입기 도움 → 옷 준비와 상의 단추 채우기 도움)
- 횟수/시간: 세부 제공내용의 일간(주간, 월간, 수시 등) 제공 횟수와 급여를 제공하는 데 소요되는 시간을 적습니다.
- 작성자: 급여제공계획 작성자의 직종과 성명을 적습니다.
- 급여제공계획서 적용기간: 해당 급여제공계획서에 따라 급여를 제공하는 기간을 적습니다.
⑤ 복지용구 계약내용
- 품목명, 제품명: 「복지용구 품목별 제품목록 및 급여비용 등에 관한 고시」에 명시된 품목명과 제품명을 적습니다.
- 복지용구표준코드: 제공 제품의 복지용구 바코드표를 확인하여 제품코드 및 제조번호를 포함한 복지용구 표준코드를 적습니다.
- 급여방식: 해당 제품의 구입 또는 대여 여부에 따라 √표를 합니다.
- 판매일 또는 대여기간: 구입인 경우 판매일을 적고, 대여인 경우 대여기간(시작일과 종료일)을 적습니다.
- 금액: 제품별로 구입인 경우 판매일에 판매한 제품의 급여비용을 적고, 대여인 경우 대여기간에 해당하는 총 급여비용을 적습니다.
- 합계: 제품별 총 금액의 합계를 적습니다.
⑥ 비급여 계약내용
- 항목: 「노인장기요양보험법 시행규칙」 제14조제1항에 따른 비급여 항목을 적습니다.
- 기간: 해당 비급여 항목에 대한 제공기간을 적습니다.
- 단가/일: 해당 비급여 항목의 일일 단가를 적습니다.
(예시: 1식 당 식재료비가 1,500원이고 1일 3식일 경우, 단가는 4,500원으로 작성)
- 개수 또는 횟수/월: 비급여 항목별 개수 또는 횟수를 적습니다.
- 금액, 합계: 항목별 총 금액과 총 금액의 합계를 적습니다.

⑥유의사항

1. 급여종류별로 각각의 장기요양급여 계약통보서를 작성합니다.
2. 같은 월에 다른 급여비용의 동일한 급여를 이용할 경우 "③급여계약내용"에서 줄을 바꿔서 작성하며, 작성란이 부족할 경우에는 다른 장에 이어서 작성합니다.

■ 노인장기요양보험법 시행규칙 [별지 제11호의2서식] <개정 2019. 6. 12.>

장기요양급여 계약통보서(시설급여, 주 · 야간보호, 단기보호)

※ 뒤쪽의 작성방법 및 유의사항을 읽고 작성하시기 바라며, 색상이 어두운 란은 적지 않습니다.

(앞쪽)

접수번호	접수일

① 수급자	성명	생년월일
	장기요양등급	장기요양인정번호

② 계약 당사자	장기요양기관명	장기요양기관기호
	계약자 성명	수급자와의 관계
	전화번호(휴대전화번호)	계 약 일
	급여개시일	계약기간 ~

③ 급여 계약 내용	급여 종류				
	월	서비스 분류	급여비용	횟수/월	금액/월
	합계		(원)		

④ 비급여 계약내용	항목	기간	단가/일	개수(또는 횟수)/월	금액
	합계	(원)			

「노인장기요양보험법 시행규칙」 제16조에 따라 수급자와 체결한 계약 내용을 국민건강보험공단에 통보합니다.

년 월 일

장기요양기관의 장(대표자) (서명 또는 인)

담당자: 연락처:

전자우편주소:

국민건강보험공단 이사장 귀하

210mm×297mm[백상지 80g/㎡]

(뒤쪽)

작성방법

① 수급자: 수급자 성명, 생년월일, 장기요양등급, 장기요양인정번호를 적습니다.

② 계약당사자
- 장기요양기관명, 장기요양기관기호를 적습니다.
- 계약자의 성명, 수급자와의 관계, 전화번호(휴대전화번호)를 적습니다.
- 계약일: 계약을 체결한 날짜를 적습니다.
- 급여개시일: 수급자와 장기요양기관이 최초로 급여계약을 체결한 후 급여지급을 시작한 날짜를 적습니다.
- 계약기간: 급여종류별 전체 계약기간(계약 시작일과 종료일)을 적습니다.

③ 급여계약내용
- 급여종류: 수급자와 계약이 체결된 급여종류별로 작성합니다.
- 월: 전체 계약기간을 월별로 나누어 적습니다.
- 서비스 분류: 서비스 제공내용(시간 등)별 급여비용 분류를 적습니다.
- 급여비용 : 보건복지부장관이 고시한 장기요양 급여비용을 방문당 또는 시간당, 1일당 등 해당하는 급여비용으로 적습니다.
- 횟수/월: 급여비용별 월 총 횟수를 적습니다.
- 금액/월: 급여비용별 월 횟수에 대한 총 급여비용을 적습니다.
- 합계: 계약기간 내 월별 금액의 합계를 적습니다.

④ 비급여 계약내용
- 항목: 「노인장기요양보험법 시행규칙」 제14조제1항에 따른 비급여 항목을 적습니다.
- 기간: 해당 비급여 항목의 제공기간을 적습니다.
- 단가/일: 해당 비급여 항목의 일일 단가를 적습니다.
  (예시: 1식 당 식재료비가 1,500원이고 1일 3식일 경우, 단가는 4,500원으로 작성)
- 개수(또는 횟수)/월: 비급여 항목별 개수 또는 횟수 등으로 적습니다.
- 금액, 합계 : 항목별 총 금액과 총 금액의 합계를 적습니다.

유의사항

1. 급여종류별로 각각의 계약통보서를 작성합니다.
2. 같은 월에 다른 급여비용의 동일한 급여를 이용할 경우 "③급여계약내용"에서 줄을 바꿔서 작성하며, 작성란이 부족할 경우에는 다른 장에 이어서 작성합니다.

■ 노인장기요양보험법 시행규칙 [별지 제11호의3서식] <신설 2019. 6. 12.>

장기요양급여 제공 계획서(방문요양, 방문목욕, 방문간호)

※ 뒤쪽의 작성방법 및 유의사항을 읽고 작성하시기 바라며, 색상이 어두운 란은 적지 않습니다.

(앞쪽)

접수번호	접수일

① 수급자	수급자 성명		생년월일	
	전화번호(휴대전화번호)			
	장기요양등급		장기요양인정번호	
	장기요양 인정유효기간		표준장기요양이용계획서 번호	
② 동의자	성명		수급자와의 관계	
	전화번호(휴대전화번호)		동의일	
③장기요양기관	장기요양기관명		장기요양기관기호	

④ 급여제공 계획 작성	장기요양급여 종류	장기요양급여 계약일	장기요양급여 계약기간	장기요양급여 제공 계획서 적용기간	작성일	통보일
	방문요양					
	방문목욕					
	방문간호					

⑤급여제공계획 내용

목표	방문요양					
	방문목욕					
	방문간호					
급여종류	장기요양 필요영역	장기요양 세부목표	장기요양 필요내용	세부 제공내용	횟수	시간	작성자

종합의견	총괄 확인자

「노인장기요양보험법」 제27조 및 같은 법 시행령 제13조, 같은 법 시행규칙 제21조의2에 따라 수급자의 장기요양급여 제공 계획서 내용을 국민건강보험공단에 통보합니다.

년 월 일

장기요양기관의 장(대표자) (서명 또는 인)

동의자 (서명 또는 인)

국민건강보험공단 이사장 귀하

210mm×297mm[백상지 80g/㎡]

(뒤쪽)

작성방법

※ 급여제공계획은 표준장기요양이용계획서의 급여종류 범위 내에서 수급자의 기능상태 및 욕구 등을 고려하여 급여개시 전에 작성하고, 수급자 또는 그 가족에게 충분한 설명을 한 이후 수급자 또는 그 가족의 동의를 받아 공단으로 통보해야 합니다.

① 수급자: 수급자 성명, 생년월일, 전화번호, 장기요양등급, 장기요양인정번호, 장기요양 인정유효 기간, 표준장기요양이용계획서 번호를 적습니다.

② 동의자

- 해당 급여제공계획에 동의하는 사람의 성명, 수급자와의 관계, 전화번호(휴대전화번호)를 적습니다. 다만, 수급자와 동의자가 같은 사람일 경우 작성을 생략할 수 있습니다.
- 동의일: 해당 급여제공계획 내용에 대해 동의한 날짜를 적습니다.

③ 장기요양기관

- 장기요양기관명, 장기요양기관기호를 적습니다.

④ 급여제공계획 작성

- 급여종류: 수급자와 계약이 체결되어 작성하고자 하는 급여제공계획서의 급여를 종류별로 작성합니다.
- 급여계약일: 수급자와 장기요양기관이 최초로 급여계약을 체결한 날짜를 적습니다.
- 계약기간: 급여종류별 전체 계약기간(계약 시작일과 종료일)을 적습니다.
- 적용기간: 급여종별로 급여제공계획서에 따라 실제 급여를 제공하는 기간(시작일과 종료일)을 적습니다.
- 작성일: 급여제공계획서의 실제 작성 날짜를 적습니다.
- 통보일: 급여제공계획서의 실제 공단 통보날짜를 적습니다.

⑤ 급여제공계획 내용

- 목표: 장기요양급여 제공으로 얻고자 하는 종합적인 효과를 적습니다.
- 장기요양 필요영역: 표준장기요양이용계획서의 영역과 급여제공에 필요한 영역을 적습니다.
- 장기요양 세부목표: 세부 제공내용으로 얻고자 하는 수급자의 기능상태 향상 또는 욕구해결 등의 효과를 적습니다.
- 장기요양 필요내용: 표준장기요양이용계획서의 장기요양 필요내용 또는 제공할 급여내용을 적습니다.
- 세부 제공내용: 급여내용의 세부적인 내용을 적습니다.(예시: 옷 갈아입기 도움 → 옷 준비와 상의 단추 채우기 도움)
- 횟수/시간: 세부 제공내용의 일간(주간, 월간, 수시 등) 제공 횟수와 급여를 제공하는 데 소요되는 시간을 적습니다.
- 작성자: 급여제공계획 작성자의 직종과 성명을 적습니다.
- 종합의견 : 급여제공계획에 따른 서비스 제공에 필요한 사항으로 직접 서비스제공자와 가족 등이 공유할 내용 및 유의 사항 등 표준장기요양이용계획서의 필요내용과 다르게 급여를 제공하는 경우 그 사유를 적습니다.
- 총괄 확인자 : 급여제공계획서에 대한 총괄 관리자(목표달성 확인, 모니터링 등 역할 수행자)의 직종과 성명을 적습니다.

유의사항

1. 급여종류별 또는 기관별로 장기요양급여제공계획서 작성합니다.
2. 복지용구에 대한 급여제공계획서는 작성하지 않습니다.

■ 노인장기요양보험법 시행규칙 [별지 제11호의4서식] <신설 2019. 6. 12.>

장기요양급여 제공 계획서(시설급여, 주 · 야간보호, 단기보호)

※ 뒤쪽의 작성방법 및 유의사항을 읽고 작성하시기 바라며, 색상이 어두운 란은 적지 않습니다.

(앞쪽)

접수번호	접수일

구분		
① 수급자	성명	생년월일
	전화번호(휴대전화번호)	
	장기요양등급	장기요양인정번호
	장기요양 인정유효기간	표준장기요양이용 계획서 번호
② 동의자	성명	수급자와의 관계
	전화번호(휴대전화번호)	동의일
③장기 요양기관	장기요양기관명	장기요양기관기호

④ 급여제공 계획 작성	장기요양 급여종류	장기요양급여 계약일	장기요양급여 계약기간	장기요양급여 제공 계획서 적용기간	작성일	통보일

⑤ 급여 제공 계획 내용	목표						
	장기요양 필요영역	장기요양 세부목표	장기요양 필요내용	세부 제공내용	횟수	시간	작성자

종합의견	총괄 확인자

「노인장기요양보험법」 제27조 및 같은 법 시행령 제13조, 같은 법 시행규칙 제21조의2에 따라 수급자의 장기요양급여 제공 계획서 내용을 국민건강보험공단에 통보합니다.

년 월 일

장기요양기관의 장(대표자) (서명 또는 인)

동의자 (서명 또는 인)

국민건강보험공단 이사장 귀하

210㎜×297㎜[백상지 80g/㎡]

(뒤쪽)

작성방법

※ 급여제공계획은 표준장기요양이용계획서의 급여종류 범위 나에서 수급자의 기능상태 및 욕구 등을 고려하여 급여개시 전에 작성하고, 수급자 또는 그 가족에게 충분한 설명을 한 이후 수급자 또는 그 가족의 동의를 받아 공단으로 통보해야 합니다.

① 수급자: 수급자 성명, 생년월일, 전화번호, 장기요양등급, 장기요양인정번호, 장기요양 인정유효 기간, 표준장기요양이용계획서 번호를 적습니다.

② 동의자
- 해당 급여제공계획에 동의하는 사람의 성명, 수급자와의 관계, 전화번호(휴대전화번호)를 적습니다. 다만, 수급자와 동의자가 같은 사람일 경우 작성을 생략할 수 있습니다.
- 동의일: 해당 급여제공계획 내용에 대해 동의한 날짜를 적습니다.

③ 장기요양기관: 장기요양기관명, 장기요양기관기호를 적습니다.

④ 급여제공계획 작성
- 급여종류: 수급자와 계약이 체결되어 작성하고자 하는 급여제공계획서의 급여를 종류별로 작성합니다.
- 급여계약일: 수급자와 장기요양기관이 최초로 급여계약을 체결한 날짜를 적습니다.
- 계약기간: 급여종류별 전체 계약기간(계약 시작일과 종료일)을 적습니다.
- 적용기간: 급여종별로 급여제공계획서에 따라 실제 급여를 제공하는 기간(시작일과 종료일)을 적습니다.
- 작성일: 급여제공계획서의 실제 작성날짜를 적습니다.
- 통보일: 급여제공계획서의 실제 공단 통보날짜를 적습니다.

⑤ 급여제공계획 내용
- 목표: 장기요양급여 제공으로 얻고자 하는 종합적인 효과를 적습니다.
- 장기요양 필요영역: 표준장기요양이용계획서의 영역과 급여제공에 필요한 영역을 적습니다.
- 장기요양 세부목표: 세부 제공내용으로 얻고자 하는 수급자의 기능상태 향상 또는 욕구해결 등의 효과를 적습니다.
- 장기요양 필요내용: 표준장기요양이용계획서의 장기요양 필요나용 또는 제공할 급여내용을 적습니다.
- 세부 제공내용: 급여내용의 세부적인 내용을 적습니다.(예시: 옷 갈아입기 도움 → 옷 준비와 상의 단추 채우기 도움)
- 횟수/시간: 세부 제공내용의 일간(주간, 월간, 수시 등) 제공 횟수와 급여를 제공하는 데 소요되는 시간을 적습니다.
- 작성자: 급여제공계획 작성자의 직종과 성명을 적습니다.
- 종합의견 : 급여제공계획에 따른 서비스 제공에 필요한 사항으로 직접 서비스제공자와 가족 등이 공유할 내용 및 유의 사항 등 표준장기요양이용계획서의 필요내용과 다르게 급여를 제공하는 경우 그 사유를 적습니다.
- 총괄 확인자 : 장기요양급여 제공계획서에 대한 총괄 관리자(목표달성 확인, 모니터링 등 역할 수행자)의 직종과 성명을 적습니다.

유의사항

※ 급여종류별 또는 기관별로 장기요양급여제공계획서 작성합니다.

■ 노인장기요양보험법 시행규칙 [별지 제12호서식] <개정 2019. 6. 12.>

장기요양급여 제공기록지(방문요양)

(앞쪽)

수급자 성명	생년월일	장기요양등급	장기요양인정번호
장기요양기관명		장기요양기관기호	

일정관리	( )년 월/일		/	/	/	/	/	/	/
	제공시간	총시간	분	분	분	분	분	분	분
		시작시간	:	:	:	:	:	:	:
		종료시간	:	:	:	:	:	:	:
서비스 제공	신체활동지원								
		개인위생(옷갈아입기, 세면, 구강청결, 몸단장 도움 등)	☐	☐	☐	☐	☐	☐	☐
		몸 씻기 도움	☐	☐	☐	☐	☐	☐	☐
		식사 도움 (영양관리 등)	☐	☐	☐	☐	☐	☐	☐
		체위변경	☐	☐	☐	☐	☐	☐	☐
		이동 도움(보행, 보장구사용 등 도움)	☐	☐	☐	☐	☐	☐	☐
		화장실이용하기	☐	☐	☐	☐	☐	☐	☐
		제공시간	분	분	분	분	분	분	분
	인지활동지원	인지자극활동	분	분	분	분	분	분	분
		일상생활 함께하기	분	분	분	분	분	분	분
	인지관리지원	인지행동변화 관리 등	분	분	분	분	분	분	분
	정서지원	의사소통 도움 등 말벗, 격려	분	분	분	분	분	분	분
	가사 및 일상생활지원	식사준비, 청소 및 주변정리 정돈, 세탁 등	☐	☐	☐	☐	☐	☐	☐
		개인활동지원 (외출시 동행 등)	☐	☐	☐	☐	☐	☐	☐
		제공시간	분	분	분	분	분	분	분
변화상태	신체기능	[1]호전 [2]유지 [3]악화	[1][2][3]	[1][2][3]	[1][2][3]	[1][2][3]	[1][2][3]	[1][2][3]	[1][2][3]
	식사기능	[1]호전 [2]유지 [3]악화	[1][2][3]	[1][2][3]	[1][2][3]	[1][2][3]	[1][2][3]	[1][2][3]	[1][2][3]
	인지기능	[1]호전 [2]유지 [3]악화	[1][2][3]	[1][2][3]	[1][2][3]	[1][2][3]	[1][2][3]	[1][2][3]	[1][2][3]
	배변변화	대변 실수 횟수	회	회	회	회	회	회	회
		소변 실수 횟수	회	회	회	회	회	회	회
특이사항	/								
	/								
서명		장기요양요원 성명 (서명)							
		수급자 또는 보호자 성명 (서명)							

210mm×297mm[백상지 80g/㎡(재활용품)]

(뒤쪽)

구분	세부내용
신체활동 지원	
세면도움	얼굴과 목, 손 씻기 등, 사용 물품 정리, 세면대까지의 이동 포함
구강청결 도움	구강청결(양치질 등), 양치 지켜보기, 가글액·물 양치, 틀니손질, 필요물품 준비 및 사용물품의 정리
식사도움	식사 차리기, 식사보조, 구토물 정리
몸단장	머리단장, 손발톱 깎기, 면도, 면도지켜보기, 화장하기, 필요물품 준비 및 사용물품의 정리
옷갈아 입기 도움	의복준비(양말, 신발 포함), 지켜보기 및 지도, 겉옷 및 속옷 갈아입히기, 의복정리
머리 감기 도움	세면대까지의 이동보조 포함, 머리감기, 머리 말리기, 필요물품 준비 및 사용물품의 정리
몸 씻기 도움	욕실이동과 몸 씻기 준비, 입욕준비, 입욕시 이동보조, 몸 씻기(샤워 포함), 옷 갈아 입히기, 사용물품 정리
화장실 이용하기	화장실 이동지원, 이동변기 사용 도움, 배뇨·배변도움, 지켜보기, 기저귀 교환, 용변 후 처리지원, 필요물품 준비 및 사용물품의 정리
이동도움	침대에서 휠체어로 옮겨 타기, 보행도움, 보조기구(보장구)를 이용한 도움
체위변경	체위변경, 일어나 앉기 도움
신체기능의 유지·증진	관절오그라듦 예방활동, 보행 및 서있기 연습 보조, 기구사용운동보조, 보장구 이용 도움, 복약도움

구분	세부내용
인지활동 지원(인지활동형 방문요양)	
인지자극활동	인지자극 프로그램 준비, 교재 또는 도구를 활용하여 프로그램 실행, 준비물품 정리
일상생활 함께하기	잔존기능 유지·향상을 위한 수급자와 함께 신체활동, 개인활동 및 가사활동을 수행
인지관리 지원	
인지행동 변화관리 등	행동변화 감소도움 및 대처, 수급자 및 수발자 안전관리 도움, 정서적 안정과 생활의욕 향상 도움, 인지기능 향상을 위한 인지활동 지원 등
정서 지원	
의사소통 도움, 말벗, 격려 등	의사소통 도움, 말벗 및 격려·위로 등 정서적 지원, 사회적 지지체계 연계와 관계망 연결, 비상연락망 준비 등 안부확인을 위한 방문 및 생활상의 문제 상담, 대화·편지·전화 등의 방법으로 수급자의 욕구 파악 및 의사 전달 대행
가사 및 일상생활지원	
개인활동지원	외출시 동행, 장보기, 산책, 은행, 관공서, 병원 등 방문 시 부축 또는 동행(차량 이용 포함)하고 책임 귀가
식사준비, 청소 및 주변정돈, 세탁	수급자를 위한 음식물 조리,설거지, 주방정리, 청소 및 주변정리 정돈, 의복세탁 및 관리

유의사항

1. 일정관리란, 서비스제공란에 날짜 및 급여제공시간을 기록합니다.
2. 변화상태란에 √표를 하고, 배변변화란은 실수횟수를 기록합니다(기저귀를 사용하는 경우 교환 횟수를 기록합니다).
3. 인지활동형 방문요양을 제공하는 경우 인지활동지원란에 급여제공시간을 기록하고 특이사항란에 프로그램 운영내용을 자세히 기록합니다.
4. 특이사항란은 급여제공시 확인한 사항 및 조치사항 등을 기록합니다(여백 부족 시 별지 사용 가능합니다).
   예) 엉덩이 짓물러 파우더 바름, 혈액투석 받으러 병원 동행함 등

■ 노인장기요양보험법 시행규칙 [별지 제13호서식] <개정 2015.12.31.>

장기요양급여 제공기록지(방문목욕)

(앞쪽)

수급자 성명	생년월일	장기요양등급	장기요양인정번호
장기요양기관명		장기요양기관기호	

( )년 월 일	총시간 분	시작시간 :	종료시간 :	
차 량	차량 이용 ※ 차량번호 ( )	[ ] 차량내 목욕	[ ] 가정내 목욕	
	차량 미이용	[ ] 가정내(이동식)욕조	[ ] 장기요양기관	[ ] 대중목욕탕
상 태 확 인	제공 방법	[ ] 전신 입욕	[ ] 침상	[ ] 목욕의자
	목욕 전	[ ] 배뇨·배변	[ ] 욕창	[ ] 얼굴색·피부색
	목욕 후	[ ] 얼굴색·피부색	[ ] 몸단장	[ ] 주변정리
특이 사항				
서명	장기요양요원 성명	(서명) (서명)	수급자 또는 보호자 성명	(서명)

( )년 월 일	총시간 분	시작시간 :	종료시간 :	
차 량	차량 이용 ※ 차량번호 ( )	[ ] 차량내 목욕	[ ] 가정내 목욕	
	차량 미이용	[ ] 가정내(이동식)욕조	[ ] 장기요양기관	[ ] 대중목욕탕
상 태 확 인	제공 방법	[ ] 전신 입욕	[ ] 침상	[ ] 목욕의자
	목욕 전	[ ] 배뇨·배변	[ ] 욕창	[ ] 얼굴색·피부색
	목욕 후	[ ] 얼굴색·피부색	[ ] 몸단장	[ ] 주변정리
특이사항				
서명	장기요양요원 성명	(서명) (서명)	수급자 또는 보호자 성명	(서명)

( )년 월 일	총시간 분	시작시간 :	종료시간 :	
차 량	차량 이용 ※ 차량번호 ( )	[ ] 차량내 목욕	[ ] 가정내 목욕	
	차량 미이용	[ ]가정내(이동식)욕조	[ ] 장기요양기관	[ ] 대중목욕탕
상 태 확 인	제공 방법	[ ] 전신 입욕	[ ] 침상	[ ] 목욕의자
	목욕 전	[ ] 배뇨·배변	[ ] 욕창	[ ] 얼굴색·피부색
	목욕 후	[ ] 얼굴색·피부색	[ ] 몸단장	[ ] 주변정리
특이사항				
서명	장기요양요원 성명	(서명) (서명)	수급자 또는 보호자 성명	(서명)

210㎜×297㎜[백상지 80g/㎡]

(뒤쪽)

유의사항

1. 차량이용인 경우 차량 내 또는 가정 내 목욕 여부를 √표를 하고, 차량번호를 기록, 차량 미이용인 경우 제공장소(가정, 장기요양기관, 대중목욕탕)에 √표를 합니다.
2. 제공방법란은 해당 사항에 √표를 합니다.
3. 상태확인란은 목욕 전·후 해당 사항을 확인한 경우 √표를 합니다.
4. 특이사항란은 급여제공 시 관찰한 수급자의 상태 등을 자세히 기록합니다(여백 부족 시 별지 사용가능합니다).
   예) 발진, 창백, 멍 등 피부상태, 욕창발생 부위, 오한, 발열 여부, 상태변화 시 조치사항 등

■ 노인장기요양보험법 시행규칙 [별지 제14호서식] <개정 2019. 6. 12.>

장기요양급여 제공기록지(방문간호)

(앞쪽)

장기요양기관기호	장기요양기관명	장기요양등급
수급자 성명	생년월일	장기요양인정번호

방문간호 지시서	의료기관 명칭	발급일	유효기간	의사면허번호	방문횟수
					주 회

년 월 일	시작시간	:	종료시간	:	총시간	:
기본	혈압	/	맥박		체온	
내용	건강관리(분)	□ 관절오그라듦 예방 □ 투약관리 □ 기초건강관리 □ 인지훈련				
	간호관리(분)	□욕창관리 □영양관리 □통증관리 □배설관리 □당뇨발관리 등 □호흡기간호 □투석간호 □구강간호				
특이사항						
확인	장기요양요원 성명	(서명 또는 인)	수급자 또는 보호자 성명	(서명 또는 인)		

년 월 일	시작시간	:	종료시간	:	총시간	:
기본	혈압	/	맥박		체온	
내용	건강관리(분)	□ 관절오그라듦 예방 □ 투약관리 □ 기초건강관리 □ 인지 훈련				
	간호관리(분)	□욕창관리 □영양관리 □통증관리 □배설관리 □당뇨발관리 등 □호흡기간호 □투석간호 □구강간호				
특이사항						
확인	장기요양 요원성명	(서명 또는 인)	수급자 또는 보호자 성명	(서명 또는 인)		

년 월 일	시작시간	:	종료시간	:	총시간	:
기본	혈압	/	맥박		체온	
내용	건강관리(분)	□ 관절오그라듦 예방 □ 투약관리 □ 기초건강관리 □ 인지훈련				
	간호관리(분)	□욕창관리 □영양관리 □통증관리 □배설관리 □당뇨발관리 등 □호흡기간호 □투석간호 □구강간호				
특이사항						
확인	장기요양 요원 성명	(서명 또는 인)	수급자 또는 보호자 성명	(서명 또는 인)		

210mm×297mm[백상지 80g/㎡(재활용품)]

(뒤쪽)

작성방법 및 유의사항

1. 기본: 수급자의 혈압, 맥박, 체온을 적습니다.
2. 내용: 건강관리, 간호관리의 급여제공시간은 각 세부항목의 급여제공시간을 합산하여 적습니다.
   가. 건강관리: 관절오그라듦 예방, 투약관리(먹는약 투여 및 도움·확인, 바르는 약 도포 및 좌약 삽입, 자가주사 교육 및 관찰, 기초건강관리(관찰 및 기초건강사정, 감염간호, 치매돌봄 정보제공, 교육 및 상담, 의료기관 의뢰 등), 인지훈련(인지기능장애 완화를 위한 훈련 제공)
   나. 간호관리:욕창관리(욕창예방, 욕창간호 등), 영양관리[튜브영양공급, 비위관(鼻胃管, L-tube) 교환 등], 통증관리, 배설관리[소변배출관(도뇨관) 관리, 방광간호, 회음부 간호, 요루(요도샛길) 간호, 장루(창자샛길)간호, 배설간호 등], 당뇨발관리(당뇨발 간호, 상처관리 등), 호흡기간호(흡인 간호, 기관절개관 관리, 산소요법 관리 등), 투석간호, 구강간호(구강감염 예방 등)
3. 특이사항: 수급자 상태, 처치내용 또는 가족 상담·교육 내용 등을 자세히 적습니다.

   예) 욕창부위 및 소독(dressing) 빈도, 방광훈련 방법, 가족 지지체계 및 지역사회 자원 등 상담

■ 노인장기요양보험법 시행규칙 [별지 제15호서식] <개정 2019. 9. 27.>

장기요양급여 제공기록지(주 · 야간보호)

(앞쪽)

수급자 성명	생년월일	장기요양등급	장기요양인정번호
장기요양기관명		장기요양기관기호	

( )년 월/일			/	/	/
총시간			분	분	분
시작시간 / 종료시간			/	/	/
이동서비스 제공여부 (차량번호)			□ ( )	□ ( )	□ ( )
신체활동지원	세면,구강청결,머리감기,몸단장, 옷 갈아입기 도움 등		□	□	□
	목욕	소요시간	분	분	분
		방법	[1]전신입욕 [2]샤워식	[1]전신입욕 [2]샤워식	[1]전신입욕 [2]샤워식
	식사	종류	[1]일반식 [2]죽 [3]유동식(미음)	[1]일반식 [2]죽 [3]유동식(미음)	[1]일반식 [2]죽 [3]유동식(미음)
		섭취량	[1] 1 [2] 1/2이상 [3] 1/2미만	[1] 1 [2] 1/2이상 [3] 1/2미만	[1] 1 [2] 1/2이상 [3] 1/2미만
	화장실이용하기 (기저귀 교환)		회	회	회
	이동도움 및 신체기능유지 · 증진		□	□	□
	특이사항				
	작성자 성명		(서명)	(서명)	(서명)
인지관리 및 의사소통	인지관리지원		□	□	□
	의사소통도움 등 말벗, 격려		□	□	□
	특이사항				
	작성자 성명		(서명)	(서명)	(서명)
건강 및 간호관리	혈압/체온		/	/	/
	건강관리 (분)		□	□	□
	간호관리 (분)		□	□	□
	기타(응급서비스)		□	□	□
	특이사항				
	작성자 성명		(서명)	(서명)	(서명)
기능회복훈련	신체 · 인지기능 향상 프로그램				
	신체기능 · 기본동작,일상생활동작훈련		□	□	□
	인지활동형프로그램		□	□	□
	인지기능 향상훈련		□	□	□
	물리(작업)치료		□	□	□
	특이사항				
	작성자 성명		(서명)	(서명)	(서명)

210㎜×297㎜[백상지 80g/㎡]

(뒤쪽)

구분	세부내용
신체활동지원	
세면도움	얼굴, 목, 손 씻기, 세면장까지의 이동보조, 세면동작지도, 세면 지켜보기
구강청결 도움	구강청결(양치질 등), 양치 지켜보기, 가글액·물 양치, 틀니손질, 필요물품 준비 및 사용물품의 정리
머리감기 도움	세면장까지의 이동보조 포함, 머리감기, 머리 말리기, 필요물품 준비 및 사용물품의 정리
몸단장	머리단장, 손발톱 깎기, 면도, 면도지켜 보기, 화장하기, 필요물품 준비 및 사용물품의 정리
옷갈아 입기 도움	의복준비(양말, 신발 포함), 지켜보기 및 지도, 속옷·겉옷 갈아입히기, 의복정리
몸씻기도움	입욕준비, 입욕 시 이동보조, 몸 씻기(샤워 포함), 지켜보기, 욕실정리
식사도움	아침, 점심, 저녁 및 간식포함 식사 도움, 지켜보기, 튜브영양공급실시, 식사준비 및 정리
이동도움	침대에서 휠체어로 옮겨 타기 등, 시설 내 보행 지켜보기, 보행도움, 산책시 부축 및 동행(차량 이용 포함), 병원 동행 등
신체기능의 유지·증진	관절오그라듦 예방, 일어나 앉기 연습 도움, 보행, 서있기 연습 보조, 기구사용 운동보조, 보장구 이용 도움(지켜보기 포함)
화장실 이용하기	화장실이동보조, 이동변기 사용도움, 배뇨·배변도움, 지켜보기, 기저귀교환, 용변 후 처리, 필요물품 준비 및 사용물품의 정리
인지관리 및 의사소통	
인지 관리지원	행동변화 감소 도움 및 대처, 수급자와 수발자 안전관리 도움, 정서적 안정과 생활의욕 향상 도움, 인지기능향상을 위한 인지활동 지원 등
의사소통 도움 등 말벗, 격려	책읽기, 편지 대필, 의사전달 대행, 일상회화, 물품(편지, 신문 등) 배포, 응급벨 대처, 의사소통 도움, 말벗 및 격려·위로, 정서적 지원, 사회적 지지체계 연계와 관계망 연결, 비상연락망 준비 등 안부확인을 위한 방문 및 생활상의 문제 상담, 대화·편지·전화 등의 방법으로 수급자의 욕구 파악 및 의사 전달 대행

구분	세부내용
건강 및 간호관리	
관찰 및 측정	혈압, 체온 맥박, 호흡 측정, 신장, 체중, 가슴둘레(흉위) 등 측정
건강관리	관절오그라듦 예방, 투약관리(먹는약 투여 및 도움·확인, 약 바르기 및 좌약 삽입, 자가주사 교육 및 관찰, 기초건강관리(관찰 및 기초건강사정, 감염간호, 치매돌봄 정보제공, 교육 및 상담, 의료기관 의뢰 등), 인지훈련(인지기능장애 완화를 위한 훈련 제공) 등
간호관리	욕창관리(욕창예방, 욕창간호 등), 영양관리[튜브영양공급, 비위관(鼻胃管, L-tube) 교환 등], 통증관리, 배설관리[소변배출관(도뇨관) 관리, 방광간호, 회음부 간호, 요루(요도샛길) 간호, 장루(창자샛길)간호, 배설간호 등], 당뇨발관리(당뇨발 간호, 상처관리 등), 호흡기간호(흡인 간호, 기관절개관 관리, 산소요법 관리 등), 투석간호, 구강간호(구강감염 예방 등)
응급서비스	의식소실, 호흡곤란, 출혈, 외상, 화상 등 응급상황에 대한 대처
기능회복훈련	
신체·인지 기능 향상 프로그램	맨손체조, 타월체조, 탄성밴드 운동, 발마사지, 회상훈련, 음악활동, 원예활동, 종이접기, 은행·관공서 등 방문, 야외 나들이, 영화감상
신체기능의 훈련	관절운동범위 평가, 근력증강운동, 삼킴 운동, 팔기능·손가락정교성운동, 조화운동, 지구력 훈련
기본동작 훈련	기본동작 평가, 뒤집기, 일어나기, 앉아있기, 일어서기, 서있기, 균형, 이동, 휠체어 조작 및 이동, 보행, 보장구 장착 등 지켜보기, 도움 제공
인지활동형 프로그램	인지기능 악화방지 및 잔존기능 유지를 위해 인지활동형 프로그램 관리자가 수립한 프로그램 계획에 따라 프로그램 관리자, 치매전문요양보호사, 외부강사가 제공하는 프로그램
인지기능향상 훈련	기억전략 훈련, 시간차 회상훈련, 실생활에서의 지각 기능훈련, 판단 및 집행기능훈련 등 인지기능향상을 위한 인지지원프로그램
일상생활 동작훈련	식사동작, 배설동작, 옷 갈아 입기동작, 목욕동작, 몸단장동작, 이동 동작, 요리동작, 가사동작 등 훈련
물리치료	온열치료, 전기치료, 수치료, 견인요법 등
작업치료	운동놀이, 미술활동, 놀이지도, 도구적 일상생활 수행동작 훈련, 타이핑 등

유의사항

1. 이동서비스를 제공한 경우 √표를 하고 차량번호를 기록합니다.
2. 목욕을 제공한 경우 소요시간을 분단위로 기록하고 제공방법 해당 번호에 √표를 합니다.
3. 식사는 종류 및 섭취량 해당 번호에 √표를 합니다.
4. 화장실 이용하기는 급여제공시간 동안의 소변·대변 총 횟수를 기록합니다(기저귀를 사용하는 경우, 기저귀 교환 횟수를 기록합니다).
5. 신체·인지기능 향상 프로그램은 제공한 프로그램명을 기록합니다.
6. 특이사항은 수급자의 상태변화 등이 있을 경우 조치사항 등을 기록합니다(여백 부족시 별지 사용 가능합니다).
   예) 설사를 해서 엉덩이 짓물러 파우더 바름, 미열이 있어 미온수로 닦아냄, 산책을 하고 나서 기분이 좋아짐 등
7. 각 항목별 서비스를 제공한 종사자가 작성자 란에 서명을 합니다.

■ 노인장기요양보험법 시행규칙 [별지 제16호서식] <개정 2019. 9. 27.>

장기요양급여 제공기록지(시설급여/단기보호)

(앞쪽)

수급자명	생년월일	장기요양등급	장기요양인정번호	침실 호(실)
장기요양기관명		장기요양기관기호		

구분	내용	
수급자 상태	□ 와상 □ 준와상 □ 자립	□ 치매 □ 중풍 □ 고혈압 □ 당뇨 □ 관절염 □ 기타(　　)
	□ 기관지절개관 □ 틀니(부분/전체) □ 비위관(鼻胃管, L-tube) □ 고정소변배출관(유치도뇨관) □ 방광루 □ 요루(요도샛길) □ 장루(창자샛길) □ 기저귀 □ 욕창(부위 :　　) □ 욕창방지 보조도구(　　)	

구분	항목	세부	/	/	/
(　　)년 월/일			/	/	/
신체활동지원	세면, 구강청결, 머리감기, 몸단장, 옷 갈아입기 도움 등		□	□	□
	목욕		□(　　)	□(　　)	□(　　)
	식사	종류	1 일반식 2 죽 3 유동식(튜브영양공급식)	1 일반식 2 죽 3 유동식(튜브영양공급식)	1 일반식 2 죽 3 유동식(튜브영양공급식)
		섭취량	1 1 2 1/2이상 3 1/2미만	1 1 2 1/2이상 3 1/2미만	1 1 2 1/2이상 3 1/2미만
	체위변경(2시간마다)		□	□	□
	화장실이용하기(기저귀 교환)		회	회	회
	이동도움 및 신체기능유지·증진		□	□	□
	산책(외출) 동행		□ 산책 / □ 외출	□ 산책 / □ 외출	□ 산책 / □ 외출
	특이사항				
	작성자 성명		(서명)	(서명)	(서명)
인지관리 및 의사소통	인지관리 지원		□	□	□
	의사소통도움 등 말벗, 격려		□	□	□
	특이사항				
	작성자 성명		(서명)	(서명)	(서명)
건강 및 간호관리	혈압/체온		/	/	/
	건강관리 (　분)		□	□	□
	간호관리 (　분)		□	□	□
	기타(응급서비스)		□	□	□
	특이사항				
	작성자 성명		(서명)	(서명)	(서명)
기능회복훈련	신체·인지기능향상 프로그램				
	신체기능,기본동작,일상생활동작훈련		□	□	□
	인지기능향상훈련		□	□	□
	물리(작업)치료		□	□	□
	특이사항				
	작성자 성명		(서명)	(서명)	(서명)
수급자의 입·퇴소시간, 외박 및 복귀시간, 외출시간					

210㎜×297㎜[백상지 80g/㎡]

(뒤쪽)

구분	세부내용
신체활동지원	
세면도움	얼굴, 목, 손 씻기, 세면장까지의 이동보조, 세면동작지도, 세면 지켜보기
구강청결 도움	구강청결(양치질 등), 양치 지켜보기, 가글액·물 양치, 틀니손질, 필요물품 준비 및 사용물품의 정리
머리감기 도움	세면장까지의 이동보조 포함, 머리감기, 머리 말리기, 필요물품 준비 및 사용물품의 정리
몸단장	머리단장, 손발톱 깎기, 면도, 면도지켜 보기, 화장하기, 필요물품 준비 및 사용물품의 정리
옷갈아 입기 도움	의복준비(양말, 신발 포함), 지켜보기 및 지도, 속옷·겉옷 갈아입히기, 의복정리
몸씻기도움	입욕준비, 입욕 시 이동보조, 몸 씻기(샤워 포함), 지켜보기, 욕실정리
식사도움	아침, 점심, 저녁 및 간식포함 식사 도움, 지켜보기, 튜브영양공급실시, 식사준비 및 정리
이동도움	침대에서 휠체어로 옮겨 타기 등, 시설 내 보행 지켜보기, 보행도움, 산책시 부축 및 동행(차량 이용 포함), 병원 동행 등
신체기능의 유지·증진	관절오그라듦 예방, 일어나 앉기 연습 도움, 보행, 서있기 연습 보조, 기구사용 운동보조, 보장구 이용 도움(지켜보기 포함)
화장실 이용하기	화장실이동보조, 이동변기 사용도움, 배뇨·배변도움, 지켜보기, 기저귀교환, 용변 후 처리, 필요물품 준비 및 사용물품의 정리
기능회복훈련	
신체·인지기능 향상 프로그램	맨손체조, 타월체조, 탄성밴드 운동, 발마사지, 회상훈련, 음악활동, 원예활동, 종이접기, 은행·관공서 등 방문, 야외 나들이, 영화감상 등
신체기능의 훈련	관절운동범위 평가, 근력증강운동, 심킴 운동, 팔기능·손가락정교성운동, 조화운동, 지구력 훈련
기본동작 훈련	기본동작 평가, 뒤집기, 일어나기, 앉아있기, 일어서기, 서있기, 균형, 이동, 휠체어 조작 및 이동, 보행, 보장구 장착 등 지켜보기, 도움 제공
일상생활 동작훈련	식사동작, 배설동작, 옷 갈아 입기동작, 목욕동작, 몸단장동작, 이동 동작, 요리동작, 가사동작 등 훈련
인지 및 정신기능 향상 훈련	기억전략 훈련, 시간차 회상훈련, 실생활에서의 지각기능훈련, 판단 및 집행기능훈련 등 인지기능향상을 위한 인지지원 프로그램
물리치료	온열치료, 전기치료, 수치료, 견인요법 등
작업치료	운동놀이, 미술활동, 놀이지도, 도구적 일상생활 수행동작 훈련, 타이핑 등

구분	세부내용
건강 및 간호관리	
관찰 및 측정	혈압, 체온, 맥박, 호흡 측정, 신장, 체중, 가슴둘레(흉위) 등 측정
건강관리	관절오그라듦 예방, 투약관리(먹는약 투여 및 도움·확인, 약 바르기 및 좌약 삽입, 자가주사 교육 및 관찰, 기초건강관리(관찰 및 기초건강사정, 감염간호, 치매돌봄 정보제공, 교육 및 상담, 의료기관 의뢰 등), 인지훈련(인지기능장애 완화를 위한 훈련 제공) 등
간호관리	욕창관리(욕창예방, 욕창간호 등), 영양관리[튜브영양공급, 비위관(鼻胃管, L-tube) 교환 등], 통증관리, 배설관리[소변배출관(도뇨관) 관리, 방광간호, 회음부 간호, 요루(요도샛길) 간호, 장루(창자샛길)간호, 배설간호 등], 당뇨발관리(당뇨발 간호, 상처관리 등), 호흡기간호(흡인간호, 기관절개관 관리, 산소요법 관리 등), 투석간호, 구강간호(구강감염 예방 등)
응급서비스	의식소실, 호흡곤란, 출혈, 외상, 화상 등 응급상황에 대한 대처
시설환경관리	
침구·린넨 정리	침구 준비와 정리, 침구·린넨 교환
환경관리	침대주변 정리정돈, 병실 내 환기, 온도조절, 채광, 방음조정, 전등과 TV 켜고 끄기, 병실 내 청소, 병실·세면대 소독, 병실 쓰레기 버리기
물품관리	의복, 일용품 정리정돈, 의복수선, 환자보조기구의 관리, 입소자의 용돈관리
세탁물관리	세탁물 정리정돈, 세탁물 빨기, 널기, 개키기, 배포, 사용물품의 소독
인지관리 및 의사소통 도움	
인지 관리지원	행동변화 감소 도움 및 대처, 수급자와 수발자 안전관리 도움, 정서적 안정과 생활의욕 향상 도움, 인지기능향상을 위한 인지활동 지원 등
의사소통 도움 등 말벗, 격려	책읽기, 편지 대필, 의사전달 대행, 일상회화, 물품(편지, 신문 등 배포), 응급벨 대처, 의사소통 도움, 말벗 및 격려·위로, 정서적 지원, 사회적 지지체계 연계와 관계망 연결, 비상연락망 준비 등 안부확인을 위한 방문 및 생활상의 문제 상담, 대화·편지·전화 등의 방법으로 수급자의 욕구파악 및 의사전달 대행

유의사항

1. 수급자의 현재 상태를 확인하고 해당 사항에 √표를 합니다.
2. 목욕은 제공 전·후 상태를 확인하고 그 결과를 기록합니다. 예) 이상무, 얼굴창백함, 오한있음 등
3. 식사는 식사종류 및 섭취량 해당 사항에 √표를 합니다.
4. 체위변경은 2시간마다 제공한 경우 √표를 합니다.
5. 화장실 이용하기는 소변·대변 총 횟수를 기록합니다(기저귀를 사용하는 경우 기저귀 교환 횟수를 기록합니다)
6. 산책, 외출동행을 제공한 경우 해당사항에 √표를 합니다.
7. 신체·인지기능 향상 프로그램은 제공한 프로그램명을 기록합니다.
8. 특이사항은 수급자의 상태변화 등이 있을 경우 조치사항 등을 기록합니다(여백 부족시 별지 사용 가능합니다).
   예) 설사를 해서 엉덩이 짓물러 파우더 바름, 미열이 있어 미온수로 닦아냄, 산책을 하고 나서 기분이 좋아짐 등
9. 각 항목별 서비스를 제공한 종사자가 작성자 란에 서명을 합니다.

■ 노인장기요양보험법 시행규칙 [별지 제16호의2서식] <개정 2019. 6. 12.>

장기요양급여 제공기록지(복지용구)

※ 뒤쪽의 아래의 유의사항을 읽고 작성하여 주시기 바라며, [ ]에는 해당되는 곳에 √표를 합니다.

(앞쪽)

수급자 성명	생년월일	장기요양등급	장기요양인정번호
장기요양기관명		장기요양기관기호	

[ ]구입 [ ]대여

①품목명	②제품명	③복지용구 표준코드	④급여비용	⑤판매일 또는 대여기간	급여비 내역(원)		
					⑥총액	⑦본인부담금	⑧공단부담액

특이사항		
확인자	사업소 담당자	(서명 또는 인)
	수급자 또는 보호자	(서명 또는 인)
		수급자와의 관계 :[ ]본인 [ ]가족 [ ]친족 [ ]기타 ( )

확인일시	년 월 일	확인방법	[ ]방문 [ ]유선

210mm×297mm[백상지 80g/㎡(재활용품)]

(뒤쪽)

유의사항

① ~ ②:「복지용구 품목별 제품목록 및 급여비용 등에 관한 고시」에 명시된 품목명과 제품명을 적습니다.

③ 복지용구표준코드: 제공 제품의 복지용구 바코드 라벨을 확인하여 제품코드 및 제조번호를 포함한 복지용구표준코드를 적습니다.

④ 급여비용:「복지용구 품목별 제품목록 및 급여비용 등에 관한 고시」에 명시된 제품별 급여비용을 적습니다.

⑤ 판매일 또는 대여기간: 구입인 경우 판매일을 적고, 대여인 경우 대여기간(시작일과 종료일)을 적습니다.

⑥ 총액: 구입인 경우 판매일(⑤)에 판매한 제품의 급여비용(④)을 적고, 대여인 경우 대여기간(⑤)에 해당하는 급여비용의 총액을 적습니다. 다만, 제품별 월 대여가격 산정방법에 따라 산출된 금액의 10원 미만은 반올림합니다.

⑦ 본인부담금:「노인장기요양보험법」제40조에 따른 법정 본인부담금을 적습니다.

⑧ 공단부담액: 총액에서 본인부담금을 뺀 금액을 적습니다.

※ 장기요양급여 제공기록지(복지용구)는 구입제품은 제공할 때, 대여제품은 최초 제공할 때와 매월 기록합니다.

※ 의료기관 입원, 시설 입소, 복지용구 점검 사항 등은 특이사항에 기록합니다.

■ 노인장기요양보험법 시행규칙 [별지 제17호서식] <개정 2019. 10. 24.>

가족요양비 지급 신청서

※ 뒤쪽의 작성방법 및 유의사항을 읽고 작성하시기 바라며, 색상이 어두운 란은 적지 않습니다.
※ [ ]에는 해당되는 곳에 √표를 합니다. (앞쪽)

접수번호	접수일	처리기간 30일

① 신청인 (본인)	성명	장기요양인정번호
	주소(실제 거주지)	
	전화번호	(휴대전화번호:)
② 대리인	성명	주민등록번호
	주소	
	전화번호	휴대전화번호
	유형	1. 가족·친족·이해관계인(신청인과의 관계:) 2. 사회복지전담공무원 3. 치매안심센터의 장(신청인이 치매환자인 경우로 한정합니다) 4. 특별자치시장·특별자치도지사·시장·군수·구청장이 지정한 자
③ 보호자	※ 대리인과 보호자가 동일할 경우 작성 생략 성명 신청인과의 관계 전화번호	
④ 신청 사유	[ ] 도서·벽지	
	[ ] 천재지변	
	[ ] 신체·정신·성격 등	[ ] 「감염병의 예방 및 관리에 관한 법률」에 따른 감염병환자로서 감염의 위험성이 있는 자
		[ ] 「장애인복지법」 제32조에 따라 등록한 장애인 중 같은 법 시행령 별표 1에 따른 정신장애인
		[ ] 신체적 변형 등의 사유로 대인과의 접촉을 기피하는 자

⑤ 요양 제공자	성명		신청인과의 관계		전화번호	
	주소(실제 거주지)				주민등록번호	

⑥ 지급 계좌	금융기관명	계좌번호	예금주(수급자)

⑦ 급여종류 변경신청 [ ]	※ 신청사유
⑧ 지급알림 문자메시지 수신동의☐	☐신청인 ☐보호자 ☐대리인

「노인장기요양보험법」 제24조 및 같은 법 시행규칙 제20조에 따라 위와 같이 가족요양비를 신청합니다.

년 월 일

신청인: (서명 또는 인)

대리인: (서명 또는 인)

국민건강보험공단 이사장 귀하

첨부서류	뒤쪽 참조

210mm×297mm[백상지 80g/㎡(재활용품)]

(뒤쪽)

신청인 제출서류	1. 신청 사유가 신체·정신·성격 등에 해당하는 경우 감염병, 정신장애인, 신체적 변형 등을 증명할 수 있는 서류(진단서 등) 1부 2. 대리인 관련 서류 가. 가족, 친족 또는 이해관계인: 대리인의 신분증 1부 나. 사회복지전담공무원: 공무원임을 증명하는 신분증 1부 다. 치매안심센터의 장(수급자가 치매환자인 경우로 한정합니다): 대리인의 신분증 및 치매안심센터의 장임을 증명하는 서류 각 1부 라. 특별자치시장·특별자치도지사·시장·군수·구청장이 지정한 자: 「노인장기요양보험법 시행규칙」 별지 제9호서식에 따른 대리인 지정서 1부	수수료 없음
담당 직원 확인사항	장애인등록증(신청사유가 정신장애인인 경우에만 해당됩니다)	

본인은 이 건 업무처리와 관련하여 담당 직원이 「전자정부법」 제36조제2항에 따른 행정정보의 공동이용을 통하여 '담당 직원 확인사항' 을 확인하는 것에 동의합니다.
※ 동의하지 않는 경우에는 신청인이 직접 관련 서류를 제출해야 합니다.

신청인(대리인) (서명 또는 인)

작성방법

① 가족요양비를 받으려는 신청인의 성명, 장기요양인정번호, 주소(실제 거주지), 전화번호를 적습니다.

② 대리인의 성명, 주민등록번호, 주소, 전화번호, 휴대전화번호를 적고 해당하는 유형에 "○" 표시를 합니다.

1. 가족·친족·이해관계인: 신청인과의 관계를 적습니다.
   - 가족: 「민법」 제779조에 따른 가족으로서 배우자, 직계혈족, 형제자매, 직계혈족의 배우자, 배우자의 직계혈족 및 배우자의 형제자매
   - 친족: 「민법」 제777조에 따른 친족으로서 8촌 이내 혈족, 4촌 이내 인척, 배우자
   - 이해관계인: 이웃 등 가족, 친족을 제외한 그 밖의 자
2. 사회복지전담공무원: 「사회복지사업법」에 따른 사회복지전담공무원
3. 치매안심센터의 장(신청인이 치매환자인 경우로 한정합니다): 「치매관리법」에 따른 치매안심센터의 장
4. 특별자치시장·특별자치도지사·시장·군수·구청장이 지정한 자: 가족, 친족, 이해관계인 또는 사회복지전담공무원이 장기요양인정신청 등을 할 수 없는 경우 특별자치시장·특별자치도지사·시장·군수·구청장이 지정한 자

③ 보호자의 성명, 신청인과의 관계, 전화번호를 적습니다.

④ 신청인이 해당되는 가족요양비 신청사유에 √표시를 합니다. 신체·정신·성격 등의 경우 그 구체적인 사유에 다시 √표시를 하고, 진단서 등 관련 증빙서류를 함께 제출합니다.

⑤ 요양제공자의 성명, 신청인과의 관계, 전화번호, 주소(실제 거주지), 주민등록번호를 적습니다.

※ 요양제공자가 실제로 요양을 제공하는지를 파악하기 위하여, 제공자의 실제 거주지 및 출입국기록 등을 확인하는 데 주민등록번호가 이용될 수 있습니다.

⑥ 수급자(신청인) 계좌의 금융기관명, 계좌번호를 적습니다.

※ 가족요양비는 반드시 수급자의 계좌번호를 적어야 하며, 수급자가 아닌 가족이나 대리인의 계좌번호일 경우 지급되지 않음을 알려드립니다.

⑦ 장기요양급여의 종류를 가족요양비로 변경하여 신청하는 경우 √표시를 하고 신청한 사유를 간략히 적습니다.

⑧ 지급알림 문자메시지 수신 동의하는 경우 □에 √표시를 하고 □신청인, □보호자, □대리인 중 문자메시지를 수신할 사람을 선택합니다.

유의사항

1. 가족요양비 수급자로 인정받은 자는 다른 장기요양급여(재가급여, 시설급여, 특례요양비, 요양병원간병비)를 받을 수 없습니다. 다만, 재가급여 중 기타재가급여(복지용구)는 받을 수 있습니다.
2. 가족요양비 수급자로 인정받은 자가 다른 장기요양급여를 이용하려면 공단에 급여종류 변경신청을 해야 합니다. 변경신청 없이 다른 장기요양급여를 이용한 경우 그 비용은 본인이 전액 부담합니다.
3. 요양제공자가 실제로 요양을 제공하기 어려운 경우에는 요양제공자 변경신청서를 공단에 제출하여야 합니다.
4. 지급계좌는 「노인장기요양보험법」 제27조의2 및 같은 법 시행규칙 제21조의3에 따른 특별현금급여수급계좌로 신청·변경 할 수 있습니다.
5. 「노인장기요양보험법」 제15조제4항에 따라 거짓이나 그 밖의 부정한 방법 등으로 장기요양인정을 받은 것으로 의심되는 경우 공단은 인정조사를 실시하여 다시 등급판정을 할 수 있습니다.

처리절차

지급신청서 제출	→	접수 및 지급요건 확인 (장기요양인정서 발급)	→	가족요양비 지급
신청인		처리기관 (국민건강보험공단)		처리기관 (국민건강보험공단)

■ 노인장기요양보험법 시행규칙 [별지 제18호서식] <개정 2019. 10. 24.>

장기요양급여 제공시기 예외 적용 신청서

※ 뒤쪽의 작성방법 및 유의사항을 읽고 작성하시기 바라며, 색상이 어두운 란은 적지 않고, [ ] 에는 해당되는 곳에 √표를 합니다.

(앞쪽)

접수번호		접수일		처리기간 14일
신청인 (수급자)	① 성명			② 생년월일
	③ 주소			④ 전화번호
	⑤ 신청사유	[ ] 주거를 같이 하는 가족이 없는 경우 [ ] 주거를 같이 하는 가족이 미성년자 또는 65세 이상의 노인 외에는 없는 경우		⑥ 장기요양인정번호
대리인	⑦ 성명		⑧ 주민등록번호	
	⑨ 유형	1. 가족 · 친족 · 이해관계인 (신청인과의 관계:)	2. 사회복지전담공무원	
		3. 치매안심센터의 장 (수급자가 치매환자인 경우로 한정합니다)	4. 특별자치시장 · 특별자치도지사 · 시장 · 군수 · 구청장이 지정한 자	
	⑩ 주소			
	⑪ 전화번호	(휴대전화)	전자우편주소	

「노인장기요양보험법」 제27조제2항 및 같은 법 시행규칙 제21조제1항에 따라 장기요양인정 신청서를 제출한 날부터 장기요양급여를 받기 위하여 신청합니다.

년 월 일

신청인 (서명 또는 인)

대리인 (서명 또는 인)

국민건강보험공단이사장 귀하

신청(신고)인 제출서류	1. 동거가족이 있어도 실질적으로 주거를 같이 하지 아니하는 경우: 읍 · 면 · 동장의 확인서 등 신청사유를 입증할 수 있는 서류 2. 대리인 관련서류 가. 가족, 친족 또는 이해관계인: 대리인의 신분증 1부 나. 사회복지전담공무원: 공무원임을 증명하는 신분증 1부 다. 치매안심센터의 장(수급자가 치매환자인 경우로 한정합니다): 대리인의 신분증 및 치매안심센터의 장임을 증명하는 서류 각 1부 라. 특별자치시장 · 특별자치도지사 · 시장 · 군수 · 구청장이 지정한 자: 별지 제9호서식의 대리인 지정서 1부	수수료 없 음
담당 직원 확인사항	주민등록표 등본	

행정정보 공동이용 동의서

본인은 이 건 업무처리와 관련하여 담당 직원이 「전자정부법」 제36조제2항에 따른 행정정보의 공동이용을 통하여 위의 담당 직원 확인사항을 확인하는 것에 동의합니다.

※ 동의하지 않는 경우에는 신청인(대리인)이 직접 관련 서류를 제출해야 합니다.

신청인(대리인) (서명 또는 인)

210mm×297mm[백상지 80g/㎡]

(뒤쪽)

작성방법 및 유의사항

① ~ ④: 장기요양인정신청서를 제출한 날부터 장기요양급여를 받으려는 수급자의 성명, 생년월일, 주소, 전화번호를 적습니다.

⑤: 수급자가 장기요양인정신청서를 제출한 날부터 장기요양급여를 받으려는 해당 신청사유에 √표 합니다.

⑥: 장기요양인정번호를 적습니다.

⑦ · ⑧: 대리인의 성명, 주민등록번호를 적습니다.

※ 해당하는 경우에만 적습니다.

⑨: 대리인의 유형을 1 ~ 3번 중 해당되는 곳에 ○표 합니다.

1. 가족, 친족, 이해관계인: 신청인과의 관계를 적습니다.
   - 가족: 「민법」 제779조에 따른 가족으로서 배우자, 직계혈족, 형제자매, 직계혈족의 배우자, 배우자의 직계혈족 및 배우자의 형제자매
   - 친족: 「민법」 제777조에 따른 친족으로서 8촌 이내 혈족, 4촌 이내 인척, 배우자
   - 이해관계인: 이웃 등 가족, 친족을 제외한 그 밖의 자
2. 사회복지전담공무원: 「사회복지사업법」에 따른 사회복지전담공무원
3. 치매안심센터의 장(수급자가 치매환자인 경우로 한정합니다): 「치매관리법」에 따른 치매안심센터의 장
4. 특별자치시장 · 특별자치도지사 · 시장 · 군수 · 구청장이 지정한 자: 가족, 친족, 이해관계인 또는 사회복지전담공무원이 장기요양인정신청 등을 할 수 없는 경우 특별자치시장 · 특별자치도지사 · 시장 · 군수 · 구청장이 지정하는 자

⑩ · ⑪: 대리인의 주소, 전화번호, 전자우편주소를 적습니다.

처 리 절 차

신청서 제출	➔	접수 및 인정요건 확인 (장기요양인정서 재발급)	➔	신청서 제출 시부터 급여 적용
신청인		처 리 기 관 (국민건강보험공단)		신청인

■ 노인장기요양보험법 시행규칙 [별지 제18호의2서식] <개정 2019. 10. 24.>

특별현금급여수급계좌 입금신청서

※ 색상이 어두운 난은 신청인이 작성하지 않습니다.

접수번호	접수일시	처리기간 즉시

신청인 (수급자)	성 명	생년월일
	주 소 (전화:)	
대리인	성 명	생년월일
	유형	☐ 가족이나 친족 또는 이해관계인(신청인과의 관계:) ☐ 사회복지전담공무원 ☐ 치매안심센터의 장(신청인이 치매환자인 경우로 한정합니다) ☐ 특별자치시장ㆍ특별자치도지사ㆍ시장ㆍ군수ㆍ구청장이 지정한 자 ※ 해당 유형에 √표합니다.
	주 소 (전화:)	
특별현금 급여수급 계좌	금융기관	예금주
	계좌번호	

「노인장기요양보험법」 제27조의2, 같은 법 시행령 제13조의2에 따라 특별현금급여를 위의 특별현금급여수급계좌로 입금하여 줄 것을 신청합니다.

년 월 일

신청인 (서명 또는 인)

대리인 (서명 또는 인)

국민건강보험공단이사장 귀하

첨부서류	1.수급자 명의의 예금통장(계좌번호가 기록되어 있는 면을 말합니다) 사본 1부 2. 대리인 관련 서류 가. 가족이나 친족 또는 이해관계인인 경우: 본인임을 확인할 수 있는 신분증 나. 사회복지전담공무원인 경우: 공무원임을 증명하는 신분증 다. 치매안심센터의 장(신청인이 치매환자인 경우로 한정합니다): 대리인의 신분증 및 치매안심센터의 장임을 증명하는 서류 각 1부 라. 특별자치시장ㆍ특별자치도지사ㆍ시장ㆍ군수ㆍ구청장이 지정한 자인 경우: 별지 제9호서식의 대리인 지정서

처 리 절 차

신청서 작성	➔	접 수	➔	신청사항 검토
신청인		처리기관 (국민건강보험공단)		처리기관 (국민건강보험공단)

210㎜×297㎜[백상지(80g/㎡) 또는 중질지(80g/㎡)]

■ 노인장기요양보험법 시행규칙 [별지 제19호서식] <개정 2019. 9. 27.>

장기요양기관 지정(갱신)신청서

※ 뒤쪽의 작성방법 및 유의사항을 읽고 작성하시기 바라며, 색상이 어두운 란은 적지 않습니다.
※ [ ]에는 해당되는 곳에 √표를 합니다.

(제1쪽 앞면)

접수번호	접수일	처리기간 30일

신청인(대표자)	①성명	②주민등록번호
	③주소	④전화번호

⑤기관명			
⑥법인등록번호	-	⑦법인명	
⑧고유번호(사업자등록번호)			
⑨설립 형태	[ ]국가 [ ]지방자치단체 [ ]법인( ) [ ]개인 [ ]기타 ( )		

⑩기관유형(급여종류 및 형태)			
	시설	노인요양시설	[ ]노인요양시설 [ ]노인요양시설 내 치매전담실 가형 [ ]노인요양시설 내 치매전담실 나형
		노인요양공동생활시설	[ ]노인요양공동생활가정 [ ]치매전담형 노인요양공동생활가정
	재가	재가노인복지시설	[ ]방문요양 [ ]방문목욕 [ ]방문간호 [ ]단기보호 [ ]복지용구 제공 [ ] 주·야간보호 [ ] 주·야간보호시설 내 치매전담실 이용

⑪소재지	주소		
	전화번호	팩스번호	전자우편주소

「노인장기요양보험법」 제31조 및 같은 법 시행규칙 제23조에 따라 장기요양기관의 지정을 신청합니다.

년 월 일

신청인(대표자) (서명 또는 인)

특별자치시장 · 특별자치도지사 · 시장 · 군수 · 구청장 귀하

첨부서류	1. 일반현황·인력현황 및 시설현황을 적은 서류 각 1부 ※ 각 서류는 이 서식 제2쪽부터 제6쪽까지의 양식에 작성하여 제출합니다. 2. 사업계획서 및 운영규정 각 1부 3. 사업자등록증 또는 고유번호증 사본 1부(특별자치시장·특별자치도지사·시장·군수·구청장이 「전자정부법」 제36조제1항에 따른 행정정보의 공동이용을 통하여 확인할 수 있는 경우에는 그 확인으로 첨부서류 제출을 갈음합니다)	수수료 없 음

위 본인은 장기요양기관의 대표자로서 장기요양기관의 운영에 관하여 「노인장기요양보험법」 제35조 및 제35조의2에서 정한 법적 의무를 다할 것과 장기요양기관으로 지정받은 후 「노인장기요양보험법」 제34조에 따라 국민건강보험공단이 운영하는 인터넷 홈페이지(www.longtermcare.or.kr)에 장기요양기관회원으로 가입하여 장기요양급여의 내용, 시설 · 인력 등의 현황자료 등을 성실히 게시할 것을 서약하며, 본인이 홈페이지에 게시한 정보가 변경되거나 사실과 다를 경우에는 공단이 이를 확인하여 직접 수정하는 것에 동의합니다.

신청인(대표자) (서명 또는 인)

210mm×297mm[백상지 80g/㎡]

(제1쪽 뒷면)

작성방법 및 유의사항

① ~ ④ 신청인(대표자)의 성명, 주민등록번호, 주소 및 전화번호를 적습니다.
⑤ 지정(갱신)받으려는 기관의 명칭을 적습니다.
⑥ · ⑦ 기관의 운영형태가 법인일 경우 법인등록번호 및 법인명을 적습니다.
⑧ 기관의 고유번호 또는 사업자등록번호를 적습니다.
⑨ 운영 중인 기관의 설립 형태를 표기합니다.
※ 법인의 경우 (　)에 재단법인, 사단법인, 의료법인, 사회복지법인, 종교법인 및 학교법인 등 그 형태를 구체적으로 적습니다.
※ 복지용구를 제공하는 경우 기타 (　)란에 의료기기판매(임대)업으로 표기합니다.
⑩ 장기요양기관의 유형 및 해당 기관에서 제공하고자 하는 장기요양급여의 종류 및 형태를 모두 표시합니다(중복으로 표시할 수 있습니다).
⑪ 기관의 주소, 전화번호, 팩스번호 및 전자우편주소를 정확하게 적습니다.

처 리 절 차

지정(갱신)신청서 제출	➔	접수 및 검토 (지정서 발급)	➔	지정서 수령
신청인		처 리 기 관 (특별자치시 · 특별자치도 · 시 · 군 · 구)		신청인

[첨부서류 1] 일반현황

(제2쪽)

일 반 현 황

<table>
<tr><td rowspan="2">①
기관명</td><td rowspan="2"></td><td rowspan="7">④ 입소
(이용)
정원</td><td>급여 종류 및 형태</td><td>정 원</td></tr>
<tr><td>총 원</td><td>명</td></tr>
<tr><td rowspan="2">② 장기요양기관기호</td><td rowspan="2"></td><td></td><td></td></tr>
<tr><td></td><td></td></tr>
<tr><td rowspan="3">③설치신고 날짜</td><td rowspan="3"></td><td></td><td></td></tr>
<tr><td></td><td></td></tr>
<tr><td></td><td></td></tr>
</table>

<table>
<tr><td rowspan="3">⑤
직원현황</td><td rowspan="2">총원</td><td rowspan="2">시설의 장
(관리
책임자)</td><td colspan="10">자격(면허) 보유자</td><td rowspan="2">기타</td></tr>
<tr><td>소계</td><td>사회
복지사</td><td>의사</td><td>간호사</td><td>간호
조무사</td><td>치과
위생사</td><td>요양
보호사</td><td>물리
(작업)
치료사</td><td>영양사</td></tr>
<tr><td>명</td><td></td><td></td><td></td><td></td><td></td><td></td><td></td><td></td><td></td><td></td><td></td></tr>
</table>

<table>
<tr><td>⑥
기관규모</td><td>대지
면적</td><td>㎡</td><td>건물
면적</td><td>㎡</td><td>소유
형태</td><td>1.자가 2.임대 3.법인소유
4.무상임대 5.국가소유(위탁)
6.지자체소유(위탁)</td></tr>
<tr><td>⑦홈페이지 주소</td><td colspan="6"></td></tr>
</table>

작성방법 및 유의사항

① 기관의 명칭을 적습니다.

② 특별자치시 · 특별자치도 · 시 · 군 · 구에서 기관기호를 적습니다 다만, 변경지정 신청을 할 때 첨부 서류로 이 서식을 활용하는 경우에는 변경지정 신청을 하는 사람이 기관기호를 적습니다.

③ 설치신고증명서에 적힌 설치신고 날짜를 적습니다.

④ 입소(이용)정원을 급여 종류별로 적습니다.

※ 급여 종류 및 형태는 다음 중 해당되는 것을 적습니다.
노인요양시설, 노인요양시설 내 치매전담실 가형, 노인요양시설 내 치매전담실 나형, 노인요양공동생활가정, 치매전담형 노인요양공동생활가정, 주 · 야간보호, 주 · 야간보호시설 내 치매전담실 이용

⑤ 기관에 근무하는 총 직원 수, 시설의 장(관리책임자) 및 면허증 또는 자격증 보유인원 현황을 적습니다.

※ 방문간호를 제공하는 장기요양기관의 경우 다음의 조건을 충족하는 인력의 현황을 적습니다.

- 간호사: 2년 이상의 간호업무경력이 있는 간호사
- 간호조무사: 3년 이상의 간호보조업무경력이 있는 간호조무사로서 보건복지부장관이 지정한 교육기관에서 소정의 교육을 이수한 자

※ 기타에는 자격증 또는 면허증이 없는 직원의 현황을 적습니다.

⑥ 기관의 대지면적 및 건물면적을 적고 그 소유형태에 "○" 표시를 합니다.

⑦ 기관이 운영 중인 홈페이지 주소를 적습니다.

※ 기관유형(급여 종류 및 형태)별 장기요양기관의 인력 또는 시설현황이 변경되었을 경우 일반현황과 각각의 인력 또는 시설현황을 함께 제출해야 합니다.

[첨부서류 2] 인력(변경) 현황

(제3쪽)

인력(변경) 현황

급여종류 · 형태 및 기관 유형	노인요양시설	[ ]노인요양시설 [ ]노인요양시설 내 치매전담실 가형( ) [ ]노인요양시설 내 치매전담실 나형( )
	노인요양공동생활시설	[ ]노인요양공동생활가정 [ ]치매전담형 노인요양공동생활가정
	재가노인복지시설	[ ]방문요양 [ ]방문목욕 [ ]방문간호 [ ]단기보호[ ]복지용구 제공 [ ]주 · 야간보호 [ ]주 · 야간보호시설 내 치매전담실 이용( )

연번	① 직종	② 이름	③ 주민등록번호	④ 자격종류(면허종류)	⑤ 자격번호(면허번호)	⑥ 자격증 취득일	⑦ 근무형태	⑧ 입사/퇴사/휴직/복직일	⑨ 근무 시작일/근무 종료일	⑩ 치매전문교육 이수여부

(제4쪽)

작성방법 및 유의사항

① 다음의 직종 중에서 해당하는 것의 번호를 적습니다.

1. 시설장(관리책임자), 2. 사무국장, 3. 사회복지사, 4. 의사, 5. 계약의사, 6. 간호사, 7. 간호조무사,
8. 치과위생사, 9. 물리치료사, 10. 작업치료사, 11. 요양보호사, 12. (삭제), 13. (삭제), 14. 영양사, 15. 사무원, 16. 조리원, 17. 위생원, 18. 관리인, 19. 보조원 운전사, 20. 기타, 21. 프로그램관리자

②·③ 해당 인력의 이름 및 주민등록번호를 적습니다.

④ 자격증 또는 면허의 종류를 적습니다.

※ 자격(면허)의 종류는 다음과 같습니다.
1. 사회복지사 1급, 2. 사회복지사 2급, 3. 사회복지사 3급, 4. 의사, 5. 방문간호전담 간호사, 6. 방문간호전담 외의 간호사, 7. 방문간호전담 간호조무사, 8. 방문간호 외의 간호조무사, 9. 치과위생사,
10. 물리치료사, 11. 작업치료사, 12. 요양보호사, 13. 영양사, 14. 기타

※ 한 사람이 여러 개의 자격증을 보유한 경우에는 근무 직종과 가장 연관된 자격증 한 가지만 신고합니다. 다만, 방문요양, 방문목욕, 방문간호 급여를 제공하는 경우에는 서비스와 관련된 자격(면허)증을 모두 신고합니다.

⑤ 자격증 또는 면허의 번호를 적습니다.

⑥ 자격증 또는 면허를 취득한 날짜를 연월일로 적습니다.

⑦ 근무형태를 전임, 겸임 또는 시간제로 구분하여 적습니다.

⑧ 입사, 퇴사, 휴직 또는 복직한 날짜를 연월일로 적습니다.

⑨ 해당 기관 내에서 급여의 종류별로 인사이동이 발생한 경우 그에 따른 근무 시작일 및 근무 종료일을 연월일로 적습니다.

⑩ 노인요양시설 내 치매전담실, 치매전담형 노인요양공동생활가정, 주·야간보호시설 내 치매전담실의 경우, 해당 시설의 장, 프로그램관리자 및 요양보호사가 보건복지부장관이 정하여 고시하는 치매전문교육을 이수하였는지 여부를 "○" 또는 "X"로 적습니다.

※ 급여의 형태별로 인력(변경) 현황의 서식을 각각 구분하여 작성합니다. 예를 들어, 노인요양시설 내 치매전담실 가형과 노인요양시설 내 치매전담실 나형 각 1개씩의 치매전담실을 운영하는 시설의 경우, 2장의 인력(변경)현황서에 각각의 인력현황을 작성하여 제출하여야 합니다.

※ 장기요양기관으로 지정받으려는 노인요양시설 또는 주·야간보호시설에서 치매전담실을 다수 운영하고 있는 경우에는 해당되는 유형에 √ 표시를 하고, ( ) 부분에 해당 치매전담실 번호를 적습니다. 예를 들어, 치매전담실 가형 3개실 및 나형 2개실을 운영하고 있는 경우에는 [ ] "치매전담실 가형" 또는 "치매전담실 나형"에 √ 표시를 하고, 그 뒤에 해당 치매전담실 번호를 ( )에 적습니다.

[첨부서류 3] 시설(변경) 현황

(제5쪽)

시설(변경) 현황(시설급여의 경우)

[ ]노인요양시설 [ ]노인요양시설 내 치매전담실 가형( ) [ ]노인요양공동생활가정
[ ]노인요양시설 내 치매전담실 나형( ) [ ]치매전담형 노인요양공동생활가정

시설 현황

구 분	침실(생활실)	사무실	의료 및 간호사실	물리(작업)치료실	프로그램실	식당 및 조리실	화장실	세면장 및 목욕실	세탁장 건조장
개 소									

침실 현황

구분	1인실	2인실	3인실	4인실	특별침실	기 타
개소						

노인요양시설 내 치매전담실 시설 현황

※ 해당 시설의 설치 여부를 "○" 또는 "X"로 기재합니다.

구 분 / 급여형태	침실	공동거실	화장실	간이욕실(세면대 포함)	옥외공간
치매전담실( )형( )					
치매전담실( )형( )					
치매전담실( )형( )					
치매전담실( )형( )					

노인요양시설 내 치매전담실 침실 현황

※ 해당 시설의 개수를 기재합니다.

구 분 / 급여형태	1인실	2인실	3인실	4인실	특별침실	기 타
치매전담실( )형( )						
치매전담실( )형( )						
치매전담실( )형( )						
치매전담실( )형( )						

치매전담형 노인요양공동생활가정 시설현황

※ 해당 시설의 설치 여부를 "○" 또는 "X"로 기재합니다.

구 분	공동거실	옥외공간
설치 여부		

[첨부서류 3-1] 시설(변경) 현황

(제6쪽)

시설(변경) 현황(재가급여의 경우)

[ ]방문요양 [ ]방문목욕 [ ]방문간호 [ ]단기보호 [ ]복지용구
[ ]주 · 야간보호 [ ]주 · 야간보호시설 내 치매전담실 이용( )

시설 현황

구 분	침실(생활실)	사무실	의료 및 간호사실	물리(작업) 치료실	프로그램실	식당 및 조리실	화장실	세면장 및 목욕실	세탁장 건조장
개 소									

주 · 야간보호시설 내 치매전담실 시설 현황

※ 1인 생활실 및 프로그램실 설치 여부("○" 또는 "X")를 기재합니다.

구 분	1인 생활실	프로그램실
치매전담실( )		
치매전담실( )		

차량 현황(이송 및 방문목욕의 경우에만 작성합니다)

※ 차량 변경 또는 운행 종료 시 해당차량에 종료일을 기재합니다.

차량 연번	차량 종류 1)	적재량	구입 연도	구입 방법 2)	차량 제조사	차량명	개조 설계 및 시행사	취득가(천원)		차량구입 지원기관	차량 번호	등록일	종료일
								차량가	개조 비용				
차량1													
차량2													

1) 차량종류: ① 승합형 ② 탑형 ③ 버스 ④ 기타________
2) 구입방법: ① 기증 ② 신규구매 ③ 중고구매 ④ 리스 ⑤ 기타________

차량 내 장비현황 및 기타 장비 현황(방문목욕의 경우에만 작성합니다)

※ 해당 시설의 설치 여부를 "○" 또는 "X"로 기재합니다.

구분	욕조	이동 욕조	급수 탱크	급탕 장치	보일러 시설	샤워기 시설	리프트	입욕 장치	세탁기	기타
차량1										
차량2										
이동용 욕조	개									

복지용구 소독 · 세정 및 그 밖의 관리 장비 보유 현황(복지용구사업의 경우에만 작성합니다)

신고내용 *	장비명	제조사	모델명	용도	비고
	총 면적	세정 및 소독 공간 등			
		세정 · 소독면적	살균 · 건조면적	조립 · 수리 · 포장면적	보관실 면적
	복지용구 세정 · 소독을 위탁하는 경우 위탁사업소명(사업자등록번호): 연락처:				

* 소독장비, 세정장비 또는 기타 장비의 보유 현황을 적습니다.

■ 노인장기요양보험법 시행규칙 [별지 제19호의2서식] <개정 2019. 10. 24.>

장기요양기관 변경지정 신청서

※ 뒤쪽의 작성방법 및 유의사항을 읽고 작성하시기 바라며, 색상이 어두운 란은 적지 않고, [ ]에는 해당되는 곳에 √표를 합니다.

(앞쪽)

접수번호	접수일	처리기간 7일	
장기요양기관의 장	① 성명	② 생년월일	
	③ 주소 (전화번호:)		
④ 장기요양기관명	⑤ 장기요양기관기호	⑥ 전화번호	
⑦ 변경사항	[ ]시설현황 [ ]장기요양급여의 종류	[ ]인력현황 [ ]장기요양급여의 형태	
⑧ 변경내역	변경 전	변경 후	변경일

「노인장기요양보험법」 제33조 및 같은 법 시행규칙 제25조에 따라 위와 같이 변경지정을 신청합니다.

년 월 일

신청인(대표자) (서명 또는 인)

특별자치시장·특별자치도지사·시장·군수·구청장 귀하

신청인 제출서류	장기요양기관지정서	수수료 없 음

210㎜×297㎜[백상지 80g/㎡]

(뒤 쪽)

작성방법 및 유의사항

① ∽ ③: 장기요양기관의 장의 성명, 생년월일, 주소를 적습니다.
④ ∽ ⑥: 장기요양기관명, 장기요양기관기호, 전화번호를 적습니다.
⑦: 해당하는 변경사항에 √ 표합니다.
⑧: 변경된 항목의 정확한 변경일을 적습니다.

<첨부서류>

· 시설현황: 장기요양기관의 시설현황에 대한 변경사항 발생 시 상세내역을 별지 제19호서식 중 첨부서류 3 또는 3-1의 시설(변경)현황 서식에 적습니다.

· 인력현황: 장기요양기관의 직원에 대한 변경사항 발생 시 상세내역을 별지 제19호서식 중 첨부서류 2의 인력(변경)현황 서식에 적습니다.

처 리 절 차

변경지정 신청서 제출	➔	접수 및 검토	➔	지정서 발급	➔	지정서 수령
신청인		처 리 기 관 (특별자치시・특별자치도・시・군・구)		처 리 기 관 (특별자치시・특별자치도・시・군・구)		신청인

■ 노인장기요양보험법 시행규칙 [별지 제20호서식] <개정 2019. 6. 12.>

제　　호

장기요양기관 지정서

장기요양기관명:

장기요양기관기호:

소 재 지 :

장기요양기관의 장: 　　　　　　　　　　생년월일 :

(법인의 대표자)

제공 가능한 장기요양급여의 종류 및 형태 :

장기요양기관 지정 유효기간:

「노인장기요양보험법」 제31조 및 같은 법 시행규칙 제23조제6항에 따라 장기요양기관으로 지정합니다.

년　　월　　일

○○○ 특별자치시장ㆍ특별자치도지사ㆍ시장ㆍ군수ㆍ구청장 　직인

210㎜×297㎜(백상지 80g/㎡)

■ 노인장기요양보험법 시행규칙 [별지 제23호서식] <개정 2019. 10. 24.>

장기요양기관 변경신고서

※ 뒤쪽의 작성방법 및 유의사항을 읽고 작성하시기 바라며, 색상이 어두운 란은 적지 않고, [ ]에는 해당되는 곳에 √표를 합니다.

(앞쪽)

접수번호	접수일	처리기간 7일

장기요양기관의 장	① 성명	② 생년월일
	③ 주소 (전화번호:)	

④ 장기요양기관명	⑤장기요양기관기호	⑥ 전화번호

⑦ 변경사항	[ ]장기요양기관의 명칭·소재지 [ ]법인대표자 [ ]입소(이용)정원

⑧ 변경내역	변경 전	변경 후	변경일

「노인장기요양보험법」 제33조 및 같은 법 시행규칙 제25조에 따라 위와 같이 변경사항을 신고합니다.

년 월 일

신청인(대표자) (서명 또는 인)

특별자치시장·특별자치도지사·시장·군수·구청장 귀하

신청(신고)인 제출서류	1. 변경사항을 증명할 수 있는 서류(다만, 「전자정부법」 제36조제1항에 따른 행정정보의 공동이용을 통하여 첨부서류에 대한 정보를 확인할 수 있는 경우에는 그 확인으로 첨부서류를 갈음할 수 있습니다) 2. 장기요양기관지정서	수수료 없 음
담당 공무원 확인사항	법인등기사항증명서(법인대표자가 변경된 경우에만 해당합니다)	

210㎜×297㎜[백상지 80g/㎡]

(뒤 쪽)

작성방법 및 유의사항
① ∼ ③: 장기요양기관의 장의 성명, 생년월일, 주소를 적습니다. ④ ∼ ⑥: 장기요양기관명, 장기요양기관기호, 전화번호를 적습니다. ⑦: 해당하는 변경사항에 √ 표합니다. ⑧: 변경된 항목의 정확한 변경일을 적습니다.

처 리 절 차						
변경 신고서 제출	➔	접수 및 검토	➔	지정서 발급	➔	지정서 수령
신청인		처 리 기 관 (특별자치시・특별자치도・시・군・구)		처 리 기 관 (특별자치시・특별자치도・시・군・구)		신청인

■ 노인장기요양보험법 시행규칙 [별지 제24호서식] <개정 2013.6.10>

[ ] 퇴소
[ ] 중간

장기요양급여비용 명세서

장기요양 기관기호			장기요양기관명	
주소	□□□-□□□		사업자등록번호	
성명	장기요양 인정번호	급여제공기간	영수증 번호	
		~		

항목		금액	금액산정내역		
급여	본인부담금①		총액(급여+비급여) ⑨(③+⑧)		
급여	공단부담금②				
급여	급여 계③(①+②)		본인부담총액 ⑩(①+⑧)		
비급여	식사재료비④		이미 납부한 금액⑪		
비급여	상급침실 이용에 따른 추가비용⑤		수납금액 ⑫ (⑩-⑪)	카드	
비급여	이·미용비⑥			현금영수증	
비급여				현금	
비급여	기타 ⑦			합계	
비급여	기타 ⑦		현금영수증		
비급여	기타 ⑦		신분확인번호		
비급여	기타 ⑦		현금승인번호		
비급여	기타 ⑦		※ 비고		
비급여	비급여 계 ⑧(④+⑤+⑥+⑦)				

신용카드를 사용하실때	회원번호		승인번호		할부		사용금액
	카드종류		유효기간		가맹점번호		

년 월 일

장기요양기관명 : 대표자 : (인)

* 이 명세서(영수증)는 「소득세법」에 따른 의료비 또는 「조세특례제한법」에 따른 현금영수증(현금영수증 승인번호가 적힌 경우) 공제신청에 사용할 수 있습니다. 다만, 지출증빙용으로 발급된 현금영수증(지출증빙)은 공제신청에 사용할 수 없습니다.
* 이 명세서(영수증)에 대한 세부내역을 요구할 수 있습니다.
* 비고란은 장기요양기관의 임의활용 란으로 사용합니다. 다만, 복지용구의 경우 품목과 구입·대여를 구분하여 적으시기 바랍니다.

210㎜×297㎜[백상지 80g/㎡]

■ 노인장기요양보험법 시행규칙 [별지 제25호서식] <개정 2019. 6. 12.>

(앞쪽)

장기요양급여비 납부확인서

발급번호: -

수급자 성명		주민등록번호	-
장기요양기관명		고유번호 (사업자등록번호)	
장기요양기관 주소 (전화번호)		대표자 성명	

______년 장기요양급여비 납부내역

<table>
<tr><td rowspan="4">구
분</td><td colspan="9">급여비 내역</td></tr>
<tr><td rowspan="3">①총 액
(②+③+
④)</td><td colspan="5">급 여</td><td>비급여</td><td colspan="2">수급자 부담총액</td></tr>
<tr><td rowspan="2">②
공단
부담액</td><td colspan="4">③
수급자 부담액</td><td rowspan="2">④
수급자
부담액</td><td rowspan="2">⑤
수급자
부담액
(③+④)</td><td rowspan="2">⑥
납부일</td></tr>
<tr><td>총계</td><td>카드</td><td>현금
영수증</td><td>현금</td></tr>
<tr><td>1월</td><td></td><td></td><td></td><td></td><td></td><td></td><td></td><td></td><td></td></tr>
<tr><td>2월</td><td></td><td></td><td></td><td></td><td></td><td></td><td></td><td></td><td></td></tr>
<tr><td>3월</td><td></td><td></td><td></td><td></td><td></td><td></td><td></td><td></td><td></td></tr>
<tr><td>4월</td><td></td><td></td><td></td><td></td><td></td><td></td><td></td><td></td><td></td></tr>
<tr><td>5월</td><td></td><td></td><td></td><td></td><td></td><td></td><td></td><td></td><td></td></tr>
<tr><td>6월</td><td></td><td></td><td></td><td></td><td></td><td></td><td></td><td></td><td></td></tr>
<tr><td>7월</td><td></td><td></td><td></td><td></td><td></td><td></td><td></td><td></td><td></td></tr>
<tr><td>8월</td><td></td><td></td><td></td><td></td><td></td><td></td><td></td><td></td><td></td></tr>
<tr><td>9월</td><td></td><td></td><td></td><td></td><td></td><td></td><td></td><td></td><td></td></tr>
<tr><td>10월</td><td></td><td></td><td></td><td></td><td></td><td></td><td></td><td></td><td></td></tr>
<tr><td>11월</td><td></td><td></td><td></td><td></td><td></td><td></td><td></td><td></td><td></td></tr>
<tr><td>12월</td><td></td><td></td><td></td><td></td><td></td><td></td><td></td><td></td><td></td></tr>
<tr><td>계</td><td></td><td></td><td></td><td></td><td></td><td></td><td></td><td></td><td></td></tr>
<tr><td colspan="7">⑦소득공제 대상액 총계(=③)</td><td colspan="3"></td></tr>
</table>

※ 비급여항목(식사재료비, 상급침실이용료, 이미용비)은 소득공제 대상에 해당되지 않음

년 월 일

장기요양기관 장 (인)

※ 이 납부확인서는 「소득세법」에 따른 의료비 공제신청에 사용할 수 있습니다.

알림: 현금영수증 문의 126 인터넷 홈페이지: http:/www.taxsave.go.kr

210㎜×297㎜[백상지 80g/㎡]

(뒤쪽)

작성방법 및 유의사항

①: 급여비 내역 중 급여 및 비급여 항목의 공단 부담액과 수급자 부담액 납부금액 총액을 적습니다.

②: 장기요양급여비 급여 항목 중 공단 부담액을 적습니다.

③: 장기요양급여비 급여 항목 중 법정 본인부담금을 적습니다

④: 장기요양급여비 비급여 항목(식사재료비, 상급침실이용료, 이미용비) 수급자 부담액을 적습니다

⑤: 장기요양급여비 급여 및 비급여 항목 중 수급자 부담액 납부총액을 적습니다

⑥: 장기요양급여비 급여 및 비급여 항목 중 수급자 부담액 납부총액을 실제 납부한 날짜를 적습니다.

⑦: 1월 ~ 12월까지 급여 항목의 수급자 부담액 총액을 적습니다.

■ 노인장기요양보험법 시행규칙 [별지 제26호서식] <개정 2019. 6. 12.>

장기요양기관 ([ ] 폐업 [ ] 휴업) 신고서

※ 아래의 작성방법 및 유의사항을 읽고 작성하시기 바라며, 색상이 어두운 란은 적지 않고, [ ]에는 해당되는 곳에 √ 표를 합니다.

접수번호	접수일	처리기간 7일

<table>
<tr><td rowspan="2">장기요양
기관의장
(대표자)</td><td colspan="3">① 성명</td><td colspan="2">② 생년월일</td></tr>
<tr><td colspan="5">③ 주소
(전화번호:)</td></tr>
<tr><td>④장기요양기관명</td><td></td><td>⑤ 장기요양기관기호</td><td></td><td>⑥ 전화번호</td><td></td></tr>
<tr><td>⑦ 법인등록번호</td><td></td><td>⑧ 사업자등록번호</td><td colspan="3"></td></tr>
</table>

<table>
<tr><td rowspan="2">⑨ 폐업・휴업일</td><td>폐업일</td><td>년 월 일</td></tr>
<tr><td>휴업기간</td><td>년 월 일부터 년 월 일까지</td></tr>
<tr><td>⑩폐업・휴업사유</td><td colspan="2"></td></tr>
<tr><td>⑪ 연락처
(폐업・휴업 후)</td><td colspan="2">성명: 전화번호:
주소:</td></tr>
</table>

「노인장기요양보험법」 제36조제1항과 제4항 및 같은 법 시행규칙 제28조에 따라 폐업 또는 휴업을 신고합니다.

년 월 일

장기요양기관의 장(대표자) (서명 또는 인)

특별자치시장・특별자치도지사・시장・군수・구청장 귀하

첨부서류	1. 폐업 또는 휴업 의결서(법인만 제출합니다) 1부 2. 수급자에 대한 조치계획서 1부 3. 장기요양기관 지정서 (폐업의 경우에만 제출합니다)

작성방법 및 유의사항

① ~ ③: 장기요양기관의 장(대표자)의 성명, 생년월일, 주소, 전화번호를 적습니다.
④ ~ ⑥: 장기요양기관명, 장기요양기관기호, 전화번호를 적습니다.
⑦: 기관의 운영형태가 법인일 경우 법인등록번호를 적습니다.
⑧: 기관의 사업자등록번호(고유번호)를 적습니다.
⑨: 폐업하려는 날짜 또는 휴업하려는 기간을 적습니다.
⑩: 기관의 폐업 또는 휴업사유를 적습니다.
⑪: 폐업 또는 휴업 이후의 연락처(성명, 전화번호, 주소)를 적습니다.

처 리 절 차

신고서 제출	→	접 수, 검 토 및 처리
신청인		처 리 기 관 (특별자치시장・특별자치도지사・시・군・구)

210㎜×297㎜[백상지 80g/㎡]

■ 노인장기요양보험법 시행규칙 [별지 제27호서식] <개정 2013.6.10>

장기요양기관 현황통보서

(앞쪽)

① 장기요양기관명			② 장기요양기관 기호		
③기관의 장(대표자)	성명		생년월일		
④장기요양기관 주소				전화번호)	
				팩스번호)	
⑤ 기관의 장(대표자)집주소				전화번호)	
				휴대전화)	
⑥사업자등록번호					
⑦ 장기요양 급여비용 수령금융기관	금융기관명	예금주	계좌번호		

「노인장기요양보험법 시행규칙」 제30조에 따라 장기요양기관현황을 통보 합니다.

년 월 일

장기요양기관의 장(대표자) (서명 또는 인)

국민건강보험공단이사장 귀하

신청(신고)인 제출서류	없 음	수수료
담당 직원 확인사항	사업자등록증	없 음

행정정보 공동이용 동의서

본인은 이 건 업무처리와 관련하여 담당 직원이 「전자정부법」 제36조제2항에 따른 행정정보의 공동이용을 통하여 위의 담당 직원 확인사항을 확인하는 것에 동의합니다.

*동의하지 아니하는 경우에는 신청인이 직접 관련 서류를 제출하여야 합니다.

장기요양기관의 장(대표자) (서명 또는 인)

210㎜×297㎜[백상지 80g/㎡]

(뒤 쪽)

작성방법 및 유의사항

①・②: 장기요양기관명 및 장기요양기관 기호를 적습니다.

③: 기관의 장(대표자)의 성명 및 생년월일을 적습니다.

④: 장기요양기관 주소 및 전화번호, 팩스번호를 적습니다.

⑤: 장기요양기관의 장(대표자) 집주소 및 전화번호 등을 적습니다.

⑥: 장기요양기관의 사업자등록번호를 적습니다.

⑦: 장기요양급여비용 수령 금융기관명, 예금주 및 계좌번호를 적습니다.

■ 노인장기요양보험법 시행규칙[별지 제28호서식] <개정 2019. 6. 12.>

장기요양기관 변경사항통보서

(앞 쪽)

① 장기요양기관명		② 장기요양기관기호	
③기관의 장(대표자)		④ 생년월일	
⑤ 소재지			
⑥ 전화번호			

⑦ 변경사항			
구분	변경 전	변경 후	변경일
▪장기요양급여비용 수령계좌번호			
▪사업자등록번호			

「노인장기요양보험법 시행규칙」 제30조에 따라 위와 같이 장기요양기관현황이 변경되었기에 통보합니다.

년 월 일

장기요양기관의 장(대표자) (서명 또는 인)

국민건강보험공단이사장 귀하

신청(신고)인 제출서류	장기요양급여비용 수령계좌번호가 변경된 경우에는 다음 각 호에 따른 서류를 첨부하고 장기요양기관 변경사항통보서에 그 등록된 인감을 날인하거나 본인서명사실확인서에 기재된 것과 같은 서명을 해야 합니다. 1. 장기요양기관의 장 또는 대표자의 인감증명서(법인인 경우에는 법인인감증명서)나본인서명사실확인서 1부 2. 통장 사본 1부	수수료 없 음
담당 직원 확인사항	사업자등록증 (사업자등록번호가 변경된 경우에만 해당됩니다)	

행정정보 공동이용 동의서

본인은 이 건 업무처리와 관련하여 담당 직원이 「전자정부법」 제36조제2항에 따른 행정정보의 공동이용을 통하여 위의 담당 직원 확인사항을 확인하는 것에 동의합니다.

*동의하지 아니하는 경우에는 신청인이 직접 관련 서류를 제출해야 합니다.

장기요양기관의 장(대표자) (서명 또는 인)

210㎜×297㎜[백상지 80g/㎡]

(뒤 쪽)

작성방법 및 유의사항

①・②: 장기요양기관명 및 장기요양기관 기호를 적습니다.

③・④: 기관의 장(대표자)의 성명 및 생년월일을 적습니다.

⑤・⑥: 장기요양기관 소재지 및 전화번호를 적습니다.

⑦: 변경사항별로 해당되는 곳에 √ 표하고, 해당 사항을 적습니다.

■ 노인장기요양보험법 시행규칙 [별지 제28호의2서식] <개정 2016. 11. 7.>

행정처분대장

(제1쪽)

1. 장기요양기관

연번	문서번호	통보일자	장기요양기관기호	기관명	소재지	대표자		위반사항	청문일자	처분일자	처분내용				행정처분기간	처분근거법률
						성명	주민등록번호				행정처분	과태료부과금액	과징금부과금액	위반사실등공표		

작성 요령

1. 대표자: 공동대표자인 경우 대표자 각각의 이름과 주민등록번호를 적습니다.
2. 처분내용: 행정처분란에는 경고, 업무정지, 지정취소, 폐쇄명령 중 하나를 적고, 과징금 및 과태료 부과금액란에는 해당 부과 금액을 원단위로 적으며, 위반사실 등을 공표한 한 경우에는 '○'으로 적습니다.

210㎜×297㎜(백상지 80g/㎡)

(제2쪽)

2. 장기요양기관 종사자

연번	문서번호	통보일자	장기요양기관기호	기관명	소재지	처분대상 종사자		위반사항	청문일자	처분일자	처분내용		행정처분 기간(장기요양급여 제공제한 기간)	처분근거법률
						성명	주민등록번호				행정처분	과태료부과금액		

작성 요령

1. 장기요양기관기호(기관명) 및 소재지: 거짓이나 그 밖의 부정한 방법으로 재가급여비용 또는 시설급여비용을 청구하는 행위에 가담한 장기요양기관 종사자가 속한 장기요양기관기호(기관명) 및 소재지를 적습니다.
2. 처분대상 종사자: 거짓이나 그 밖의 부정한 방법으로 재가급여비용 또는 시설급여비용을 청구하는 행위에 가담한 장기요양기관 종사자의 성명 및 주민등록번호를 적습니다.

210㎜×297㎜(백상지 80g/㎡)

■ 노인장기요양보험법 시행규칙 [별지 제28호의3서식] <개정 2019. 6. 12.>

행정처분통보서

연번	기관명(급여 종류)	기관기호	대표자(생년월일)	소재지	위반내용	행정처분 내용	처분기간	조사주체(지방자치단체, 보건복지부)

■ 노인장기요양보험법 시행규칙 [별지 제28호의4서식] <신설 2016. 11. 7.>

장기요양급여 제공 제한 처분 통보서

연번	기관명 (급여 종류)	기관 기호	처분대상 종사자 (생년월일)	소재지	위반내용	처분 내용	처분 기간	조사 주체

[별지 제28호의5서식] <개정 2016. 11. 7.>

과징금 납부통지서
(수납기관 보관용)

①발행번호		
② 납 부 자	장기요양기관(명칭)	
	성명(대표자)	
	주소	
③위반일자		
④위반행위		
⑤납부금액		
⑥납부기한		
⑦수납기관		

「노인장기요양보험법」 제37조의2제1항 및 제2항, 같은 법 시행령 제15조의2 및 같은 법 시행규칙 제29조의3에 따라 위와 같이 과징금 납부를 통지하오니 위 납부기한까지 납부하여 주시기 바랍니다.

년 월 일

특별자치시장 · 특별자치도지사 · 시장 · 군수 · 구청장 ㊞	수납인

과징금 영수필통지서
(특별자치시 · 특별자치도 · 시 · 군 · 구 보관용)

①발행번호		
② 납 부 자	장기요양기관(명칭)	
	성명(대표자)	
	주소	
③위반일자		
④위반행위		
⑤납부금액		
⑥납부기한		
⑦수납기관		

위와 같이 납입하였기에 통지합니다.

년 월 일

수납기관 ㊞

특별자치시장 · 특별자치도지사 · 시장 · 군수 · 구청장 귀하	수납인

과징금 납부영수증
(납부자 보관용)

①발행번호		
② 납 부 자	장기요양기관(명칭)	
	성명(대표자)	
	주소	
③위반일자		
④위반행위		
⑤납부금액		
⑥납부기한		
⑦수납기관		

위와 같이 납입하였기에 영수합니다.

년 월 일

수납기관 ㊞

특별자치시장 · 특별자치도지사 · 시장 · 군수 · 구청장 ㊞	수납인

257㎜×182㎜[보존용지(1종) 34g/㎡]

■ 노인장기요양보험법 시행규칙 [별지 제29호서식] <개정 2019. 6. 12.>

<table>
<tr><td colspan="3">발급번호</td><td>유효
기간</td><td>발급일부터 180일</td></tr>
<tr><td colspan="2" rowspan="4">방문간호지시서(의사 · 한의사용)</td><td rowspan="4">수급자</td><td colspan="2">성명</td></tr>
<tr><td colspan="2">주민등록번호</td></tr>
<tr><td colspan="2">장기요양인정번호</td></tr>
<tr><td colspan="2">장기요양등급</td></tr>
<tr><td rowspan="4">본인
부담금</td><td>[ ] 일반(20%)
[ ] 저소득층・생계곤란 경감대상자(10%)</td><td rowspan="4" colspan="1">방문
여부</td><td rowspan="4" colspan="2">[ ] 환자내원 [ ] 의사방문</td></tr>
<tr><td>[ ] 「의료급여법」 제3조제1항제1호 외의 규정에 따른 의료급여를 받는 사람(10%)</td></tr>
<tr><td>[ ] 「의료급여법」 제3조제1항제1호에 따른 의료급여를 받는 사람(면제)</td></tr>
<tr></tr>
<tr><td colspan="5">질병명</td></tr>
<tr><td colspan="5">수급자 상태 및 주 호소 내용</td></tr>
<tr><td>필요처치처방</td><td>※ 방문간격: 주 회</td><td colspan="2">필요처치검사</td><td></td></tr>
<tr><td>주사・투약 처방</td><td></td><td colspan="2">교육, 상담, 의뢰 유의사항 등**</td><td></td></tr>
<tr><td colspan="5">투여중인 약제의 용량・용법</td></tr>
<tr><td>필요한 방문간호 서비스에 √ 표시</td><td colspan="4">영양관리 [ ] 일반식 [ ] 특별식 ____________
[ ] 튜브영양공급 : ______cc/일, 열량 : ______cal/일
[ ] 비위관(鼻胃管, L-tube)
[ ] 위삽입관(gastrostomy tube): 튜브사이즈 , 일에 1회 교환
배뇨관리 [ ] [소변배출관(foley)/방광창냄술(cystostomy)/청결간헐적소변배출(clean intermittent catheterization, CIC)]: 사이즈 , 일에 1회 교환
[ ] 방광세척 [ ] 방광훈련 [ ] 요루(요도샛길)관리 [ ] 인공항문 [ ] 인공방광
호흡관리 [ ] 산소 ___ℓ/min [ ] 기관지절개관(사이즈 , 일에 1회 교환)
[ ] 인공호흡기 [ ] 흡인[① 입과 코(oro & nasal) ② 기관내(intra-tracheal)]
상처관리 [ ] 외과적 상처 소독(Dressing) (부위 빈도 ____회/주)
[ ] 봉합사제거___월___일
욕창 소독(dressing) (부위 빈도)
기타 ( )</td></tr>
</table>

위와 같이 지시합니다.

년 월 일

의사성명: (서명 또는 인)

의사면허번호:

의료기관명(건강보험요양기관기호): 전화번호:

의료기관 주소: 팩스번호:

※ 발급번호sms 요양기관기호-연도번호-일련번호 순으로 적으시기 바랍니다.
예) 00000000-0101-0001

※ 장기요양 5등급 수급자의 경우 건강관리, 가족상담 등의 내용을 작성하여 주시기 바랍니다.

210㎜×297㎜[백상지 80g/㎡(재활용품)]

■ 노인장기요양보험법 시행규칙 [별지 제30호서식] <개정 2019. 9. 27.>

※ 발급번호	유효 기간	발급일부터 180일

<table>
<tr><td colspan="3" rowspan="4">방문간호지시서(치과의사용)</td><td rowspan="4">수급자</td><td>성명</td></tr>
<tr><td>주민등록번호</td></tr>
<tr><td>장기요양인정번호</td></tr>
<tr><td>장기요양등급</td></tr>
<tr><td rowspan="4">본인부담금</td><td>[ ]</td><td>일반(20%)</td><td rowspan="4">방문여부</td><td rowspan="2">[ ] 환자내원</td></tr>
<tr><td>[ ]</td><td>저소득층・생계곤란 경감대상자(10%)</td></tr>
<tr><td>[ ]</td><td>「의료급여법」 제3조제1항제1호 외의 규정에 따른 의료급여를 받는 사람(10%)</td><td rowspan="2">[ ] 의사방문</td></tr>
<tr><td>[ ]</td><td>「의료급여법」 제3조제1항제1호에 따른 의료급여를 받는 사람(면제)</td></tr>
<tr><td colspan="5">질병명</td></tr>
<tr><td colspan="5">수급자 상태 및 주 호소 내용</td></tr>
<tr><td>검사처방</td><td colspan="2">[ ] 치아표면세균막 검사
기타:
※ 방문간격: 주 회</td><td>투약처방</td><td></td></tr>
<tr><td>교육, 상담, 의뢰, 유의사항 등</td><td colspan="4">[ ] 치아표면세균막 관리 교육
- 칫솔사용법, 칫솔, 치약, 보조구강위생용품
기타:</td></tr>
<tr><td colspan="2">투여중인 약제의 용량・용법</td><td colspan="3"></td></tr>
<tr><td>필요한 방문간호 서비스에 √ 표시</td><td colspan="4">[ ] 전문가치아표면세정술 [ ] 치간청결물리요법
[ ] 치아표면치석제거 [ ] 불소 바르기
[ ] 치주처치 [ ] 의치관리
[ ] 상처・구내염처치 (부위 빈도 ___회/주)
[ ] 수술 후 처치
[ ] 기타 처방:</td></tr>
</table>

위와 같이 지시합니다.

년 월 일

의사성명: (서명 또는 인)

의사면허번호:

의료기관명(건강보험요양기관기호): 전화번호:

의료기관 주소: 팩스번호:

※ 발급번호는 요양기관기호-연도번호-일련번호 순으로 적으시기 바랍니다.
예) 00000000-0101-0001

210㎜×297㎜[백상지 80g/㎡]

■ 노인장기요양보험법 시행규칙 [별지 제31호서식] <개정 2015.12.31.>

(년 월분)

방문간호지시서 발급비용 청구서

※ 색상이 어두운 란은 청구인이 적지 않으며, [ ]에는 해당되는 곳에 √표를 합니다. (제1쪽)

접수번호		접수일자	

<table>
<tr><td rowspan="2">요양기관</td><td>기호</td><td></td><td>명칭</td><td></td><td>청구구분</td><td>[ ] 1. 원청구
[ ] 2. 추가청구
[ ] 3. 보완청구</td><td>전화번호</td><td>- -</td></tr>
<tr><td>주소(전자우편주소)</td><td colspan="7">□□□-□□□
( )</td></tr>
</table>

건수	방문간호지시서 발급비용 총액	본인부담금	청구액

「노인장기요양보험법」 제42조 및 같은 법 시행규칙 제36조제4항에 따른 방문간호지시서 발급비용 심사를 청구합니다.

[ ] 일반대상자(일반, 저소득층·생계곤란 경감대상자)
[ ] 의료급여수급권자(「의료급여법」 제3조제1항제1호에 따른 의료급여를 받는 사람, 「의료급여법」 제3조제1항제1호 외의 규정에 따른 의료급여를 받는 사람)

첨부: 방문간호지시서 발급비용 청구명세서 매

청구일자 년 월 일
청구인 (서명 또는 인)
작성자 (서명 또는 인)

국민건강보험공단이사장 귀하

210㎜×297㎜[백상지 80g/㎡]

[첨부서류]

(제2쪽)

방문간호지시서 발급비용 청구명세서	건강보험 요양기관기호	
	의료기관 명칭	

연번	성명	주민등록번호	장기요양인정번호	장기요양등급	보장기관		대상자구분		본인부담경감구분				본인부담률	발급일	유효기간*	의사면허번호	청구							
					기호	명칭	일반	의료	일반	저소득·생계곤란	의료급여(1호 외)	의료급여(1호)					코드	명칭	단가	횟수	소계	총액	본인부담금	청구액

총액		본인부담금		청구액	
참고					

* 유효기간은 발급일부터 자동계산되므로 청구 시 명기할 필요 없습니다.

297㎜×210㎜[백상지 80g/㎡]

■ 노인장기요양보험법 시행규칙 [별지 제32호서식] <개정 2019. 6. 12.>

심 사 청 구 서

※ 뒤쪽의 작성방법 및 유의사항을 읽고 작성하시기 바라며, 어두운 란은 신청인이 적지 않습니다.

(앞쪽)

접수번호	접수일	처리기간 60일
① 신청인 (처분을 받은자)	성명	주민등록번호
	주소 (전화번호:)	
② 처분의 요지	(처분을 한 분사무소:) (여백부족시 별지 사용)	
③처분이 있은(도달한) 날	년 월 일	
④ 심사청구의 취지와 이유	(여백부족시 별지 사용)	

「노인장기요양보험법」 제55조 및 같은 법 시행규칙 제39조에 따라 공단의 처분에 대하여 위와 같이 심사를 청구합니다.

년 월 일

신 청 인

성명: (서명 또는 인)

대리인

성명: (서명 또는 인)

주민등록번호:

신청인과의 관계:

주소:

전화번호:

국민건강보험공단 이사장 귀하

첨부서류	주장하는 사실을 증명할 수 있는 서류

210㎜×297㎜[백상지 80g/㎡]

(뒤쪽)

작성방법 및 유의사항

① 장기요양인정 및 등급, 장기요양급여, 부당이득, 장기요양급여비용, 장기요양보험료 등에 관하여 공단으로부터 처분을 받은 사람의 성명, 주민등록번호, 주소를 적습니다(법인인 경우 법인명, 장기요양기관기호, 기관 주소를 적습니다).

② 심사청구의 대상이 되는 공단의 구체적 처분의 내용을 적습니다.

※ (처분을 한 분사무소:) : 해당 처분을 한 공단 지역본부, 지사를 적습니다.

③ 공단의 처분통지를 받은 연월일을 적습니다.

④ 공단에 대하여 결정을 요구하는 사항과 심사청구를 하게 된 법률상 및 사실상의 근거가 되는 내용을 적습니다.

처 리 절 차

신청서 작성	➔	접수 및 확인	➔	장기요양심사위원회 심의 · 의결	➔	심의결과 통보	➔	결정서 수령
신청인		처리기관 (국민건강보험공단)		처리기관 (국민건강보험공단)		처리기관 (국민건강보험공단)		신청인

■ 노인장기요양보험법 시행규칙 [별지 제33호서식] <개정 2019. 6. 12.>

심 사 결 정 서

제 호

신청인 성 명: 주민등록번호:

주 소:

대리인 성 명: 주민등록번호:

주 소:

주문:

원 처분 요지:

심사청구 취지:

결정이유:

년 월 일

국민건강보험공단이사장 직인

※ 이 결정에 대하여 불복할 때에는 이 결정서를 받은 날부터 90일 이내에 보건복지부에 설치되어 있는 장기요양재심사위원회에 재심사청구하거나, 관할 법원에 행정소송을 제기할 수 있습니다.

210mm×297mm[백상지 80g/㎡]

■ 노인장기요양보험법 시행규칙[별지 제34호서식] <개정 2013.6.10>

본인부담금수납대장

년							
연번	월 일	성명	대상자 구분	수납금액(원)			
				계	급여	비급여	
					본인부담금	금액	항목
1							
2							
3							
4							
5							
6							
7							
8							
9							
10							
11							
12							
13							
14							
15							
16							
17							
18							
19							
20							
총계							

210㎜×297㎜[백상지 80g/㎡]

■ 노인장기요양보험법 시행규칙[별지 제35호서식] <개정 2019. 6. 12.>

포상금 지급신청서

※ 뒤쪽의 작성방법을 읽고 작성하시기 바랍니다.

(앞쪽)

① 신청인 (신고인)	성 명	생년월일
	주 소	전 화 번 호
② 대리인	성 명	생년월일
	주 소	전 화 번 호

포상금 지급신청 내용			
③ 신고 접수번호	제 - 호	④ 통보서 수령일	
⑤ 신청금액	포상금 원		
⑥ 금융기관명		⑦ 계좌번호	
⑧ 예금주 성명		⑨ 신청인과의 관 계	
생년월일			

「노인장기요양보험법」 제64조 및 같은 법 시행규칙 제43조의2에 따라 위와 같이 포상금의 지급을 신청합니다.

년 월 일

신청인 (서명 또는 인)

국민건강보험공단이사장 귀하

신청인 제출서류	1. 위임장 1부(포상금 수령을 위임한 경우에만 제출합니다) 2. 신청인 입증자료 1부(해당하는 경우에만 제출합니다)
제출서류 참고사항	※ 위임장: 포상금 수령을 위임할 경우에는 포상금 수령을 위임한다는 뜻, 신청인 본인과 위임한 사람의 성명·날인 및 위임일을 적어야 합니다. ※ 신청인 입증자료: 신청인의 인적사항에 변경(개명 등)이 있는 경우에는 신청인이 장기요양기관의 신고인과 동일인임을 입증하는 자료를 말합니다.
담당자 확인사항	입금계좌확인정보(통장사본)

행정정보 공동이용 및 금융정보(입금계좌확인정보) 제공 동의서

1. 본인은 이 건 업무처리와 관련하여 담당자가 「전자정부법」 제36조제1항에 따른 행정정보의 공동이용을 통하여 위의 담당자 확인사항을 확인하는 것에 동의합니다.
   ※ 동의하지 않을 경우 신청인이 직접 관련 서류를 제출해야 합니다.
2. 본인은 금융기관이 「금융실명거래 및 비밀보장에 관한 법률 시행령」 제8조제1항에 따라 입금계좌확인정보(입금이 가능한 계좌인지 여부)를 이용기관에 업무처리 완료시까지 제공하는 것에 동의합니다.

신청인 (서명 또는 인)

210㎜×297㎜[백상지 80g/㎡]

(뒤쪽)

작성방법

① : 포상금 지급 결정 통보를 받은 신고인의 성명, 생년월일, 주소, 전화번호를 적습니다.

② : 신청인의 위임을 받아 포상금 지급 신청을 하는 경우에만 적습니다.

③ ∼ ⑤ : 포상금 지급 결정 통보서에 명시된 신고 접수번호, 포상금액 및 해당 통보서를 받은 날짜를 적으시기 바랍니다.

⑥ ∼ ⑨ : 포상금을 수령할 통장의 금융기관명, 계좌번호, 예금주(성명, 생년월일), 신청인과의 관계를 적으시기 바랍니다.

210㎜×297㎜[백상지 80g/㎡]

■ 노인장기요양보험법 시행규칙 [별지 제36호서식] <개정 2019. 10. 24.>

장기요양급여 제공자료 [ ]공단이관 [ ]자체보관 신청서

※ 뒤쪽의 작성방법 및 유의사항을 읽고 작성하시기 바랍니다. (제1쪽 앞면)

접수번호	접수일	처리기간 3일

① 장기요양 기관 (신청인)	기관기호	기관명
	대표자성명	전화번호
	폐업일	휴업기간

② 자체보관 계획		
보 관 기 간		
보 관 장 소		
보관책임자	성명	전화번호

③ 장기요양급여 제공자료 목록 및 수량 단위 : 매,개수

구분	공단이관/자체보관 ( )명( )매, 분실 및 훼손 ( )명 ( )매				
	년도	년도	년도	년도	년도
1. 장기요양 급여계약에 관한 서류					
2. 장기요양급여제공기록지 등					
3. 방문간호지시서					
4. 장기요양급여비용 명세서 부본					
5. 제2호부터 제4호까지의 서류 중 전자문서로 기록·관리하고 있는 경우 그 전자문서					

※ 별지 제34호서식의 본인부담금수납대장을 작성하여 보존하는 경우에는 이를 제4호의 장기요양급여비용 명세서 부본에 갈음합니다.

④ 장기요양급여 제공자료 인계·인수

구 분	인계자	인수자	비 고
성 명	(인)	(인)	
전화번호			

「노인장기요양보험법」 제36조 및 같은법 시행규칙 제28조2에 따라 위와 같이 장기요양급여 제공자료 [ ]공단이관 [ ]자체보관 신청서를 제출합니다.

년 월 일

신청인 (서명 또는 인)

국민건강보험공단 이사장 귀하

210㎜×297㎜[일반용지 70g/㎡(재활용품)]

(제1쪽 뒷면)

첨부서류	1. 장기요양급여 제공자료 이관 목록표 1부 2. 장기요양급여 제공자료 분실 및 훼손 목록표 1부 3. 신청인이 대리인일 경우 위임장	수수료 없 음

※ 공단은 이관자료 중 일부 훼손 또는 일부 분실로 인하여 자료의 정상적인 인수가 불가능하다고 판단될 경우 별지 제36호서식의 신청서 외에 별도의 확인서를 추가로 요구할 수 있으며 폐업기관의 이관자료는 반환하지 않습니다.

작 성 방 법 및 유 의 사 항

<작성방법>

○ 신청구분 : 해당 신청구분에 "√"표시를 합니다

- 장기요양급여 제공자료 공단이관 신청서: 장기요양기관이 폐업 또는 휴업으로 인하여 장기요양급여 제공자료를 공단이관 신청하려는 경우
- 장기요양급여 제공자료 자체보관 신청서: 장기요양기관이 휴업으로 인하여 장기요양급여 제공자료를 자체보관하려는 경우

○ 항목별 작성요령

① 장기요양기관의 기본사항을 적습니다.
- 기관기호: 장기요양기관의 기관기호를 적습니다.
- 기관명: 장기요양기관의 기관명을 적습니다.
- 대표자 성명: 장기요양기관의 대표자 성명을 적습니다.
- 전화번호: 장기요양기관의 전화번호 또는 연락받을 수 있는 전화번호를 적습니다.
- 폐업일: 장기요양기관이 폐업한 경우 폐업일을 적습니다.
- 휴업기간: 장기요양기관이 휴업한 경우 휴업기간을 적습니다.

② 장기요양기관이 장기요양급여 제공자료의 자체보관 신청을 하는 경우에만 적습니다.
- 보관기간: 장기요양급여 제공 자료에 대한 보관기간을 적습니다.
- 보관장소: 장기요양급여 제공 자료를 보관할 장소(주소)를 적습니다.
- 보관책임자: 장기요양급여 제공 자료에 대한 보관 책임자(장기요양기관장)를 적습니다.

③ 장기요양급여 제공자료의 공단이관(휴업·폐업) 또는 자체보관(휴업) 신청을 할 자료의 목록 및 수량을 적습니다.
- 장기요양급여 제공 자료 구분에 따른 발생연도별 이관(보관) 수량을 적습니다.

④ 장기요양기관이 장기요양급여 제공자료의 공단이관 신청을 하는 경우에만 적습니다.
- 인계자: 장기요양급여 제공 자료에 대한 인계자의 성명 및 전화번호를 적습니다.
- 인수자: 공단 관할지사에서 작성합니다.

<유의사항>

※ 장기요양급여 제공자료의 공단이관 신청을 하는 경우 이관자료 수량이 "③장기요양급여 제공자료 목록 및 수량"의 기재 사항과 일치해야 합니다.

※ "③장기요양급여 제공자료 목록 및 수량"의 "2. 장기요양급여제공기록지 등"이란 제27조 제4항제3호와 관련된 서류 일체로서 장기요양급여제공기록지, 장기요양급여비용 산정에 필요한 서류 및 이를 증명하는 서류를 말합니다.

처리절차

신청서 작성	➔	접 수	➔	이관자료 확인	➔	결 재	➔	접수증 교부
신청인		관할 지사		관할 지사		관할 지사		관할 지사

■ 노인장기요양보험법 시행규칙 [별지 제36호서식]

[첨부서류 1] (제2쪽)

장기요양급여 제공자료 이관 목록표 (년도)

구 분			① 장기요양급여계약에 관한 서류	② 장기요양급여제공 기록지 등	③ 방문간호 지시서	④ 장기요양급여비용 명세서 부본	⑤ ②부터 ④까지의 서류 중 전자문서로 기록·관리하고 있는 경우 그 전자문서	비고
총계	명/ 매		명/ 매	명/ 매	명/ 매	명/ 매	개	
연번	인정번호	성명						

작 성 방 법

1. 총계란만 명수와 매수를 적고, 이후는 매수만 적습니다.
2. ②에는 장기요양급여제공기록지, 장기요양급여비용 산정에 필요한 서류 및 이를 증명하는 서류 전체에 대해 적습니다.
3. ⑤의 총계란에는 총 전산매체 수량을 적고, 이후에는 전자문서에 해당하는 자료구분 번호(②,③,④)를 표기합니다.
 예) 장기요양급여비용명세서 부본일 경우 ④로 표기

210㎜×297㎜[일반용지 70g/㎡(재활용품)]

■ 노인장기요양보험법 시행규칙 [별지 제36호서식]

[첨부서류 2] (제3쪽)

장기요양급여 제공자료 분실 및 훼손 목록표(　　년도)

구　분			① 장기요양급여계약에 관한 서류	② 장기요양급여제공 기록지 등	③ 방문간호 지시서	④ 장기요양급여비용 명세서 부본	⑤ ②부터 ④까지의 서류 중 전자문서로 기록·관리하고 있는 경우 그 전자문서	비고
총계	명/　매		명/　매	명/　매	명/　매	명/　매	개	
연번	인정번호	성명						

작성방법

1. 총계란만 명수와 매수를 적고, 이후는 매수만 적습니다.
2. ②에는 장기요양급여제공기록지, 장기요양급여비용 산정에 필요한 서류 및 이를 증명하는 서류 전체에 대해 적습니다.
3. ⑤의 총계란에는 총 전산매체 수량을 적고, 이후에는 전자문서에 해당하는 자료구분 번호(②,③,④)를 표기합니다.
 예) 장기요양급여비용명세서 부본일 경우 ④로 표기

210㎜×297㎜[일반용지 70g/㎡(재활용품)]

■ 노인장기요양보험법 시행규칙 [별지 제37호서식] <개정 2019. 6. 12.>

재심사청구서

※ 뒤쪽의 작성방법을 읽고 작성하여 주시기 바라며, [ ]에는 해당되는 곳에 √표를 합니다.

(앞쪽)

접수번호	접수일	처리기간 60일

청구인	성명		주민등록번호
	전화번호(자택)	(휴대전화)	전자우편주소
	주소 우편번호( )		처분을 받은 자와의 관계
처분을 받은 자	성명		주민등록번호
	주소		
피청구인 (원처분을 한 자)	※ 공단의 분사무소가 원처분을 한 경우에는 그 분사무소의 장을 말합니다.		

원처분(심사청구 결정)이 있음을 안 날	
원처분(심사청구 결정)의 요지	
재심사청구 취지 및 이유	(여백부족시 별지 사용)
재심사청구에 관한 고지 유무	고지 내용
증거서류	

「노인장기요양보험법」 제56조 및 같은 법 시행규칙 제40조에 따라 위와 같이 국민건강보험공단의 심사청구 결정에 대한 재심사를 청구합니다.

년 월 일

청구인 (서명 또는 인)

대리인 (서명 또는 인)

장기요양재심사위원회 귀하

210mm×297mm[일반용지 60g/㎡(재활용품)]

첨부서류	재심사청구 이유에서 주장하는 사실을 입증할 수 있는 관련 서류	수수료 없음

작성방법

1. "처분을 받은 자"가 "청구인"과 동일한 경우에는 중복하여 적지 않으셔도 됩니다.
2. "원처분(심사청구 결정)의 요지"란은 재심사청구의 대상이 되는 국민건강보험공단의 구체적인 결정내용을 적으시기 바랍니다.
3. "재심사청구 취지 및 이유"란은 장기요양재심사위원회의 심의를 요구하는 사항과 재심사청구를 하게 된 법률상 및 사실상의 근거가 되는 내용을 별지에 적으시기 바랍니다.
4. "재심사청구에 관한 고지유무" 및 "고지내용"란은 심사청구에 대한 결정통보 시 국민건강보험공단의 재심사청구 안내 유무 및 그 내용을 적으시기 바랍니다.
5. "증거서류"란에는 증거서류의 목록을 기재하시고, 관련서류를 첨부하시기 바랍니다.
6. 대리인이 재심사청구를 하는 경우에는 대리인의 기명날인(또는 서명)을 하고 위임장과 대리인임을 증명할 수 있는 서류를 제출하여 주시기 바랍니다.

처리절차

청구서 작성	➔	접수 및 확인	➔	장기요양재심사위원회 심의·의결	➔	심의결과 통보	➔	결정서 수령
청구인		처리기관 (보건복지부)		처리기관 (보건복지부)		처리기관 (보건복지부)		청구인

[판례]

▣. 대법원 2018.07.12. 선고 2018도5909 판결 특정경제범죄가중처벌등에관한법률위반(사기) · 업무상횡령 [공2018하,1682]

[1] 법원이 공소장 변경절차를 거치지 않고 공소사실과 다르게 사실을 인정하기 위한 요건 / 단독범으로 기소된 것을 공소장 변경 없이 공동정범으로 인정할 수 있는 경우
[2] 사회복지법인 갑 재단의 명의로 설립된 장기요양기관 을 요양원의 원장인 피고인이 갑 재단과 을 요양원을 운영하면서, 요양보호사나 물리치료사를 허위로 등록하거나 소속 요양보호사의 근무시간을 허위로 등록하고 을 요양원에 정원을 초과한 인원을 수용하였는데도 이를 신고하지 않는 방법으로 노인장기요양보험법령에서 정한 결원비율과 정원초과 등에 따른 감산율을 적용하지 않은 채 피해자 국민건강보험공단에 허위로 급여비용을 청구하여 이를 편취하였다고 하여 특정경제범죄 가중처벌 등에 관한 법률 위반(사기)의 단독범으로 기소되었는데, 원심은, 피고인이 남편 병이 사망한 시점까지는 병과 함께 실질적으로 을 요양원을 운영하면서 공모하여 위 공단을 상대로 사기 범행을 저질렀고, 그 후에는 피고인이 단독으로 을 요양원을 운영하면서 사기 범행을 계속 저질렀다고 보아, 공소사실 중 피고인이 갑 재단의 대표이사로 취임하기 이전, 즉 병이 살아 있는 동안의 범행에 관해서는 공소장 변경 없이 피고인을 병과 공동정범으로 인정한 사안에서, 원심의 판단이 정당하다고 한 사례

▣. 서울고법 2016.01.15. 선고 2015누37756 판결 : 상고 장기요양급여비용환수처분취소 [각공2016상,257]

방문요양 등을 제공하는 요양센터를 운영하는 갑이 요양보호사들과 함께 장애인 공동생활가정을 방문하여 그곳에 입소하여 생활하고 있는 을 등에게 방문요양 서비스를 제공하고 국민건강보험공단에서 장기요양급여비용을 지급받았는데, 국민건강보험공단이 갑이 구 장기요양급여비용 등에 관한 고시에서 정한 '타 법령에 의한 사회복지시설에 입소 중인 수급자

에게 제공한 장기요양급여비용은 산정하지 아니한다' 는 규정 등을 위반하였다는 이유로 장기요양급여비용 환수 결정을 통보한 사안에서, 위 고시의 '타 법령에 의한 사회복지시설' 중 국가나 지방자치단체로부터 보조금을 지급받지 않는 사회복지시설' 부분은 평등권을 침해하여 위헌 · 무효라고 한 사례

▣. 수원지법 2016.12.22. 선고 2015나44004, 44011 판결 : 확정 손해배상(자) · 손해배상(자) [각공2017상,131]

만 60세 10개월가량의 여성으로 가사도우미로 근무하던 갑이 보행 중 교통사고를 당하여 3년간 한시적으로 노동능력 일부를 상실하는 상해를 입게 되자, 가해차량의 보험자인 을 보험회사를 상대로 노동능력 상실에 따른 일실수입의 배상을 구한 사안에서, 갑의 가동 연한을 만 65세라고 보아 일실수입을 산정한 사례

▣. 울산지법 2014.05.27. 선고 2014고정311 판결 : 확정 노인복지법위반 [각공2014하,787]

피고인이 신고를 하지 아니하고 노인의료복지시설에 해당하는 노인요양공동생활가정을 운영하였다고 하여 노인복지법 제56조 제2항 위반으로 기소된 사안에서, 피고인의 행위에 대하여 같은 법 제56조 제2항이 아닌 같은 법 제57조 제1호를 적용한 사례

▣. 헌법재판소 2017.06.29. 선고 2016헌마719 전원재판부 노인장기요양보험법제35조의2제1항본문등위헌확인 [헌공제249호,664]

가. 노인장기요양보험법(2016. 5. 29. 법률 제14215호로 개정된 것) 중 재가장기요양기관의 장이 보건복지부령으로 정하는 재무 · 회계기준에 따라 재가장기요양기관을 운영하도록 규정한 제35조의2 제1항 본문 중 '재가장기요양기관' 에 관한 부분(이하 '기준조항' 이라 한다)과 재가장기요양기관이 지급받은 장기요양급여비용 중 보건복지부장관이 정하여 고시하는 비율을 장기요양요원에 대한 인건비로 지출하도록 규정한 제38조

제4항 중 '재가장기요양기관'에 관한 부분(이하 '인건비조항'이라 한다)이 과잉금지원칙을 위반하여 청구인들의 직업수행의 자유를 침해하는지 여부(소극)

나. 기준조항과 인건비조항이 신뢰보호원칙을 위반하여 청구인들의 직업수행의 자유를 침해하는지 여부(소극)

▣. 헌법재판소 2014.05.29. 선고 2013헌마100 전원재판부 노인복지법시행규칙부칙제3조등위헌확인 [헌공제212호,1024])

법령 적용에 유예기간을 둔 부칙조항에 대하여 유예기간 도과 이전에 법령에 해당되는 사유가 발생한 때를 청구기간의 기산점으로 삼은 사례

▣. 헌법재판소 2013.07.25. 선고 2010헌바51 전원재판부 국민건강보험법제5조제1항등위헌소원 [헌공제202호,907]

가. 건강보험 강제가입에 관하여 규정한 구 국민건강보험법(2006. 10. 4. 법률 제8034호로 개정되고, 2011. 12. 31. 법률 제11141호로 개정되기 전의 것) 제5조 제1항 및 구 국민건강보험법(1999. 2. 8. 법률 제5854호로 제정되고, 2011. 12. 31. 법률 제11141호로 개정되기 전의 것) 제62조 제1항(이하 '이 사건 강제가입조항'이라 한다)이 청구인의 행복추구권, 재산권을 침해하는지 여부(소극)

나. 지역가입자에 대하여 직장가입자와 다른 방식으로 보험료를 산정하도록 정한 구 국민건강보험법(2006. 12. 30. 법률 제8153호로 개정되고, 2011. 12. 31. 법률 제11141호로 개정되기 전의 것) 제62조 제5항, 제64조 제1항 및 구 노인장기요양보험법(2007. 4. 27. 법률 제8403호로 제정되고, 2011. 12. 31. 법률 제11141호로 개정되기 전의 것) 제9조 제1항(이하 '이 사건 보험료산정조항'이라 한다)이 청구인의 평등권을 침해하는지 여부(소극)

다. 보험료부과점수와보험료부과점수당금액, 장기요양보험료율을 대통령령에 위임한 구 국민건강보험법(2006. 12. 30. 법률 제8153호로 개정되고, 2011. 12. 31. 법률 제11141호로 개정되기 전의 것) 제64조 제3항, 제65조 제3항 및 노인장기요양보험법(2007. 4. 27. 법률 제8403호로 제

정된 것) 제9조 제2항(이하 '이 사건 위임조항'이라 한다)이 포괄위임입법금지원칙에 위배되는지 여부(소극)

▣. 헌법재판소 2012.12.27. 선고 2011헌마197 전원재판부 의료급여수가의기준및일반기준에관한보건복지부고시제15조제2항등위헌확인 [헌공제195호,199]

보건복지부 고시에 대한 심판청구가 청구기간을 도과하여 부적법하다고 본 사례

▣. 헌법재판소 2011.11.24. 선고 2009헌바356,2010헌바369,2011헌바1,59,60,61(병합) 전원재판부 구산업재해보상보험법부칙제8조등위헌확인 [헌공제182호,1782]

가. 2000. 7. 1. 당시 이미 요양이 종결된 산업재해 근로자들에 대해서는 2008. 7. 1. 이후의 간병급여만을 인정하는 구 산업재해보상보험법(2007. 12. 14. 법률 제8694호) 부칙 제3조 중 "이 법 시행 이후 지급사유가 발생한 간병급여부터 지급한다."는 부분(이하 '이 사건 심판대상조항'이라 한다)이 평등의 원칙에 위반되는지 여부(소극)
나. 이 사건 심판대상조항이 청구인들의 인간다운 생활을 할 권리를 침해하는지 여부(소극)

▣ 노인장기요양보험

1. 서비스대상
치매, 중풍, 고령, 노인성 질병 등으로 인해 식사, 목욕, 집안일 등 일상생활을 혼자 수행하기 어려운 노인 등 에게 신체활동. 일상가사 등의 서비스를 제공하여 노후생활의 안정과 그 가족의 부담을 덜어주어 국민의 삶의 질을 높여주는 사회보험제도를 말합니다.

2. 신청자격
65세 이상 노인 또는 65세 미만(노인성 질병을 가진 자)으로 거동이 불편하고 일상생활을 혼자서 6개월 이상 수행하기 어려운 노인(노인성질병 :

치매뇌혈관성질환, 파킨슨병 등)

3. 신청인
본인, 대리인(신분관계, 대리인임을 증명하는 서류제시)

4. 접수장소 국민건강보험공단 노인장기요양보험운영센터
홈페이지(www.longtermcare.or.kr)에서도 신청가능합니다.

5. 구비서류
장기요양인정신청서, 의사소견서(65세 이상은 공단에서 제출요구시)

6. 방문조사
공단 전문요원이 직접 방문하여 어르신의 심신상태와 희망급여 등을 [장기요양인정조사표]에 의하여 조사합니다.

7. 등급판정
전문가로 구성된 장기요양등급판정위원회에서는 방문조사 결과와 의사소견서를 참고하여 장기요양등급(1~5등급) 을 결정합니다.
(장기요양 5등급인 치매특별등급 수급자로 판정받기 위해서는 장기요양 인정조사 외 치매진단 관련 의사소견서 제출 필요)

8. 결과통지
장기요양등급판정위원회의 판정결과에 따라 [장기요양인정서]와 [표준장기요양 이용계획서]를 송부합니다. 등급판정에서 제외되신 분에게는 별도 안내서를 보내드립니다.

9. 급여이용
요양인정자의 선택에 따라 시설급여 또는 재가급여(어르신이 계신 가정)를 받을 수 있습니다.

▣ 노인장기요양급여의 종류

1. 시설급여
노인요양시설, 노인요양공동생활가정 등 서비스

2. 재가급여
방문요양, 방문목욕, 단기보호, 방문간호, 주야간 보호, 복지용구

3. 특별현금급여 (가족요양비)

수급자가 섬, 벽지에 거주하거나 천재지변, 신체•정신 또는 성격등의 사유로 장기요양급여를 지정된 시설에서 받지 못하고, 그 가족 등으로부터 방문요양에 상당하는 장기요양급여를 받을때 지급하는 현금 급여

▣ 등급별 상태와 수준 안내

가/ 1등급-전적으로 타인의 도움이 필요한 상태.
거의 움직이지 못하고 누워있는 상태. 식사, 옷 입기, 씻기 등의 신체활동에 다른 사람의 완전한 도움이 필요한 상태. 중증 치매로 기억, 판단력이 흐려서 주의 사람들에게 문제행동을 자주보이는 상태.

나/ 2등급-상당부분 사람의 도움의 필요한 상태.
먹고, 입고, 씻는 등의 일상생활의 기본 행동을 다른 사람의 많은 도움이 필요한 상태. 치매로 기억, 판단력이 흐려져 주위 사람들에게 문제행동을 가끔 보이는 상태.

다/ 3등급-부분적으로 타인의 도움이 필요한 상태.
먹고, 입고, 씻는 등의 일상생활의 기본 행동을 다른 사람의 부분적인 도움이 필요한 상태. 가사일이나 집 밖의활동을 할때 다른 사람의 도움을 받아야 하는 상태.

문의/ 국민건강보험공단 노인장기요양보험
홈페이지 : 노인장기요양보험제도(www.longtermcare.or.kr)

노인장기요양보호법 /시행령/시행규칙/조문별 판례/서식

2020년 8월 01일 초판 발행
2020년 8월 10일 2판 발행

인 지

편저자 : 복지법연구회
발행인 : 양 갑 수
발행처 : 법률&출판
서울시 서초구 법원로2길 7-4, 104호(서초동, 동용빌딩)
T E L : 02) 521-8199
F A X : 02) 598-0332
등록번호 : 25100-2005-000110
ISBN : 978-89-97476-62-6 93360

圖書의 破本은 교환하여 드립니다. 정가 23,000